# Die deutsche Flotte.

**Se. Majestät Kaiser Wilhelm II. in Admiralsuniform.**
Mit Genehmigung von Reichard & Lindner, kgl. Hofphotographen in Berlin.

**Se. Königl. Hoheit Prinz Heinrich von Preussen, Vice-Admiral.**
Mit Genehmigung von J. C. Schaarwächter, kgl. Hofphotograph in Berlin.

# Die deutsche Flotte.

## Ihre Entwickelung und Organisation

von

### Graf Reventlow

Kapitän-Leutnant a. D.

Mit 142 Textbildern, 2 Lichtdruckbildern und 51 feinst kolorierten Bildertafeln nach Aquarellen und Zeichnungen von Marinemaler Schröder-Greifswald und Konstruktionssekretär Friederichs.

Zweibrücken i. Pfalz
Fr. Lehmann's Buchhandlung
1901.

Unveränderter Nachdruck der Ausgabe von 1901 der
Fr. Lehmann Buchhandlung, Zweibrücken/Pfalz,
durch Weltbild Verlag GmbH, Augsburg 1999
Umschlaggestaltung: Georg Lehmacher, Friedberg (Bay.)
Umschlagmotiv: AKG, Berlin
Gesamtherstellung: Clausen & Bosse, Leck
Printed in Germany
ISBN 3-8289-5344-1

# Vorwort.

Viel Neues konnte das vorliegende Buch in Anbetracht der umfangreichen Marinelitteratur der letzten Jahre dem Stoffe nach nicht bieten.

Der den Verfasser leitende Gedanke war, einen kurzen sachlichen Ueberblick zu geben und den Nichtfachmann, welcher sich über die Marine unterrichten will, schnell und ohne Mühe zu orientieren.

Soweit der Raum es zuließ, ist im geschichtlichen Teil besonders die Entwickelung der Marine innerhalb des letzten Jahrzehnts, sowie ihre Friedensthätigkeit im Auslande berücksichtigt worden.

Besondere Sorgfalt ist dem Schiffsmaterial, den Charakteristiken und Zwecken der einzelnen Schiffsklassen zugewendet, um dem Leser unter Ersparung des Entzifferns von Tabellen alle nötigen Aufschlüsse mundgerecht zu verschaffen. Der Abschnitt „Leben an Bord" ist unter demselben Gesichtspunkt bearbeitet worden und dürfte manches Neue enthalten.

Charlottenburg—Berlin, im März 1901.

Graf Reventlow.

# Inhalt.

### Geschichte der deutschen Flotte.

| | Seite |
|---|---|
| Vorgeschichte . . . . . . . . . . . . . . . . . . . . . . | 1 |
| Die Brandenburgische Marine . . . . . . . . . . . . . . | 3 |
| Die deutsche Bundesmarine . . . . . . . . . . . . . . . | 7 |
| Die preußische Marine . . . . . . . . . . . . . . . | 10 |
| Die Norddeutsche Bundesmarine . . . . . . . . . . . . | 14 |
| Die Marine des deutschen Reiches . . . . . . . . . . . . | 16 |

### Die Organisation der Kaiserlichen Marine.

| | |
|---|---|
| Das Reichsmarineamt . . . . . . . . . . . . . . . . . . | 66 |
| Der Admiralstab der Marine . . . . . . . . . . . . . . | 74 |
| Das Marinekabinet . . . . . . . . . . . . . . . . | 74 |
| Das Marinestationskommando . . . . . . . . . . . . . | 75 |

### Deutschlands Flotte.

| | |
|---|---|
| Das Flottengesetz vom 14. Juni 1900 . . . . . . . . . | 80 |
| Linienschiffe . . . . . . . . . . . . . . . . . . . | 85 |
| Küstenpanzerschiffe . . . . . . . . . . . . . . . . . | 102 |
| Panzerkanonenboote . . . . . . . . . . . . . . . . | 105 |
| Kreuzer . . . . . . . . . . . . . . . . . . . . | 108 |
| Kanonenboote . . . . . . . . . . . . . . . . . . . | 132 |
| Schulschiffe . . . . . . . . . . . . . . . . . . . | 134 |
| Vermessungsfahrzeuge . . . . . . . . . . . . . . . . | 141 |
| Die Kaiserliche Jacht Hohenzollern . . . . . . . . . | 142 |
| Torpedofahrzeuge . . . . . . . . . . . . . . . . . | 145 |
| Das Leben und der Dienst an Bord . . . . . . . . . . . | 151—198 |
| Die Uniformen der Marine . . . . . . . . . . . . . . | 199—223 |

|  | Seite |
|---|---|
| Die Geschütze unserer Flotte . . . . . . . . . . . . . | 224—239 |
| Ueber Flaggen und Kommandozeichen der Marine . . . . . | 240—246 |
| Seezeichen . . . . . . . . . . . . . . . . . | 247—250 |
| Vorschriften für die Ergänzung des Seeoffizierkorps . . . . . | 251—260 |
| Sonstige Laufbahnen in der Marine . . . . . . . . . . | 260—269 |
| Die Dienstpflicht in der Marine . . . . . . . . . . | 269—271 |
| Statistisches . . . . . . . . . . . . . . . . | 272—278 |
| Ueber Ausweichen und Lichterführung . . . . . . . . | 279—287 |
| Erklärung einiger technischen Ausdrücke . . . . . . . . | 288—300 |

---

## Druckfehler.

Auf Tafel  2: Länge 115 m statt 150 m.

„  „  8: (Aegir) fehlt: Tiefgang 5,3 m.

„  „  20: Tiefgang 5,3 m statt 5,8 m.

„  „ 24 II: Länge 63 m statt 43 m; Breite 7 m statt 5 m.

# Die Geschichte der deutschen Flotte.

## Vorgeschichte.

Von einer „Geschichte der deutschen Flotte" kann im eigent=
lichen Sinne des Wortes erst seit dreißig Jahren gesprochen werden,
weil eine deutsche Flotte vorher nicht vorhanden war. Sie hat aber
eine lange Vorgeschichte, und deren erster Keim liegt, wie bei allen
Völkern, in der Seefahrt der an den deutschen Küsten wohnenden
Stämme, welche sich vom Fischfang an den Küsten und auf hoher
See zu Eroberungsfahrten an fremden Küsten fortentwickelten. Von
Handel war in diesen ersten Zeiten vor dem Jahre 1000 nach Christi
Geburt kaum die Rede; das hohe Meer war ein so unbekanntes
und den damals noch recht unvollkommenen Fahrzeugen ein so gefähr=
liches Element, daß jede längere Seefahrt ein Abenteuer bedeutete, und
da auf Abenteuern, wie uns unsere alten Sagen über die Anschauungen
unserer germanischen Vorfahren belehren, dem kühnen und siegreichen
Helden alles gehört, was er im Kampf erringen kann, so zog man
im allgemeinen diese kürzere Art und Weise des Eigentumserwerbs vor.
Dieses rauhe, gefahrvolle Leben auf primitiven Fahrzeugen bildete aber
vorzügliche Seeleute und wilde Krieger heran, deren Ansturm nichts
zu widerstehen vermochte, weder als sie von der zimbrischen Halbinsel
durch Hengist und Horsa geführt nach langer Seefahrt über die
stürmische Nordsee sich Englands bemächtigten, noch wenn die raub=
lustigen Scharen, unbekümmert um die Gefahren des Ozeans, die
spanischen Küsten aufsuchten und raubend und mordend die Küstenorte
brandschatzten. Nach heutigen Begriffen dürfen wir diese wilden
Helden nicht moralisch beurteilen, denn sie lebten in einer gesetzlosen

Reventlow, Die deutsche Flotte.

Zeit, wo die Völker Europas in beständiger Bewegung waren, sich dann passende Wohnsitze suchten, nachdem sie mit oder gegen ihren Willen die alten verlassen hatten; da hieß es sich Platz schaffen, und wer sich widersetzte, war Feind. Was wir aber bewundern und was uns als die Nachkommen und Stammesverwandten der alten Sachsen, Friesen und Wikinger mit Stolz erfüllt, das war die wilde, urwüchsige Kraft dieser Männer, die die Gefahr um der Gefahr willen aufsuchten und denen das Leben ein Sport war; gewannen sie, so waren sie stolze Sieger, verloren sie es, so erwartete sie noch weit größere Ehre und Freude im Göttersaale. Deswegen waren sie auch unwiderstehlich und weit und breit gefürchtet.

Als im Mittelalter die von den deutschen Kaisern eifrig geförderten Städte begannen sich mehr zu entwickeln, nahm naturgemäß auch der Handel auf allen Gebieten, begünstigt außerdem durch die größere Sicherheit der allgemeinen Verhältnisse, einen gewaltigen Aufschwung zu Lande wie zu Wasser. Der größte Teil der deutschen Seestädte vereinigte sich zum Hansabunde und gewann eine bis dahin noch nicht dagewesene Gewalt auf dem Meere, indem sie ihren Handel selbst mit bewaffneter Hand schützten. Ihre Schiffe waren Kriegs= und Frachtschiffe zugleich, wenigstens in der ersten Zeit, und man bemannte sie demgemäß außer mit dem „Schiffsvolk" noch mit dem „Kriegsvolk". Die Form dieser ältesten Hansaschiffe war in der Mitte niedrig, an den Enden hohe Aufbauten, welche hauptsächlich nach dem Entern den Kampfplatz hergaben, woran die Namen „Castell" und „Kampanje" noch erinnern. Es ist bekannt, welch' eine ungeheure Macht die deutsche Hansa darstellte, so lange die Städte fest zusammenhielten, eine Macht, welche der Handel durch Reichtum und Wohlstand brachte, solange man ihn mit bewaffneter Hand schützen konnte. Sobald nachher Eifersucht und kurzsichtige, eigennützige Politik der einzelnen Städte die Hansa trennte, da war es auch mit der Macht vorbei und die Bitten, die mehrere Städte an das Reich um Schutz gelangen ließen, waren vergeblich, da die Kaiser der damaligen Zeiten nicht die genügende Macht hatten, irgend welche wirksame Maßregeln für die Städte zu ergreifen.

Es ist ein Irrtum, wenn, wie es öfter geschieht, behauptet wird, die deutschen Kaiser des Mittelalters und späterer Zeiten hätten kein Verständnis für eine Flotte besessen, im Gegenteil, man erkannte sehr wohl den Nutzen, welchen die Hansastädte für das Reich hätten haben können, aber die Macht fehlte und der Kaiser hatte genug zu thun, nur um sich durch beständige Kämpfe überhaupt in seiner Stellung zu erhalten. Nein, die Hansa ist nicht vom Reiche im Stiche gelassen, sondern durch ihre Uneinigkeit und die Einigkeit ihrer zahlreichen Feinde untergegangen.

In jenen Zeiten taucht auch das Kriegsschiff als Typ auf, wie die Hansen sagten, „Fredekoggen" d. h. Koggen (Schiffe), welche den Frieden für den heimischen Handel auf dem Meere erhalten sollten. Ständig in Dienst waren diese Schiffe nicht, sondern wurden von Fall zu Fall ausgerüstet, um dann einen Kriegszug zu unternehmen, Frachtschiffe zu begleiten oder fremde Schiffe zu kapern. Jede Stadt ging darin, wie auch ihre Interessen verschieden waren, selbständig vor, man übervorteilte sich gegenseitig, jede wollte die Führung haben und verbündete sich mit den Feinden, wenn es der augenblickliche Vorteil wollte, so daß schließlich die einheitlich geleiteten Staaten England, Holland und Dänemark leichtes Spiel hatten; wir sehen hier ein schlagendes Beispiel, daß es eine Macht ohne Waffenschutz nicht giebt, und, daß der ungeschützte Wohlstand mehr Feinde macht, als die bewaffnete Drohung.

Dann kam der dreißigjährige Krieg und legte Deutschland für Jahrhunderte brach; Handel, Ackerbau, Seefahrt, kurz, alles lag darnieder und ging, was den Handel zur See betrifft, an die kräftig emporstrebenden Seestaaten über. Hier wurde zum erstenmal der Gedanke einer „kaiserlichen Armada" erwogen, wozu die Belagerung von Stralsund durch Wallenstein den Anstoß gab; da es jedoch nicht möglich war, die erforderliche Anzahl geeigneter Fahrzeuge so schnell fertig zu stellen, um sie eben noch für diese Belagerung nutzbar zu machen, und die Wechsel des Krieges die Lage bald veränderten, ließ Wallenstein den Gedanken wieder fallen. Eine Reichsflotte als dauernde, ständige Einrichtung zu schaffen, hat weder Wallenstein noch der Kaiser jemals beabsichtigt, und es handelte sich lediglich um schwimmende Mittel für die Belagerung Stralsunds von der Seeseite aus.

---

## Die Brandenburgische Marine.

Nach dem dreißigjährigen Kriege lag alles darnieder; der Wohlstand war dahin, jedes Gefühl der Einigkeit war durch die religiösen

Spaltungen und Kämpfe vernichtet, und wir finden in jener Zeit nicht mehr den alten, fröhlichen Wagemut und die Unternehmungslust der Wikinger und Hanseaten, während rings um Deutschland herum zahllose Reichtümer aus fernen, neu entdeckten Erdteilen von den seefahrenden europäischen Nationen heimgebracht wurden. Es war für alle Küstenländer außer Deutschland ein Zeitalter frischen Emporblühens und kolonialer Erwerbungen.

In Deutschland rangen die Einzelstaaten schwer um ihre Existenz, und aus ihnen hebt das Brandenburg des Großen Kurfürsten sich bald überragend hervor. Dieser hatte während seines langen Aufenthalts in den Niederlanden gesehen, welchen Reichtum und Wohlstand Kolonien und Seehandel diesem kleinen und sonst so schlecht von der Natur behandelten Lande gebracht hatten, und trachtete von Beginn bis zu Ende seiner langen Regierung mit unermüdlicher Ausdauer, auch seinem armen, durch fortgesetzte blutige Kriege ausgesogenen Lande diese Quellen des Reichtums zu erschließen, denn, wie er sagte: „Seefahrt und Handlung sind die fürnehmsten Säulen eines Estats". Zunächst versuchte er eine brandenburgisch = ostindische Kompagnie zu bilden und die dänisch=ostindische Kolonie Tranquebar käuflich von dem König von Dänemark zu erwerben, was jedoch an dem gänzlich fehlenden Unternehmungsgeist der großen Hansestädte, sowie an der Armut Brandenburgs selbst scheiterte; nach jahrelangen rastlosen Anstrengungen und endlosen Verhandlungen wurde Tranquebar an England verkauft und damit das Mißlingen des Planes besiegelt, weil am vollständigen Kaufpreis noch 26 000 Thaler fehlten, welche nicht aufgebracht werden konnten.

1. Der „Große Kurfürst"
**Friedrich Wilhelm**
Begründer der kurbrandenburg. Flotte.

Bald darauf brach der Krieg mit Schweden aus und auf Rat des klugen und energischen Holländers Raule ließ der Große Kurfürst diesen eine Anzahl von Fregatten ausrüsten, um den Schweden auch zu Wasser zu Leibe rücken zu können.

Raule nahm sich dieses Auftrages mit größtem Eifer und Thatkraft an, so daß er nicht nur die Ostsee von schwedischen Schiffen säuberte, sondern in der Kriegführung selbst dem Großen

Kurfürst thätig und hilfreich zur Seite stehen konnte, so in der Seeschlacht bei Bornholm, wo er die schwedische Fregatte „Leopard" eroberte und im Triumph nach Kolberg brachte. Im Verlaufe desselben Krieges segelte die brandenburgische Flotte nach Rügen und vor Stralsund, um sie den Schweden abzunehmen, was bei ausgezeichneter Tapferkeit der Schiffsbesatzungen und Landungstruppen nach heißem Kampfe dem Feldmarschall Derfflinger und dem holländischen Admiral Tromp gelang; die Pläne für die Ausführung der Landungen waren von Raule entworfen. Leider kam der Kurfürst durch die feindliche Stellungnahme Frankreichs und des deutschen Kaisers wieder um die Früchte seiner Mühen und Siege, indem er in dem Frieden von St. Germain en Laye Pommern nicht erhielt und somit für seine kommerziellen und kolonialen Pläne auf die wenigen preußischen Häfen angewiesen war.

Trotz dieses Mißerfolges setzte Friedrich Wilhelm mit Raule seine Bemühungen energisch fort, gründete ein Marinekollegium und vermehrte die Flotte bis auf zwölf schlagbereite Kriegsschiffe. In mehreren mit großer Kühnheit und Geschicklichkeit von den betreffenden Befehlshabern geleiteten Unternehmungen, welche sich gegen Spanien richteten, bewies die Flotte, daß sie kriegs- und seetüchtig war. Mehrere spanische Schiffe wurden gekapert, und der brandenburgische Kapitän Alders scheute sich nicht, mit fünf Schiffen zwölf spanische anzugreifen und den Kampf durchzuführen, ohne ein einziges Schiff zu verlieren, während er zwei spanische Fregatten in den Grund bohrte. Diese Kriegsthaten, welche weniger, um nach heutigen Begriffen sich auszudrücken, die Seeherrschaft oder die Niederwerfung der Streitmacht des Gegners bezweckten, sondern nur durch Kapern spanischer Handelsschiffe als letztes gewaltsames Mittel zur Eintreibung einer großen Geldsumme, welche Spanien dem Großen Kurfürsten schuldete, dienten, erreichten allerdings positive Erfolge nur in geringem Maße, erregten aber die Aufmerksamkeit der ganzen Welt im hohen Grade und im selben Maße die Eifersucht mit dem Bestreben, die neue Seemacht um keinen Preis aufkommen zu lassen. Hauptsächlich infolge des Druckes seitens der damals so seemächtigen Niederlande mußte Friedrich Wilhelm, der außerdem zu Lande in schweren Kämpfen die Unabhängigkeit seiner Lande zu verteidigen hatte, den Kampf gegen Spanien aufgeben und widmete sich nun mit unermüdlicher Energie in friedlicher Arbeit der Hebung des Seehandels durch Anbahnung kolonialer Beziehungen und der Organi-

sation der brandenburgischen Kriegsflotte. Bisher waren die Kriegs=
schiffe Eigentum des Rheders Raule gewesen und dieser hatte sie dem
Großen Kurfürsten vermietet; nun kaufte er sie ihm sämtlich ab und
schuf damit eine nationale brandenburgische Kriegsmarine.
Das nächste Ziel war die Gründung einer brandenburgisch=
afrikanischen Kompagnie, welches er mit der ihm eigenen Thatkraft
und Ausdauer erreichte.

Es wurden zunächst zwei Schiffe nach der afrikanischen Küste
von Guinea entsandt, welche dort mit drei Negerhäuptlingen ein
Abkommen trafen, daß sie fortan nur mit brandenburgischen Schiffen
Handel treiben würden. Nachdem dann auch das erforderliche Kapital
mit großer Mühe unter starker persönlicher Beteiligung des Großen
Kurfürsten zusammengebracht war, wurde eine weitere Expedition
entsandt, welche die Verträge endgültig festlegte und eine Festung
„Großfriedrichsburg“ dort anlegte. Obgleich durch die Mißgunst
der anderen Seestaaten, hauptsächlich wieder Hollands, noch immer
von neuem Schwierigkeiten erwuchsen und Mißhelligkeiten hervor=
gerufen wurden, gestaltete sich doch der Handel in kurzer Zeit bereits
so günstig, daß er schon einen für jene Zeit erheblichen Reingewinn
abwarf. Mitten in diesen Bestrebungen, die von größtem Segen für
Brandenburg zu werden versprachen, starb Friedrich Wilhelm.

Wir haben mit Absicht länger bei der Thätigkeit dieses großen
Mannes verweilt, weil er bereits das, was man jetzt in Deutschland
als neuen Gedanken betrachtet und langsam allgemein einzusehen
beginnt, in jener Zeit, wo Deutschland durch den dreißigjährigen
Krieg weit hinter alle anderen europäischen Länder in der Kultur
zurückgeworfen war, mit einer absolut sicheren Klarheit des Blickes
erkannte. Selbst die großen Hansestädte, die doch wußten, daß sie
ihre einstige Bedeutung dem Seehandel verdankten, hatten den Mut
verloren; ihr Unternehmungsgeist war erstorben. Der Große Kurfürst
erschuf alles aus Nichts, ohne große Worte, nur mit Thaten. So
hing auch alles an seiner Person und ging nach seinem Tode dem
schnellen Verfall entgegen. Er hatte die klare Erkenntnis der Vorteile,
ja der Notwendigkeit des Seehandels für ein Land, welches auch nur
ein Minimum von Häfen und Küsten besitzt, zugleich wußte er aber
auch, daß der Handel dauernd nur blühen kann, wenn er durch
eine Kriegsflotte beschützt wird, und, daß der Staat diesen Schutz
ausüben muß, wie Kaiser Wilhelm II. es kurz und vollständig mit
seinem Ausspruch: „Reichsgewalt ist Seegewalt“, ausgedrückt hat.

Die Größe dieses Fürsten, der sein ganzes Leben lang auch zu Lande gegen übermächtige Feinde für die Freiheit seines Reiches kämpfen mußte und trotzdem die Freiheit des Sinnes und die Thatkraft besaß, solche Ziele, die so gänzlich neu waren und unerreichbar schienen, der Erfüllung nahe bringen konnte, so daß die Früchte schon zu reifen begannen, kann nie genug gewürdigt werden.

Unter seinem Nachfolger, der andere Ziele verfolgte und nicht die Thatkraft seines Vaters besaß, ging das Erworbene schnell ver= loren, und dessen Nachfolger Friedrich Wilhelm I. erklärte alle maritimen Bestrebungen für haltlose Phantasiegebilde und verkaufte die afrikanischen Besitzungen an Holland.

So ging das ursprünglich lebenskräftige Werk zu Grunde, an welchem der Große Kurfürst sein Leben lang gearbeitet hatte.

Dem weiten Blick Friedrichs des Großen konnte nicht entgehen, daß nur der überseeische Handel Wohlstand in sein armes Land zu bringen im stande war; er machte Emden zum Freihafen und gründete die Preußische Seehandlung, welche heute noch besteht. Von Anfang an hatte er wie der Große Kurfürst mit vielen Widerwär= tigkeiten zu kämpfen und wurde bald durch die Kriege, welche er gegen seine vielen, mächtigen Feinde führen mußte, gänzlich in An= spruch genommen. Hierdurch ermutigt, versuchten die Schweden sich wieder der pommer'schen Ostseeküste zu bemächtigen, und da von der Kriegsflotte des Großen Kurfürsten schon längst nichts mehr vor= handen war, konnten ihnen nur schlecht armierte und schwach bemannte Fischerfahrzeuge entgegengestellt werden, welche sich aber so tapfer wehrten, daß sie über ein Jahr lang dem übermächtigen Feinde Widerstand leisteten und erst dann heldenmütig kämpfend unterlagen.

---

## Die deutsche Bundesmarine.

Wie der preußische Seehandel im Keime erstickt war, so konnten auch die alten Handelsemporien nicht wieder zu einem Aufblühen gelangen, weil ihnen die Waffen fehlten, um ihre Frachten zu schützen. Im Laufe des 18. Jahrhunderts fing Hamburg an, einen Aufschwung zu nehmen und knüpfte Verbindungen mit Algier und Brasilien an, welche gute Früchte versprachen, baute sogar zwei Fregatten zum Schutze der Convoys, die jedoch nicht ausreichten, um seinen Handel gegen die vielen Feinde zur See zu schützen. Den schwersten Schlag aber brachte dem gesamten deutschen Handel die Napoleonische Herrschaft.

Nach dem Sturze Napoleons machte sich überall ein Aufschwung bemerkbar, der sich hauptsächlich in einem immer lebhafter werdenden Verkehr mit Nordamerika äußerte. Zahlreiche Schiffahrtsgesellschaften wurden gegründet, und hauptsächlich die Hansestädte zeigten wieder einen Unternehmungsgeist und eine Thatkraft, welche ihrer großen Vergangenheit würdig war.

Dann kam das Jahr 1848, und mit ihm ein Ereignis, welches wie kein anderes den Deutschen zeigte, daß Seehandel ohne Wehrkraft ein nur geduldetes Dasein führen kann: Dänemark legte durch die Blockade der deutschen Häfen mit einem Schlage die aufblühende Seefahrt lahm.

Es war nicht nur der große materielle Verlust, welcher den Seestädten aus der Blockade erwuchs, sondern hauptsächlich das Gefühl der Beschämung, daß ein so kleiner Staat wie Dänemark ohne Anstrengung mit ein paar Schiffen Deutschland mit Erfolg so gegenüber treten konnte, welches in allen deutschen Staaten den Ruf nach einer starken Kriegsflotte ertönen ließ, ein Ruf, welcher in der Folge, wenn auch von Zeit zu Zeit schwächer werdend, doch nie wieder ganz verstummt ist.

Nachdem Hamburg auf eigne Hand den Anfang gemacht hatte, und wie sich denken läßt, Mißerfolge hatte, weil es gänzlich an militärischen Sachverständigen und an Organisatoren fehlte, nahm bei der allgemeinen Begeisterung in ganz Deutschland für den neuen Gedanken auch die Nationalversammlung in Frankfurt sich der Sache an. Es wurde zur Gründung einer deutschen Flotte eine Marinekommission gebildet, an deren Spitze Prinz Adalbert von Preußen trat, dessen Namen in den nächsten Jahrzehnten alle deutschen und preußischen Marinebestrebungen beherrscht.

2. Prinz-Admiral Adalbert.

Dieser hochbegabte und energische Prinz verband von Jugend an mit einer glühenden Begeisterung für alles, was zum Seewesen gehört, einen ungewöhnlichen Scharfblick für die Bedeutung einer Seemacht für Deutschland. Durch große Seereisen und wiederholten längeren Aufenthalt in England hatte er sich das zu eigen gemacht, was in Deutschland bis dahin vollkommen fehlte, nämlich eine gründliche Fachkenntnis, welche ihn im Verein mit seinen hervorragenden organi= satorischen Fähigkeiten und einem klaren politischen Blick zum einzigen berufenen Mann in Deutschland machte, die vielfach unklare Begeiste= rung für den Flottengedanken in Wege zu leiten, welche praktisch zu beschreiten waren.

3. K. R. Bromme
Admiral der ersten deutschen Flotte.
(Aus der „Leipzig. Illustr. Zeitung".)

In thatkräftiger und verständnis= voller Weise wurde er durch den Ad= miral Bromme und den Bremer Kaufmann Duckwitz unterstützt. Schiffe wurden angekauft und ausgerüstet, ein Flotten=Gründungsplan ausgearbeitet, Offiziere aus fremden Marinen heran= gezogen, kurz, in außerordentlich kurzer Zeit eine durchaus entwickelungsfähige Grundlage geschaffen. Es bewährte sich aber auch hier das Wort, daß nur die Reichsgewalt Seegewalt ist. Die erstere fehlte und existierte nur in den Köpfen wohlmeinender aber unklar denkender Patrioten, und so scheint es uns selbstverständlich, daß eine Reichs= flotte nicht bestehen konnte, wo eben das Reich nicht vorhanden war, sondern nur herbeigesehnt wurde. Nach mehreren Jahren aufopferndster Arbeit und steten Kampfes mit zahllosen Widerwärtigkeiten fand im Jahre 1852 das Unternehmen sein Ende in der Versteigerung der Flotte, weil es nicht mehr möglich war, die für ihre Unterhaltung nötigen Geldmittel aufzutreiben.

Der dänische Krieg hatte außerdem noch eine andere kleine Flotte ins Leben gerufen, die schleswig=holsteinische. Für die Ent= wicklung der späteren deutschen Flotte war sie nicht von Bedeutung, sei jedoch erwähnt, weil auch sie wieder glänzende Beweise von der seemännischen Tüchtigkeit der Deutschen gab und sich in vielen

Gefechten hervorragend gegen die dänische Uebermacht schlug. Sie bestand hauptsächlich aus Kanonenbooten, und es ist bemerkenswert, daß sie das erste Schraubenkanonenboot besaß, während diese sonst durch Rudern vorwärts bewegt wurden. Auch erfand in diesem Kriege ein Kieler Gelehrter die elektrisch zu zündende Unterwassermine und sperrte mit einer Reihe derselben den Kieler Hafen. Mit dem endlichen Siege der Dänen verschwand auch die schleswig-holsteinische Marine.

## Die preußische Marine.

Schon vor den Bestrebungen zur Schaffung einer deutschen Marine in der Frankfurter Nationalversammlung arbeitete man in Preußen nach dem Ziele einer preußischen Flotte hin, und die Seele des Ganzen war wieder Prinz Adalbert von Preußen. In der ersten Zeit begnügte man sich, die Mittel für die engere Küstenverteidigung zu beschaffen. Es wurde eine große Küstenflottille gebaut, welche im Jahre 1849 bereits 27 Kanonenboote, eine Korvette und zwei Dampfer zählte mit insgesamt 67 Kanonen, 57 Offizieren und 1520 Mann Besatzung. Prinz Adalbert wurde zum Admiral der gesamten Streitkräfte ernannt, während die Flottille dem Kommodore Schröder unterstellt wurde.

Während des Krieges mit Dänemark kam es nur zu einem kleinen Scharmützel, in welchem gleichwohl die deutschen Besatzungen ebensoviel Mut wie seemännische Tüchtigkeit entwickeln konnten.

Nachdem durch Ankauf der versteigerten Schiffe der Deutschen Bundesflotte die preußische Marine einen wesentlichen Zuwachs erhalten hatte, wurde auf Betrieb des Prinzen Adalbert im Jahre 1852 zum erstenmale ein kleines Geschwader entsandt, um die preußische Flagge im Auslande zu zeigen; es waren die Schiffe „Gefion", „Amazone" und „Merkur", welche eine anderthalbjährige Reise nach Nord- und Südamerika, Westindien, der westafrikanischen Küste und dem Mittelmeer antraten, und zwar unter dem Befehle des schon genannten Kommodore Schröder. Diese Reise bezeichnet einen wichtigen Punkt in der Entwickelung der preußischen Flotte, welcher bisher noch nicht genügend gewürdigt und bemerkt worden ist, denn mit ihm begann, wenn auch der damaligen Bedeutung Preußens und seiner Seemacht entsprechend, in sehr bescheidenem Umfange, die Thätigkeit, welche heute unter dem viel mißdeuteten Worte „Weltpolitik" begriffen wird:

Der Schutz der im Auslande lebenden Deutschen, dadurch Aufrecht=
erhaltung oder Erneuerung ihres Zusammenhanges mit dem Mutter=
lande und damit Schutz und Förderung des Handels. Der preußische
Ministerresident für Nordamerika äußerte sich über jene Reise wie
folgt: „Das Geschwader sei für die dort akkreditierten Königlichen
Gesandten und Konsuln immer eine große Stütze in dem Verkehr
mit den Regierungen jener Länder und gewähre dem zahlreichen
über die ganze Erde verbreiteten Handelsstande Preußens und der
übrigen deutschen Staaten andern Nationen gegenüber einen moralischen
Schutz und so das notwendige Vertrauen auf den Schutz und die
Fürsorge ihrer Regierungen."

Auch während des Krimkrieges waren Schiffe zum Schutz der
dortigen Deutschen vor Konstantinopel vertreten, und wurde ihrer
Anwesenheit von diesen ein hoher Wert beigemessen.

Es war auch im Jahre 1852, als Prinz Adalbert sich mit
der Dampfkorvette „Danzig" an die afrikanische Nordküste begab, um
die dort hausenden Riffpiraten zu züchtigen, welche die preußische
Brigg „Flora" überfallen und ausgeplündert hatten. Eine größere
Expedition zur Bestrafung dieser Räuber war geplant, aber nicht
ausgeführt worden, und so beschloß der Prinz, auf eigene Faust sie
zu züchtigen und ihnen und der Welt zu zeigen, daß die Zeiten
vorbei waren, wo man preußische Kauffahrteischiffe als vogelfrei
betrachten konnte. Er landete an der schroffen, felsigen Küste und
machte mit seinem Landungskorps einen beinahe tollkühn zu nennenden
Vorstoß; viele der Piraten wurden getötet, aber auch die Preußen
erlitten große Verluste und Prinz Adalbert selbst wurde verwundet.
Der Zweck aber war erreicht: die Piraten wagten nicht wieder Ähn=
liches, und alle Staaten blickten mit Achtung und Bewunderung auf
die preußische Marine und ihren tapfern Führer.

In diesem Jahre bestand die Flotte bereits aus fünf Kriegs=
dampfern, drei größeren Segelschiffen und zweiundvierzig Kanonenbooten.
Unter ihnen befand sich auch der Schuner „Frauenlob", zu dessen
Bau der Preußische Frauenverein 23 000 Thaler beigesteuert hatte,
und welcher bereits bald ein trauriges Ende finden sollte.

Im Jahre 1853 gelangte der Jadebusen in preußischen Besitz,
was auch der Anregung des Prinzen Adalbert zu danken war, welcher
schon lange klar erkannt hatte, daß für die Marine ein Kriegshafen
in der Nordsee ein unumgänglich nötiges Erfordernis bildete, da bis
dahin die überlegene dänische Flotte im Kriegsfalle das Land und

die beiden Belte sperren und damit die preußische Flotte in der Ostsee einschließen konnte. Wenn man bedenkt, daß auch jetzt noch Wil=helmshaven unser einzigster Kriegshafen in der Nordsee ist, und mit der Vergrößerung der Marine derselbe auch an Bedeutung für Deutsch=land wächst, so erkennt man, wie weitschauend und im höchsten Sinne begründend die Thätigkeit des Prinzen für die Entwickelung der deutschen Flotte gewesen ist. Man ging sofort mit größter Energie an den Ausbau des jetzigen Kriegshafens Wilhelmshaven, welcher im Jahre 1869 eingeweiht wurde. Diese äußeren Erfolge wurden von einer regen inneren Thätigkeit an der Organisation der jungen Marine begleitet; die Grundlagen der heute als Matrosen= und Werft=divisionen bestehenden Marineteile wurden in den „Matrosen=" und „Werftkorps" gelegt und die beiden Briggs „Rover" und „Musquito" wurden zur Ausbildung von Schiffsjungen erworben. Im Jahre 1859 fand eine Reorganisation der obersten Behörden durch die Teilung in die Marineverwaltung und das Oberkommando statt, welch letzteres in den Händen der Preußen blieb.

Ein weiteres Ereignis, dessen Folgen bis in die Gegenwart hineinragen, brachte dasselbe Jahr mit der Expedition der Schiffe „Thetis", „Arkona", „Elbe" und „Frauenlob" in die ostindischen Gewässer, um durch einen Handels= und Freundschaftsvertrag die ersten Verbindungen mit dem damals dem Abendlande noch nicht erschlossenen Japan einzuleiten. Bei dem Umfange, den der Handel Deutschlands mit Ostasien gewonnen hat, sind wir heute in der Lage, die Wichtigkeit dieses Dienstes, welchen damals die kleine Marine dem Handel geleistet hat, in seinem ganzen Werte zu würdigen und die Haltlosigkeit des Schlagwortes der Flottengegner schlagend zu be=weisen, „mit Kanonen könne man fremde Völker nicht zwingen, in Handelsverbindungen mit uns zu treten." Zugleich brachte die sonst so erfolgreiche Reise der Marine den ersten schweren Verlust, indem Schuner „Frauenlob" (siehe Bild Seite 19), während eines Taifuns in der Bucht von Jeddo mit der ganzen Besatzung unterging. Im Jahre darauf, 1862, folgte ein weiteres ebenso trauriges Ereignis durch den Verlust des Kadettenschulschiffs „Amazone" unweit der holländischen Küste, ebenfalls durch einen schweren Sturm.

Es folgte der Krieg mit Dänemark 1864, welcher der Marine zum erstenmale Gelegenheit brachte, sich im Kampfe zu bewähren, und zwar im Gefecht bei Jasmund unter der Führung des Kapitäns und nachherigen Admirals von Jachmann, welcher kühn entschlossen

4. **Vizeadmiral von Jachmann.**

die weit überlegene dänische Flotte angriff und ihr empfindliche Verluste beibrachte, ohne selbst nennenswerte zu erleiden. Die gezogenen Geschütze der Preußen, aber vor allem ihr geschicktes Manövrieren und todverachtendes, schneidiges Draufgehen hatten der kleinen Macht einen schönen Triumph eingetragen. In der darauf folgenden Schlacht bei Helgoland beteiligten sich die preußischen Schiffe nur in zweiter Linie am Kampfe, während den Oesterreichern unter Tegethoff die Hauptrolle zufiel. Es kennzeichnete den fröhlichen Wagemut, der in der preußischen Marine lebte, daß Prinz Adalbert mit der kleinen „Grille" zwei großen dänischen Schiffen in der Nähe von Jasmund ein Gefecht anbot und

5. **Das Seegefecht bei Jasmund am 17. März 1864.**
Nach der Kreidezeichnung eines Gefechtsteilnehmers.

zwei Stunden durchführte, ohne Verluste zu erleiden, und kurz nachher die Fregatte „Nordenskiöld" im Verfolgungsgefecht erheblich schädigte.

— 14 —

Wenn auch diese Thätigkeit der Marine keine materiellen Erfolge mit sich brachte, so hatte sie doch gezeigt, welcher Geist in ihr lebte, und was sie mit besseren Mitteln würde leisten können. Nicht nur König Wilhelm, sondern die weitesten Volkskreise nahmen ein immer steigendes Interesse an der Entwickelung der Flotte, was sich in großen Sammlungen bethätigte, für deren Ertrag das erste preußische Panzerschiff der Monitor „Arminius" angekauft wurde, und 1865 bestellte die Regierung die ersten Hochseepanzerschiffe „Friedrich Karl" und „Kronprinz," deren ersteres noch heute als Torpedoversuchsschiff unserer Marine Dienste leistet.

## Die Norddeutsche Bundesmarine.

Als nach dem österreichischen Kriege der norddeutsche Bund sich um das siegreiche Preußen scharte, wurde aus der Preußischen Marine die Norddeutsche Bundesmarine mit derselben Kriegsflagge, welche heute die Kaiserliche Marine noch führt. Preußen besaß in jener Zeit, im Jahre 1867, drei große Panzerschiffe, den „König Wilhelm", welcher überhaupt das mächtigste Schlachtschiff seiner Zeit war, „Friedrich Karl" und „Kronprinz", außerdem zwei kleine Panzer, vier Panzerfregatten und vier Panzerkorvetten. Der Norddeutsche Bund nahm sich der Entwickelung der Marine außerordentlich an und hauptsächlich war es der Bundeskanzler Graf Bismarck, welcher immer von neuem energisch auf die Bedeutung und die Notwendigkeit einer starken Flotte in seinen Parlamentsreden hinwies. Es wurde ein Flottengründungsplan ausgearbeitet, nach welchem innerhalb der nächsten zehn Jahre gebaut werden sollten: sechzehn Panzerschiffe, zwanzig Panzerfregatten und Korvetten, acht Avisos und zweiundzwanzig Schraubenkanonenboote.

Auch ihren friedlichen Kulturaufgaben, dem Schutze der Deutschen im Auslande und der Förderung des Handels, wurde die Flotte in den 60er Jahren nach Kräften gerecht, wovon besonders das energische Auftreten des Kapitänleutnant Knorr hervorzuheben ist, welcher in Porto Cabello sein Schiff in Gefechtsbereitschaft setzte, um einem deutschen Kaufmann zu seinem Recht zu verhelfen.

Dann brach der französische Krieg 1870 aus, leider zu früh für die Marine, deren Ausbau kaum begonnen war, so daß sie nicht daran denken konnte, der mächtigen französischen Flotte in offener

6 **Admiral Eduard von Knorr**
à la suite des Seeoffizierkorps.

Seeschlacht entgegenzutreten, sondern sich auf die direkte Verteidigung der Häfen und Flußmündungen beschränken mußte. Deswegen und wegen der Unthätigkeit der französischen Streitkräfte kam es zu keinen größeren Aktionen, jedoch fehlte es nicht an einzelnen kühnen Thaten und Handstreichen, welche aufs neue den unternehmungslustigen Schneid und die wagemutige Thatkraft, welche die Marine von Anfang an beseelte, wiederum hervortreten lassen. So griff eines Nachts Kapitän Weickmann mit der kleinen Korvette „Nymphe" das in der Danziger Bucht liegende Panzergeschwader der Franzosen an, gab zwei Breitseiten auf sie ab und entfernte sich, ohne von ihnen erreicht zu werden. Kurz darauf Kommandant der Korvette „Augusta", kreuzte er an der fran=

7. Kampf des „Meteor" mit „Le Bouvet" 1870 bei Havana.

zösischen Küste, um ausländische Waffeneinfuhr dahin zu verhindern, und kaperte dicht vor der Mündung der Garonne drei Schiffe, welche der Kriegskontrebande verdächtig waren; eine That, die von

einem winzigen, schwach armierten Schiffe beinahe angesichts der
mächtigen, französischen Flotte begangen, in Frankreich gewaltiges
Aufsehen erregte.

Berühmt ist das Gefecht, welches das Kanonenboot „Meteor"
unter dem Kapitänleutnant Knorr dem französischen Aviso „Bouvet"
bei Havana lieferte. Er forderte das weit stärkere Schiff zum Zwei=
kampf heraus und manöverierte so geschickt, daß er den Rammstoß
des „Bouvet" so weit abschwächte, daß sein Schiff noch gefechtsfähig
blieb; dann traf ein wohlgezielter Schuß vom „Meteor" den Kessel
des „Bouvet," so daß dieser sich vom Kampfplatz zurückziehen mußte,
und nur die durch den Zusammenstoß vorher verursachten Havarien
hinderten den „Meteor" durch eine nachdrückliche Verfolgung den
Sieg zu einem vollständigen zu machen.

---

## Die Marine des deutschen Reiches.

Nachdem am 18. Januar 1871 das deutsche Reich neu erstanden
war, wurde aus der Bundesmarine „die Kriegsmarine des
Reiches unter dem Oberbefehle des deutschen Kaisers", die Häfen von
Kiel und Wilhelmshaven wurden Reichskriegshäfen. Zunächst trat eine
Aenderung in der Organisation der Marine ein, die nicht günstig
für ihre gedeihliche und schnelle Weiterentwicklung sein konnte; Prinz
Adalbert trat von der unmittelbaren Leitung der Marine zurück,
wenn er auch noch des weiteren als Generalinspekteur derselben an
seiner Schöpfung den regsten Anteil nahm. Die früher von einander
getrennten obersten Behörden, das Oberkommando und die Verwal=
tung wurden nun in der Admiralität unter einem Chef der Admira=
lität vereinigt und zwar unter einem — Offizier der Armee, dem
General von Stosch. Dieser war ein in jeder Beziehung hervor=
ragender Mann und von großen Verdiensten, jedoch liegt auf der
Hand, daß es trotzdem vorteilhafter gewesen wäre, einen Fachmann
auf diesen Posten zu setzen, was auch bereits der von ihm kurz nach=
her ausgearbeitete und dem Reichstag eingereichte neue Flottengrün=
dungsplan erkennen ließ. Er stellte den Grundsatz auf, daß die
deutsche Flotte nur zur direkten Verteidigung dienen solle, und zwar
so, daß die Flußmündungen und Häfen durch die Schiffe, wie durch
schwimmende Forts geschützt würden, während die jetzt allgemein

erkannte Wahrheit, daß die wirksame Verteidigung nur durch den Sieg in der Hochseeschlacht geführt werden kann, ihm als Nichtfach= mann fern lag. Ein sehr großes Verdienst hat er sich dagegen um den deutschen Schiffbau erworben, indem er alle Neubauten für die Flotte auf deutschen Werften und aus deutschem Material herstellen ließ, außerdem war er in den inneren Angelegenheiten der Marine organisatorisch mit großem Erfolge thätig.

Zur Ausführung dieses Flottengründungsplans ist es ebenso= wenig gekommen, wie zu der des ersten, und erst im Jahre 1898 ist es durch die Initiative unseres Kaisers und die ebenso umsichtige wie geschickte Thätigkeit des jetzigen Staatssekretärs von Tirpitz nach langen Kämpfen gelungen, diesen und in der Folge noch mehr zu erreichen.

Schon im Jahre 1872 hatte die Marine Gelegenheit, die Ehre des neuen deutschen Reiches im Auslande nachdrücklich zu wahren, indem beide Schiffe „Gazelle" und „Vineta" in Port au Prince einem deutschen Kaufmann, dem die Republik Haiti Geld schuldete und nichts bezahlen wollte, zu seinem Recht verhalf. Auf die erste Weigerung der Regierung wurden sofort Boote bemannt, und zwei im Hafen liegende Haitianische Kriegsschiffe mit bewaffneter Hand besetzt, was denn auch sofort den gewünschten Erfolg hatte. 1873 starb der Prinz Adalbert von Preußen und mit ihm verlor die Marine nicht nur ihren Schöpfer, sondern auch den wichtigsten in maßgebender Stellung befindlichen Mann, welcher vermöge seiner Fähigkeiten und hervorragenden Fachkenntnisse berufen war, gerade jetzt nach obenhin für ihre Weiterentwickelung zu wirken und dieselbe in richtige Bahnen zu lenken, wo sie unter der Leitung eines Armee= offiziers stand. Auch er war, wie der Große Kurfürst, in der Erkenntnis für die Wichtigkeit einer Seemacht für Deutschland und vor allem in der militärischen Beurteilung der Rolle, die Deutsch= lands Flotte in einem Seekriege spielen müsse, seiner Zeit weit voraus, und so sehen wir seine Ideen, die er in seiner Denkschrift niederlegte, in unseren Tagen als etwas Neues, Niegehörtes auf= genommen.

Im selben Jahre zeichnete sich der Kapitän zur See, Reinhold Werner, während der spanischen Revolution als Kommandant des Panzerschiffs „Friedrich Karl" durch sein energisches Auftreten aus, indem er einen spanischen von revolutionären Truppen besetzten Kreuzer, welcher die Stadt Karthagena und damit die zahlreichen

Reventlow, Die deutsche Flotte.     2

— 18 —

8. **Vizeadmiral Reinhold Werner.**

dort lebenden Deutschen bedrohte, einfach wegnahm. In einem Dankschreiben, welches infolgedessen über 500 Deutsche an ihn richteten, heißt es unter anderem: „welchen wirksamen Schutz die deutsche Marine zu ihrer höchsten Ehre den deutschen Interessen im Auslande geleistet habe." Auch der Kommandant des „Nautilus", Korvettenkapitän Zembsch, that sich hervor, indem er durch seine geschickte Dazwischenkunft der Rhederei eines an der spanischen Küste gestrandeten deutschen Schiffes, welches von den Revolutionären mit Beschlag belegt worden war, volle Genugthuung erwirkte.

1878 war es der Freistaat Nicaragua, welcher wieder einem deutschen Kaufmann seine berechtigten Forderungen nicht zugestehen wollte; diplomatische Unterhandlungen halfen nichts trotz der Macht Deutschlands in Europa und des sonst weltumspannenden Einflusses Bismarcks. Sowie aber drei Fregatten und ebensoviele Korvetten dort zusammengezogen waren, und die Leute sahen, daß man nicht lange fackeln würde, gaben sie schleunigst nach. Um dieselbe Zeit besuchte die „Ariadne" die Südseeinseln und schloß zahlreiche Freundschaftsverträge mit dortigen Häuptlingen, dem deutschen Handel die Wege ebnend. Es würde außerhalb des Rahmens dieser Betrachtung fallen, wenn man alle jene Fälle aufzählen wollte, wo unsere Kriegsschiffe im Interesse des deutschen Handels ihr Ansehen mit oder ohne Waffengewalt in die Wagschale geworfen haben, man kann vielmehr umgekehrt sagen, daß die Thätigkeit unserer Schiffe im Auslande ausschließlich dem deutschen Kaufmann zugute kommt, ob er nun dort lebt oder daheim. Dies wird durchweg verkannt und unterschätzt, und doch wäre es auch ohne alle Beispiele bereits so selbstverständlich, wenn man nur einen flüchtigen Blick in die Geschichte der alten seefahrenden Völker wirft. Es ist schlechterdings unmöglich, sich irgend einen andern Zweck der Kriegsschiffe im Auslande vorzustellen, als den, dem Handel neue Wege zu bahnen oder seine Vertreter gegen Unrecht und Gewalt zu schützen. Was will England mit seiner mächtigen Flotte auf allen Meeren, sucht es Abenteuer, mittel=

alterlichen Ruhm, oder freut es sich der großen Schiffszahl, wie ein Käfersammler? Nein, es ist alles für die Erhaltung und Vergrößerung seines Handels, und weil das ganze Volk ein Handelsvolk ist, so begreift auch jeder Engländer, daß die Flotte England selbst bedeutet.

9. u. 10. Oben: **Schooner** „**Frauenlob**". Unten: „**Großer Kurfürst**".
Modellkammer der Marineakademie in Kiel.

— 20 —

Eine besondere Bedeutung erhielt das Jahr 1877 für die
Marine. Prinz Heinrich von Preußen schiffte sich in diesem Jahre
als Kadett auf dem Schulschiff „Niobe" ein, um sich dem von ihm
und seinen hohen Eltern für ihn gewünschten Seemannsberuf zu
widmen, welchem er nunmehr seit 23 Jahren angehört. Prinz Heinrich
hat die lange Ausbildungszeit als Kadett, Seekadett und jüngerer
Offizier wie jeder Andere stufenweise durchgemacht, hat eine Seefahrts=
zeit hinter sich wie wenige Seeoffiziere und bekleidet augenblicklich
den wichtigen und verantwortungsvollen Posten des Chefs des I. Ge=
schwaders, welches den stets kriegsbereiten Teil unserer Schlachtflotte
darstellt. Sein Eintritt war damals von hoher Bedeutung für die
Marine, welche der Chef der Admiralität, General von Stosch, fol=
gendermaßen charakterisierte: „Prinz Heinrich von Preußen ist das
erste Glied unseres Herrscherhauses, welches seine militärische Laufbahn
in der Marine beginnt. Es gewährt dies mithin das lebendige
Zeugnis, daß unser hoher Kriegsherr die Marine der sieggekrönten
und bewährten Armee ebenbürtig an die Seite zu setzen wünscht, und
daß auch wir eine starke Waffe für den großen Lauf des Hauses
Hohenzollern werden sollen."

Das Jahr 1878 brachte
außer den oben beschriebenen Ereig=
nissen der Marine einen schweren
Verlust durch den Untergang des
Panzerschiffs „Großer Kurfürst".
Als am 31. Mai jenes Jahres das
aus den Schiffen „König Wilhelm", „Großer
Kurfürst" und „Preußen" bestehende Panzer=
geschwader durch den Englischen Kanal dampfte
und manövrierte, um zwei entgegenkommen=
den Segelschiffen auszuweichen, rammte —
wahrscheinlich infolge eines mißverstandenen
Ruderkommandos — der „König Wilhelm"
den „Großer Kurfürst" in der Breitseite und
brachte ihm ein solches Leck bei, daß er nach
wenigen Minuten sank; auch „König Wil=
helm" wurde schwer beschädigt, beteiligte sich
jedoch in hervorragender Weise am Rettungs=
werk. Leider fanden von den 487 Mann
starken Besatzung 269 den Tod in den Wellen.

11. u. 12. **Bug des
„König Wilhelm" vor
und nach dem Zusammenstoß.**
Modellkammer
der Marineakademie in Kiel.

— 21 —

Die Unglücksstätte, welche in der Nähe von Folkestone ist, wird noch heute durch eine kleine dort verankerte Boje bezeichnet.

Das nun folgende Jahrzehnt ist ein ebenso inhaltreiches wie wichtiges, nicht nur für die Marine selbst, sondern auch für das ganze deutsche Reich durch ihre nach großen Gesichtspunkten geleitete Thätigkeit auf allen Meeren, welche das „größere Deutschland", auf das wir jetzt mit Stolz sehen, vorbereitete und begründete. Wir heben in folgendem nur die wichtigsten Ereignisse, welche besonders auf die Folgezeit von Einfluß gewesen sind, hervor.

Schon im Jahre 1879 bewirkte wieder einmal die Thatkraft eines deutschen Kommandanten, des Kapitän Heußner, nachmaligen Staatssekretärs des Reichsmarineamts, daß während des Krieges zwischen Chile und Peru die in Callao lebenden Deutschen und damit die ganze Stadt vor einem Bombardement bewahrt wurden. Kapitän Heußner befehligte die Panzerkorvette „Hansa" und die Dampfkorvette „Freya" und erzwang außerdem die Freigabe des beschlagnahmten deutschen Dampfers „Luxor".

1880 bestrafte der Korvettenkapitän Valois, Kommandant der Korvette „Viktoria", in nachdrücklicher Weise einen Negerstamm an der westafrikanischen Küste, welcher den gestrandeten deutschen Dampfer „Carlos" beraubt hatte, indem er das Dorf Nana Kru an der Küste von Liberia zerstörte.

Auch 1882 war es wieder der an einem deutschen Schiff, dem Schooner „Erndte" begangene Strandraub, welcher ein deutsches Kriegsschiff, die „Hertha", zur Bestrafung der Schuldigen veranlaßte.

In den ostasiatischen Gewässern war im Jahre 1883 ein für die damalige Größe der deutschen Marine überaus stattliches Geschwader unter dem Oberbefehl des Kommodore, Kapitän zur See von Blanc, vereinigt, welches aus den Schiffen „Stosch", „Elisabeth", „Leipzig", „Iltis" und „Wolf" bestand, und für Anknüpfung neuer und Festigung bereits bestehender Handelsverbindungen überaus segensreich wirkte. So wurde zum erstenmal Korea angelaufen und mit den dortigen Behörden in Verbindung getreten, und auf Amoy verhalf Kapitän von Blanc mit Gewalt einem deutschen Kaufmann zu seinem Recht, welches ihm die chinesischen Behörden verweigerten. Er hatte nämlich die Absicht, eine große Zuckersiederei anzulegen, und die chinesischen Zollämter konfiszierten ihm seine sämtlichen Siedepfannen mit der unwahren Begründung, daß China das Monopol besitze. Kapitän von Blanc entschloß sich kurz und ließ die Pfannen mit Gewalt vom Zollamt holen, obgleich ihm nur ein schwaches Landungskorps zur Verfügung stand und die Stadt über 100 000 Einwohner zählte.

Auch in der Südsee trat die Marine energisch für die dort lebenden Deutschen ein, deren viele von den grausamen Eingeborenen am Eigentum geschädigt, mißhandelt und gemordet waren. Sofort eilten „Carola" und „Hyäne" dorthin und hielten ein gründliches Strafgericht ab, welches den Eingeborenen seitdem in heilsamer Erinnerung geblieben ist. Damals, im Jahre 1883 verfügte die Marine über die große Zahl von 26 Auslandskreuzern, welche, wie wir gesehen haben, auf allen Meeren die deutsche Flagge zeigten und in fortwährender, angestrengter Thätigkeit für den deutschen Übersee=handel auf das energischste wirkten. Bedenkt man, daß wir damals noch keine Kolonien hatten und daß der deutsche Handel nicht annähernd das war, was er jetzt ist, daß ferner damals die Früchte dieser Thätigkeit, welche wir jetzt genießen, erst begannen, unsichtbar zu reifen, dann scheint es beinahe unbegreiflich, daß noch im ver=gangenen Jahre die deutsche Volksvertretung eine Vermehrung der Auslandskreuzer abschlug, obgleich wir jetzt, wenn der heimischen Schlachtflotte die ihr als Aufklärungsschiffe nötigen Kreuzer erhalten bleiben sollen, nicht annähernd mehr eine solche Zahl zur Ver=fügung haben.

Auch daheim wurde rüstig und mit allen Kräften an der Entwickelung der Flotte weitergearbeitet, und im Jahre 1881 fand zum erstenmale eine Besichtigung der Flotte durch Kaiser Wilhelm I. in der Kieler Föhrde statt, welche zu seiner größten Befriedigung ausfiel. Unter anderm führte der jetzige Staatssekretär des Reichs=marineamts, der damalige Kapitänleutnant Tirpitz, welcher das deutsche Torpedowesen begründet und organisiert hat, dem Kaiser an Bord des „Ziethen" einen scharfen Torpedoangriff auf ein altes Kanonenboot vor.

Zwei Jahre später nahm General von Stosch seinen Abschied und wurde unglücklicherweise nicht durch einen Seeoffizier, sondern wiederum durch einen General, Herrn von Caprivi, ersetzt. Beide waren Männer von hohem Verdienst, aber es ist ohne weiteres klar, daß sie, da es nicht ihr Beruf war, nicht das für die Marine leisten konnten, was ein Fachmann vermocht hätte, und an begabten wie verdienstvollen Marineoffizieren fehlte es damals ebensowenig wie heute.

General von Caprivi vertrat noch ausgesprochener als sein Vorgänger die Ansicht, daß die deutsche Marine immer nur zu einer untergeordneten Rolle bestimmt sei und sich lediglich auf die engere Küstenverteidigung beschränken müsse. Kein einziges Linienschiff ist während seiner Amtsführung auf seine Veranlassung gebaut worden außer der „Oldenburg", welche ihren gesamten Eigenschaften nach auch nur zur Küstenverteidigung zu brauchen ist. Dagegen wandte er der Entwickelung des Torpedowesens eine große Aufmerksamkeit zu und erwarb sich dadurch die größten Verdienste um dieselbe, daß er die Ausführung desselben dem Kapitän Tirpiz überließ, welcher die deutsche Torpedobootsflotte in der Folge auf eine Höhe brachte, welche einzig unter den Nationen dastand. Kapitän Tirpiz setzte gegen alle widersprechenden Meinungen durch, daß das Feld der Torpedoboote die hohe See sei, und schuf damit, abgesehen von der Vollkommenheit, zu welcher er die Torpedowaffe selbst erhob, eine Waffe, die troz des Mangels von Linienschiffen gestattete, den Feind auf hoher See anzugreifen. Man darf aber nicht vergessen, daß das Linien= schiff niemals durch andere Fahrzeuge, sei es nun durch Kreuzer oder durch Torpedoboote, wirklich ersetzt werden kann. Als Teil der Schlachtflotte dagegen waren und sind die deutschen Torpedoboote berufen, im Kriege eine hervorragende Rolle zu spielen, und der geniale Scharfblick des damals noch verhältnismäßig jungen Offiziers, welcher mit ausdauernder Energie das, was er für richtig erkannt hatte, durchführte, und was sich in der Folge als richtig bewiesen hat, verdient einen hervorragenden Platz in der Geschichte der deutschen Marine.

Einen Verlust hatte die Flotte wieder im Jahre 1884 durch die Strandung der Schiffsjungenbrigg „Undine" zu beklagen, welche durch einen schweren Sturm an die jütische Küste in der Jammerbucht getrieben wurde und dort scheiterte, während die Mannschaft bis auf einen Matrosen gerettet werden konnte. Mit der ganzen Mann= schaft versank dagegen im folgenden Jahre die Korvette „Augusta", welche im roten Meer nahe Perim einem Taifun zum Opfer fiel.

Schon lange hatte Fürst Bismarck die Erwerbung von Kolonien für Deutschland angestrebt, und diesem Ziel in umsichtigster Weise, wie wir oben gesehen haben, durch die Auslandskreuzer auf allen Meeren vorarbeiten lassen, und bereits im Jahre 1872 bat der Sultan von Zansibar, sich unter das deutsche Protektorat stellen zu dürfen, was aber vom deutschen Reichstage abgelehnt wurde, ebenso

wurde durch die Schuld der Volksvertretung die günstige Gelegenheit
verpaßt, sich der Samoainseln zu bemächtigen, welche später dann
auch viel deutsches Blut gekostet haben.

Endlich im Jahre 1884 wurde in Angra Pequena, welches
von dem Bremer Kaufmann Lüderitz erworben war, die deutsche
Flagge am 7. August gehißt; das bald darauf noch vergrößerte
Gebiet ist beinahe doppelt so groß, wie das deutsche Reich.

Es folgte noch im selben Jahre die Erwerbung des Togolandes
an der Guineaküste dicht bei dem alten, vom Großen Kurfürsten
gegründeten Groß-Friedrichsburg und Kamerun, wo jedoch im Winter
1884 Unruhen ausbrachen, welche energischer Eingriffe des Geschwaderchefs Admiral Knorr bedurften, welcher drei Monate lang Belage-
rungszustand verhängte und jede aufständische Regung nachdrücklich
dämpfte.

Auch in der Südsee gewann Deutschland großen und wert-
vollen Besitz. Die Fregatte „Elisabeth" und das Kanonenboot
„Hyäne" hißten die deutsche Flagge in Neu-Guinea, wo man zwei
sehr gute Häfen, den Friedrich-Wilhelms- und Prinz Heinrichshafen
gefunden hatte, ferner wurden die Archipele von Neu-Britannien,
Neu-Hannover, die Admiralitäts- und die Hermit-Inseln in Besitz
genommen. Diese Kolonien entwickeln sich stetig und versprechen
schöne Früchte zu zeitigen. Natürlich muß man nicht glauben, daß
ein ganz wildes, unbebautes Land bereits nach wenigen Jahren
große Erträge abwerfen kann, und nicht nur jeder Landwirt, sondern
auch jeder Geschäftsmann muß wissen, daß in jedes neue Unternehmen
zuerst mehr Geld hineingesteckt wird, als herauskommt, und daß nur
Ausdauer und mit großen Kosten verbundene Arbeit die Schätze des
Bodens heben und im Handel nutzbar machen kann.

In Ostafrika war die Erwerbung von günstig gelegenen Landstrichen mit größeren Schwierigkeiten verknüpft, da die Engländer,
welche ebenfalls große Interessen hier besaßen, den Sultan von
Zanzibar aufhetzten, so daß sich dieser plötzlich der deutschen Schutzherrschaft, um die er selbst früher gebeten hatte, mit Gewalt widersetzen
wollte, hauptsächlich um Deutschland an der Besitznahme der Küste
zu hindern, was die ganze Erwerbung wertlos gemacht haben würde.
Da nun der Sultan selbst thatsächlich kein Recht auf die Küste besaß,
wurde sofort ein Geschwader von acht Schiffen zusammengezogen und
an die Küste geschickt, was dann auch den Sultan sofort bewog, sich
freundlich zu stellen und die Oberhoheit Deutschlands in den betreffenden

Landstrichen (Witu, Usagara, Ukami, Nguru, Useguha) anzu=
erkennen.

1885 traten die Marschall=, sowie die Brown= und Providence=
Inseln unter deutsche Schutzherrschaft.

Die heimische Flotte machte, wie bereits vorher angedeutet,
nicht mehr die gleichen Fortschritte, befand sich vielmehr, hauptsächlich
in Bezug auf Neubauten großer Schiffe, in einem Stillstand, dessen
verderbliche Folgen bis in die Gegenwart hinein sich fühlbar machen.
Um so größer war die innere, organisatorische Thätigkeit bezüglich
Ausbildung der Offiziere und Mannschaften, Aufstellung von Regle=
ments, Kasernenbauten u. s. w.

1887 fand die Grundsteinlegung zu dem jetzigen Kaiser=Wil=
helm=Kanal in Holtenau durch Kaiser Wilhelm I. statt, welche mit
einer großen Flottenrevue verbunden war; zugleich wurde an diesem
Tage Prinz Wilhelm, unser jetziger Kaiser, à la suite des See=
bataillons gestellt. Ueber die Bedeutung des Kaiser=Wilhelm=Kanals
ist schon viel gesprochen worden; sie ist vielleicht am besten und mit
den wenigsten Worten durch Bismarck bezeichnet worden in einer
Randbemerkung zu einem Schriftstücke, in welchem Moltke sich gegen
den Bau des Kanals aussprach; er sagte: die Möglichkeit mit dem
Ganzen aus einem Loch herauszukommen, macht die Offensive stärker.

Falsch ist es dagegen, zu glauben, daß der Kanal die Seestreit=
kräfte verdoppele, wie von Volksvertretern ausgesprochen wurde, um
eine Vergrößerung der Schlachtflotte als unnötig darzustellen. Eine
Verdoppelung ist natürlich unmöglich, und der Vorteil des Kanals
beruht eben darin, daß die Streitkräfte der Nord= und Ostsee schneller
mit einander vereinigt werden können, als früher.

Von allergrößter Bedeutung für die Marine ist die Thron=
besteigung Kaiser Wilhelms II. gewesen, denn er vereinigt mit dem
lebhaftesten Interesse und dem überaus klaren und weiten Blick für
alles, was mit Seewesen und Handel zusammenhängt, auch die Macht
des deutschen Kaisers, um das zu erreichen, woran der Kurfürst von
Brandenburg einst scheiterte.

Schon der Erlaß, den Kaiser Wilhelm II. nach seiner Thron=
besteigung an die Marine richtete, gab in überaus warmer Weise seiner
persönlichen Stellung zu derselben Ausdruck in den folgenden Worten:

„Die Marine weiß, daß es Mich nicht nur mit großer
Freude erfüllt hat, ihr durch ein äußeres Band anzugehören,
sondern daß Mich seit frühester Jugend in voller Uebereinstim=

mung mit Meinem lieben Bruder, dem Prinzen Heinrich von Preußen, ein lebhaftes und warmes Interesse mit ihr verbindet.

Ich habe den hohen Sinn für Ehre und treue Pflichterfüllung kennen gelernt, der in der Marine lebt. Ich weiß, daß jeder bereit ist, mit seinem Leben freudig für die Ehre der Flagge einzustehen, wo immer es sei.

Und so kann Ich es in dieser ernsten Stunde mit voller Zuversicht aussprechen, daß wir fest und sicher zusammenstehen werden in guten und in bösen Tagen, im Sturm wie im Sonnenschein, immer eingedenk des Ruhmes des deutschen Vaterlandes und immer bereit, das Herzblut für die Ehre der deutschen Flagge zu geben. Bei solchem Streben wird Gottes Segen mit uns sein."

Ueberblicken wir jetzt die Geschichte der Marine während der Regierung Kaiser Wilhelms II., so bemerken wir einen ganz gewaltigen Umschwung gegen früher, und es tritt vor allem im Gegensatz zu den letzten beiden Jahrzehnten vorher das von Anfang an durchaus Zielbewußte in allen Maßnahmen hervor. Kaiser Wilhelm II. hat von Anfang an das große Ziel verfolgt, die Marine ebenbürtig an die Seite der Armee zu stellen und sich niemals einen Augenblick durch Widerstand und Verständnislosigkeit irre machen lassen, und wenn wir jetzt in neuester Zeit einen großen Schritt zu diesem Ziele gethan haben, so ist es dem Kaiser zuzuschreiben, seiner unermüdlichen persönlichen Anregung und Thätigkeit, seinem hervorragenden Verständnis und daß er die richtigen Männer an die maßgebenden Stellen setzt.

13. **Vizeadmiral Graf v. Monts.**
Nach einer Photographie von
Schmidt-Wegener, Kiel.

Eine seiner ersten Maßnahmen war die Reorganisation der obersten Behörden; General von Caprivi wurde seiner Stellung als Chef der Admiralität enthoben und anstatt seiner der Vizeadmiral Graf von Monts zum Chef der Admiralität ernannt. Als dieser kurz darauf starb, wurde wieder die alte Teilung in eine oberste Kommando- und eine Verwaltungsbehörde, wie zu Zeiten des Prinzen Adalbert eingeführt, und war der Vizeadmiral Freiherr von der Goltz der erste kommandierende Admiral, der Kontreadmiral Heußner der erste Staatssekretär des Reichs-

— 27 —

14. **Admiral Max Frhr. v. d. Goltz,**
à la suite des Seeoffizierkorps.

marineamts. Es war ebensowohl von höchster praktischer wie moralischer Bedeutung für die Marine, daß von nun an die bedeutendsten aus ihr selbst hervorgegangenen Männer, auch den bestimmenden Einfluß in ihr ausübten, es zeugte auch von dem Vertrauen und der Anerkennung des obersten Kriegsherrn, daß er hiermit das Offizierkorps als gleichwertig dem der Armee hinstellte.

Schon die nächste Zeit gab den Offizieren und Mannschaften reiche Gelegenheiten, ihre Tüchtigkeit und Pflichttreue in kriegerischen und andern Ereignissen zu beweisen, und zwar zunächst im Auslande.

In Ostafrika brach nämlich ein schon lange heimlich geschürter Aufstand der dort wohnenden Araber gegen die europäische Herrschaft aus, hauptsächlich weil sie den von ihnen betriebenen Sklavenhandel nicht mehr nach Wunsch fortsetzen konnten. Die Bewegung nahm bald einen so gefahrdrohenden Umfang an, daß Fürst Bismarck sich genötigt sah, sofort energische Maßregeln zu ergreifen. Er traf ein Uebereinkommen mit England, das in gleicher Weise interessiert war, zur Unterdrückung des Sklavenhandels, was gleichbedeutend mit der Unterdrückung des Aufstandes war. Das war nur durch eine Blockade der Küste möglich, welche dann von einem deutschen und einem englischen Geschwader durchgeführt wurde und beinahe ein ganzes Jahr dauerte. Der Führer des deutschen Geschwaders war Contreadmiral Deinhard, welcher durch seine hervorragende Energie und Geschicklichkeit, wie kein andrer zur Durchführung dieser schwierigen Aufgabe geeignet, und außerdem auch alle Eigenschaften besaß, um auch den Engländern zu imponieren, so daß unter ihm das deutsche Geschwader eine führende Rolle spielte. Neben dem anstrengenden und nervenaufreibenden Blockadedienst kam es auch vielfach zu blutigen Gefechten des Landungskorps der deutschen Schiffe gegen die Araber und deren Anhänger unter der Führung des bekannten Buschiri. Zugleich sei hier erwähnt, daß der Araberaufstand dem Fürsten Bismarck Gelegenheit zur Gründung der ostafrikanischen Schutztruppe unter dem damaligen Hauptmann von Wißmann gab, welche dann meistens sich zu den Kämpfen mit den Marinetruppen vereinigte, wobei allerdings die letzteren meist die führende Rolle spielten.

Die Landungskorps allein erstürmten Bagamoyo und Dar=es= Salaam, später in blutigem Gefechte das befestigte Lager von Kon= dutschi. Im weiteren Verlaufe der Blokade wurden alle Stützpunkte erobert, Buschiri hingerichtet, womit der Aufstand niedergeschlagen war. Dem weit überwiegenden Teil nach war es wieder die Marine gewesen, welche dem deutschen Kaufmann in Ostafrika und dem Handel zwischen dort und dem Vaterlande die Wege geebnet und ihm nötigen geordneten Zustände eingeführt hatte.

15. **Marine-Denkmal in Apia** zur Erinnerung an die im Kampfe am 18. Dezember 1888 Gefallenen.

Auch auf den Samoa=Inseln brach um dieselbe Zeit ein Aufstand aus, welcher wohl hauptsächlich durch ameri= kanische und englische Treibereien gegen den blühenden deutschen Handel da= selbst hervorgerufen wurde. Die drei Schiffe „Olga", „Adler" und „Eber" schlugen denselben unter verhältnis= mäßig schweren Verlusten in blutigen Kämpfen nieder und schickten den auf= ständischen König Malietoa in die Verbannung. Bemerkenswert ist, daß die Aufständischen von einem Ameri= kaner geführt wurden. Damals be= gann die diplomatisch vereinbarte Drei= herrschaft von Deutschland, England und den Vereinigten Staaten auf den Samoa=Inseln, welche erst in neuester Zeit in einer für Deutschland günstigen Weise ihr Ende gefunden hat. War schon damals viel deutsches Blut in Samoa geflossen, so trat im Frühjahr 1889 daselbst ein Ereignis ein, welches den 14. März immer für die Marine zu einem Tage trauriger Erinnerung machen wird. Ein Taifun von seltener Heftigkeit überraschte die zahlreichen im Hafen von Apia liegenden Schiffe, so daß sie mit wenigen Ausnahmen nicht mehr die hohe See gewinnen konnten und richtete furchtbare Verheerungen unter ihnen an. „Adler" und „Eber" scheiterten auf den Riffen; von

erfterem wurden nur 1 Offizier und 9 Mann gerettet, von letzterem
die ganze Mannschaft bis auf 85 Mann, während „Olga" dank
der Geschicklichkeit und Entschlossenheit des Kommandanten, Freiherrn
von Erhardt, mit geringen Beschädigungen davonkam.

Durch diplomatische Uebereinkunft mit England ging im Jahre
1890 die Insel Helgoland an Deutschland über, wogegen letzteres
die Schutzherrschaft von Zansibar und Wituland an England abtrat.
Es waren gemischte Gefühle, welche vielen diese Abmachung verur=
sachte, man dachte an das an der afrikanischen Küste vergossene deutsche
Blut und verglich das große Gebiet mit der kleinen Insel. Jetzt
jedoch kann kaum noch jemand über den Wert, den Helgoland im
Kriege für uns haben wird, im Unklaren sein. Früher wäre es
entweder neutrales Gebiet oder direkt ein Stützpunkt des Feindes
gewesen; jetzt ist es eine mächtige deutsche Festung, eine für die
Flotte wichtige Kohlenstation und geschützter Ankerplatz, außerdem
als Beobachtungs= und Nachrichtenstation von höchster Bedeutung.
Früher erleichterte es jedem Feinde die Blockade der großen deutschen
Nordseehäfen außerordentlich, jetzt bildet der Felsen ein wirksames Ver=
teidigungsmittel gegen diese, wenn außerdem noch eine starke Hochsee=
flotte in der Nordsee vorhanden ist.

Im nächsten Jahre brach, wie noch in frischer Erinnerung
ist, der chilenische Bürgerkrieg aus und gab wiederum der Marine
Gelegenheit zu zeigen, wie wirksam der Schutz der Kanonen für den
Kaufmann im Auslande ist. Dem Chef des dorthin entsandten
Kreuzergeschwaders, Admiral Valois, gelang es durch sein entschlos=
senes und energisches Auftreten trotz der überall herrschenden Unruhen,
derartig zu imponieren, daß keinem Deutschen etwas geschah.

Ueberall in der Marine machte es sich jetzt bemerklich, daß ein
frischerer Wind wehte. Im Jahre 1890 wurden nach langer Pause
vier große Schlachtschiffe auf Stapel gelegt, die heute noch den Kern
unsrer Schlachtflotte bilden, die Brandenburgklasse. Nicht nur, daß
gebaut wurde, sondern daß auch große Hochseeschiffe in die Marine
eingereiht wurden, war von hoher Bedeutung. Denn es zeigte, daß
endlich unter der fachmännischen Leitung der Marine, deren lediglich
verteidigender Charakter aufrecht erhalten blieb, der einzig richtige
Weg zur Durchführung einer solchen beschritten werde. Wenn die
Flotte die deutschen Küsten erfolgreich schützen sollte, so mußte sie
Schiffe haben, welche die hohe See halten, und doch den Angreifer
zurückweisen konnten. Auch wurden wichtige organisatorische Maß=

nahmen getroffen, um die Durchbildung des Personals im Schiffs=
dienst und die Schlagfertigkeit der schwimmenden Streitkräfte zu
erhöhen, indem von Anfang der 90er Jahre an ein Geschwader von
acht Panzerschiffen Winter und Sommer im Dienst blieb, während
früher speziell im Winter eine weit geringere Zahl kriegsbereit war.
Ueberall trat das Bestreben hervor, bei der Kleinheit unserer Flotte
alles irgendwie noch Brauchbare, so schlagfertig wie möglich zu machen
durch hohe Bereitschaft der Schiffe und gründlichste Durchbildung
der Offiziere und Mannschaften. Demgemäß wurden auch die Manöver=
übungen der Flotte, welche bis dahin meistens in einfachem Exerzieren
bestanden hatten, jetzt unter diesem Gesichtspunkt geleitet, so daß sie
eine wahrhafte Schule für den Krieg bilden konnten. Kurz es zeigte
sich allenthalben ein Aufschwung, und nur ein Wunsch beseelte die Marine:
ihrem kaiserlichen Herrn zu zeigen, daß sie des Wohlwollens und
der Anteilnahme würdig war, die er ihr dauernd zu teil werden ließ.

Ein schweres Unglück ereignete sich im Jahre 1894 während
einer Probefahrt der „Brandenburg", indem im Heizraum ein Haupt=
dampfrohr platzte, was 41 Mann der Besatzung das Leben kostete.
Noch in demselben Jahre folgte ein zweiter schmerzlicher Verlust an
Menschenleben durch die vorzeitige Explosion der Pulverladung eines
schweren Geschützes an Bord der „Baden". Das letzte Jahrzehnt
des alten Jahrhunderts war überhaupt reich an Schicksalsschlägen,
indem ein weiterer während der Herbstmanöver des Jahres 1895
folgte, wo wieder einmal die stürmische Nordsee in der Jammerbucht
ein neues Opfer forderte, und das Torpedoboot S 41 während eines
schweren Unwetters in ihren Wellen begrub; nur der Kommandant,
Leutnant zur See Langemak und zwei Unteroffiziere wurden gerettet.

Im Auslande entfalteten die dort stationären Schiffe ebenfalls
eine rege und fruchtbringende Thätigkeit. Die beiden Kreuzer „Bussard"
und „Falke" schlugen in Samoa einen Aufstand nieder und brachten
den unbotmäßigen Eingeborenen eine schwere Niederlage bei.

In Ostasien rettete der „Iltis" eine große Anzahl Chinesen
und den General von Hanneken vom Tode des Ertrinkens, nachdem
das Schiff, auf welchem sie sich befanden, von den Japanern in den
Grund gebohrt war. Als jedoch nach Beendigung des Japanisch=
Chinesischen Krieges die Geschütze eines chinesischen Forts auf den
deutschen Dampfer „Arthur" schossen, da zeigte der „Iltis", daß selbst
das kleinste deutsche Kriegsschiff nicht mit sich spassen läßt, und setzte
bereits mit dem zweiten Schuß seines 12,5 cm Geschützes eine ganze

Geschützbedienung außer Gefecht, so daß die Chinesen sich hüteten, weiter den Dampfer zu belästigen.

Nachdem das kleine Fahrzeug dann im nächsten Jahre noch den Triumph hatte, daß bei einer internationalen Ruderregatta die Gig des „Iltis" als Sieger hervorging, erlag es im Jahre 1896 am 23. Juni der Gewalt eines Taifuns während einer Kreuztour von Schifu nach Kiautschou. Als das Schiff in der orkandurchbrausten regnerischen Nacht sich nicht weit von dem Vorgebirge von Schantung befand, war es durch eine starke Strömung zu nahe an die Küste herangetrieben worden und wurde von den Wogen mit solcher Gewalt auf einen Felsen geschleudert, daß es in zwei Stücke brach. Des nahen Todes gewiß, brachte der Kommandant, Kapitänleutnant Braun, dem Kaiser drei Hurrahs, in welche die todesmutige Mannschaft begeistert einstimmte, dann verschwand das Hinterschiff mit den sämtlichen Offizieren und dem größten

16. **Kapitänleutnant Braun** †
Kommandant des untergegangenen „Iltis."
Nach einer Photographie von Schmidt-Wegener, Kiel.

Teil der Mannschaft in den Wellen, während sie nach Vorgang des Feuerwerksmaaten Rähm, dem nahen Tode furchtlos ins Auge schauend, das deutsche Flaggenlied sang. Nur elf Mann von der ganzen Besatzung wurden gerettet, von denen zwei an die Küste gespült wurden, während die andern auf dem Vorschiff ausharrten, bis das Unwetter vorüber war, und dann vom Land aus geborgen wurden.

Die über alle Worte erhabene Haltung der Iltisbesatzung im Angesichte des Todes erregte die Bewunderung der ganzen Welt und haben gezeigt, welcher Geist in unserer Marine lebt. Die Iltisleute wußten nicht, daß Ueberlebende von ihnen einst ihren Ruhm in die Heimat tragen würden, der Krieger, der in die Schlacht zieht, weiß, daß Lorbeeren sein Grab zieren werden, — und wie ein französisches Blatt schrieb: „ein Schauer ergreift uns, indem wir daran denken, wie sie gestorben sind, wie sie im letzten Augenblicke eine Thatkraft, eine Verleugnung des eignen Ich und eine Treue gezeigt haben, die der menschlichen Natur zur Ehre gereicht."

Im Sommer des Jahres 1895 war der Kaiser-Wilhelm-Kanal

vollendet und wurde im Juni feierlich dem Verkehr übergeben. Im Kieler Hafen hatte sich zu den glänzenden Feierlichkeiten eine inter=

Lt. z. See Fraustätter.   Lt. z. See v. Holbach.   Lt. z. See Prasse.

17. Kapitänleutnant Braun.
Assistenzarzt I. Klasse Dr. Hildebrand.
Tableau der mit „Iltis" 1896 untergegangenen Offiziere nebst Beileids=
Telegramm S. M. des Kaisers an Admiral Knorr.
Nach einer Photographie von Fr. Kloppmann Nachf. aus Wilhelmshaven.

nationale Flotte versammelt, welche sich außer der deutschen aus den mächtigsten Schlachtschiffen Englands, Frankreichs, Rußlands, Oester=

— 33 —

18. Das am 23. Juli 1896 bei Kap Schantung in China
untergegangene Kanonenboot
„Iltis".

reichs und Italiens, im ganzen 53 an der Zahl, zusammensetzte. Kaiser Wilhelm II. passierte mit der „Hohenzollern" die Schleusen des Kanals und nahm dann die Parade der gesamten Flotte ab.

Der Kaiser-Wilhelm-Kanal, dessen Mündung bei Holtenau seit kurzem die Statue Kaiser Wilhelms I. ziert, hat sich im Laufe der Jahre technisch vorzüglich bewährt; im Herbst des Jahres 1898 passierte die gesamte Manöverflotte hintereinander durch denselben, ohne daß die mindeste Störung eingetreten wäre, und wenn man von Zeit zu Zeit hört, daß ein Dampfer sich an

19. Prinz Waldemar von Preußen.
Nach einer Photographie von
Ferd. Urbahns-Kiel.

20. Se. Kgl. Hoheit
Prinz Adalbert von Preußen.
Mit Genehmigung von
J. C. Schaarwächter, Hofphotograph
in Berlin.

den Uferböschungen festgesetzt hat, so kann man sicher sein, daß der Kanal nicht die Schuld trägt, sondern lediglich die Ungeschicklichkeit der Schiffsführer. Auch für die Kauffahrteischiffe ist der Kanal ein

Reventlow, Die deutsche Flotte. 3

großer Vorteil, denn er giebt ihnen die Möglichkeit, den langen und gefährlichen Weg um das Kap Skagen, bei welchem schon so manches Schiff untergegangen ist, zu vermeiden und erspart außerdem Zeit und Kosten, da die Kanalgebühren sehr niedrig gehalten sind.

Einen neuen Beweis, wie wert ihm seine Marine ist, gab Kaiser Wilhelm II. 1894 durch die Einstellung seines Sohnes, des Prinzen Adalbert von Preußen, als Unterleutnant in die Marine, was dadurch eine ganz besondere Bedeutung für sie enthält, als ihr nun wieder ein Glied des Hohenzollernhauses angehört, welches den Namen des Mannes führt, den sie als ihren Schöpfer und unermüdlichen Vorkämpfer in schwerer Zeit verehrt.

21. **Herzog Friedrich Wilhelm von Mecklenburg †**
Kommandant des untergegangenen Torpedoboots S. 26.
Nach einer Photographie von K. Tonn-Schwerin.

Jedoch schon zwei Jahre später traf die Marine und ganz Deutschland ein schwerer Schlag durch den Untergang des Torpedoboots S. 26, bei welchem der Kommandant, Herzog Friedrich Wilhelm von Mecklenburg, mit der Hälfte der Besatzung in schwerem Wetter an der Elbmündung seinen Tod fand. Herzog Friedrich Wilhelm war ein hoffnungsvoller Seeoffizier, ein edler und reiner Charakter, an den jeder, der ihn kannte, nur mit Rührung und Trauer denken kann. Ein geretteter Heizer des Bootes konnte von seinen letzten Minuten berichten, wie er gefaßt und ruhig dem Tode entgegensah und bis zuletzt nur an die Rettung seiner Leute dachte. Hier mag gleich eine allgemeine Bemerkung an diesen traurigen Vorfall geknüpft werden über die Seetüchtigkeit unserer Torpedoboote, welche infolgedessen vielfach angezweifelt wurde. Es sollte einer Widerlegung dieser Anschauung kaum bedürfen, wenn wir in der Statistik die Unfälle, welche unsere Kriegsflotte betroffen haben, vor unserem Auge passieren lassen und die Anzahl der verloren gegangenen Schiffe mit der der gesunkenen Torpedoboote vergleichen. Kein Werk menschlicher Arbeit und Kunst wird je so vollkommen sein, daß es mit Sicherheit der Wut der Elemente widerstehen könnte, und wenn sie es dann vernichten, so darf man wohl trauern, aber nicht zaudern, sondern mit ungeschwächtem Mute auf dem begonnenen Wege rüstig weiterschreiten.

Das unbarmherzige, aber wahre Sprichwort: „Wo Holz gehauen wird, fallen Späne", findet auch hier seine vollste Anwendung, und die deutschen Seeleute, welche starben in der Erfüllung ihrer Pflicht bis zum letzten Augenblick, leben in der Marine fort, nicht nur in wehmutvoller Erinnerung, sondern als ideale Heldengestalten, denen nachzueifern jedes deutschen Seemanns höchster Ehrgeiz ist.

Der immer mehr aufblühende und an Umfang wachsende deutsche Handel forderte immer gebieterischer eine entsprechende Vertretung des Reiches im Auslande, und jede Gelegenheit zeigte, wie wenig die deutsche Flotte dem Ansehen des Reiches entsprach. Mußte man doch ein zur Küstenverteidigung bestimmtes, kleines Panzerschiff, den „Hagen" nach Tanger, an die marokkanische Küste schicken, um einem deutschen Kaufmann Schutz zu gewähren, dem sich außer dem einzigen, brauchbaren Kreuzer „Kaiserin Augusta" nur zwei gänzlich gefechts= untüchtige und veraltete Schiffe die „Stosch" und „Marie" zugesellten. Während des armenischen Aufstandes, wo eine mächtige Flotte aller Nationen sich versammelt hatte, konnte Deutschland ebenfalls nur wieder seine „schwimmenden Gymnasien" hinschicken.

Geleistet haben die alten Schulschiffe allerdings trotzdem das Mögliche, infolge der Entschlossenheit und Fähigkeit ihrer Komman= danten, das zeigte im Jahre 1897 die berühmte Lüdersaffäre in Port au Prince, wo der deutsche Kaufmann Lüders, dem der Neger= staat Geld schuldete, des Landes verwiesen, außerdem der deutsche Gesandte beleidigt worden war. Auf Requisition des Gesandten legten sich „Stosch" und „Charlotte" im Hafen zu Anker und der Regierung wurde ein Ultimatum gestellt, mit dessen Ablauf entweder die deutschen Forderungen erfüllt werden mußten, oder die Stadt Port au Prince und die gleichfalls im Hafen liegende Haitianische Flotte beschossen wurde. Nachdem die Neger gesehen hatten, daß die Sache ernst wurde, und als der erste blinde Schuß bereits gefallen war, bekamen sie Angst und gaben volle Genugthuung.

Man darf nicht vergessen, daß ein solcher Erfolg mit derartig unzureichenden Mitteln bei aller Thatkraft der deutschen Komman= danten nur erreicht werden konnten, weil hier ihnen kein ernst zu nehmen= der Feind gegenüber stand. Wären Männer auf den haitianischen Schiffen gewesen, so hätte die Lage der Schulschiffe bedenklich genug werden können, welche in Ermangelung jedes Panzerschutzes und nur im Besitze einer sehr mangelhaften wasserdichten Schotteneinteilung durch ein paar wohlgezielte Granaten auch eines kleinen Fahrzeuges in den Grund gebohrt und in Brand geschossen hätten werden können.

Im Winter 1897 fanden Unruhen in China gegen die Fremden statt, welche in der Ermordung zweier deutscher Missionare gipfelten. Zur Sühne dieses Verbrechens gab die chinesische Regierung ihre Einwilligung, den Hafen von Kiautschou an Deutschland vorläufig für eine Zeit von 99 Jahren zu verpachten. Schon seit langer Zeit hatte sich der Mangel eines Stützpunktes und einer Kohlenstation für die deutsche Flotte an der ostasiatischen Küste empfindlich fühlbar gemacht, und die Schiffe des dortigen Kreuzergeschwaders waren beauftragt worden, für diese Zwecke geeignete Küstenpunkte ausfindig zu machen. Bereits der frühere Chef des Kreuzergeschwaders, Admiral Tirpitz, hatte auf die Bucht von Kiautschou als den geeignetsten Hafenplatz hingewiesen, und man hatte nun ruhig einen Zeitpunkt abgewartet, welcher ein Recht auf derartige Ansprüche geben konnte. Die förmliche Besitznahme wurde am 14. November durch das Kreuzergeschwader unter dem Geschwaderchef, Admiral von Diederichs, vollzogen, welcher ein starkes Landungskorps die deutsche Flagge hissen ließ, während die vorher dort garnisonierenden chinesischen Truppen auf friedlichem Wege zum Abzug veranlaßt wurden. Den chinesischen Truppen teilte Admiral von Diederichs das Uebereinkommen der deutschen und chinesischen Regierung mit, und machte bekannt, daß ihnen freier und friedlicher Abzug gestattet sei, die Deutschen jedoch bei thätlichem Widerstande ihrerseits von der Waffe Gebrauch machen würden. Der chinesische General war aber derartig überrascht, daß er ohne jeden Einspruch das Feld räumte.

22. **Vizeadmiral von Diederichs**
Chef des Admiralstabes der Marine.
Nach einer Photographie von Ferd. Urbahns-Kiel.

Das ganze Unternehmen war bis zur Ausführung so musterhaft geheim gehalten worden, daß nicht nur im Auslande, sondern auch in Deutschland selbst die größte Ueberraschung herrschte. Sie war freilich recht verschiedener Art, die Ueberraschung; die Gefühle der andern Nationen, außer Rußland vielleicht, welches im Einverständnis war, waren keine freudigen, daß Deutschland seinem immer mehr in China aufblühenden Handel eine so wichtige neue Stütze gegeben hatte, speziell England, welches scharfsichtig genug, schon lange in Deutschland einen gefährlichen Nebenbuhler erblickt, war nicht weniger als angenehm überrascht. In Deutschland dagegen herrschte eine bis dahin seltene Uebereinstimmung in der Billigung dieses neuen Erwerbs, dessen Bedeutung rückhaltlos überall anerkannt wurde, wie es auch thatsächlich nicht anders möglich war. Zunächst ist überhaupt das Vorhandensein einer deutschen Kolonie an der chinesischen Küste für den Handel von einer unermeßlichen Tragweite, um ihm von solch einer sichern Basis aus das Innere des ungeheuren Reiches, welches bis jetzt erst eben „angebohrt" ist, zu erschließen durch Wege, Eisenbahnen u. s. w.; ferner aber ist gerade mit diesem Platze von den ersten technischen und militärischen Sachverständigen eine ganz vorzügliche Auswahl getroffen worden. Kiaut-

23. **Kapitän zur See Rosendahl**
I. Gouverneur von Kiautschou.
Nach einer Photographie von
Ferd. Urbahns-Kiel.

24. **Kapitän zur See Jaeschke**
jetziger Gouverneur von Kiautschou.
Nach einer Photographie von
Erich Sellin & Cie.-Berlin.

schou liegt in einem gemäßigten Klima und der Hafen ist im Winter völlig eisfrei, tief und geräumig, und gegen Stürme geschützt. Man darf sich nicht irre machen lassen dadurch, daß jetzt noch Krankheitsfälle, sei es von Fieber oder Dysenterie dort vorkommen; das ist natürlich, weil das Land noch unkultiviert ist, und die hygienischen Einrichtungen, wie Abzugskanäle, Wasserleitungen u. s. w., an die der Europäer gewöhnt ist, noch fehlen oder in unvollkommenem Maße vorhanden sind. Mit dem Klima des Landes haben aber diese

25. Empfang Sr. Kgl. Hoheit des Prinzen Ludwig von Bayern durch das
Geschwader im Kieler Hafen.
Nach einer Photographie der Photographischen Union München.

26. Kaiser Wilhelm und Prinz Heinrich mit Gefolge an Bord der „Deutschland".

Mängel nichts zu thun und können ebenso gut in Deutschland vor=
kommen, wie das Beispiel von Wilhelmshaven gezeigt hat, wo auch
in den ersten Jahren seiner Existenz derartige Krankheiten häufig
auftraten, jetzt aber nahezu verschwunden sind.

Außerordentlich erhöht wird der Wert des Landes noch durch
das Vorhandensein von mächtigen Kohlenlagern, und es ist bereits
festgestellt worden, daß die Qualität der dortigen Kohle eine sehr
gute ist. Kurz die ganze Kolonie besitzt eine große Zukunft und ist

27. Die Ausfahrt des deutschen Kreuzergeschwaders nach China.
Der Kaiser und Prinz Heinrich mit den 3 ältesten kaiserlichen Prinzen an Bord der
„Deutschland" vor der Ausfahrt.

in kräftigem Aufblühen begriffen, wenn auch natürlich noch viel
Arbeit und Zeit erforderlich ist, um sie nach ihren Erträgen direkt
gewinnbringend für das Mutterland zu machen. Als Kriegshafen,
Stützpunkt und Kohlenstation für die Flotte ist Kiautschou dagegen
bereits jetzt von unschätzbarem Werte.

Die bald darauf erfolgte Ausreise des Prinzen Heinrich von
Preußen mit einer zweiten Kreuzerdivision nach den ostasiatischen

Gewässern gab auch nach außen hin dem Gewicht, welches das deutsche Reich auf die neue Erwerbung legt, einen verstärkten Ausdruck und ist noch in frischem Gedächtnis. In der Abschiedsrede, die Kaiser Wilhelm am 16. Dezember 1897 im Kieler Schloß dem scheidenden Bruder hielt, betonte er den friedlichen Zweck der Besitznahme Kiautschous, welche nur dem deutschen Handel und der deutschen Mission daselbst einen starken Rückhalt gegen Unrecht und Vergewaltigung bieten solle.

Der zweijährige Aufenthalt des Prinzen Heinrich war von bestem Erfolge begleitet und hat in hohem Maße beigetragen, das Ansehen des deutschen Reiches und der Deutschen in Ostasien zu heben und zu bestätigen, was unter anderm auch in dem glänzenden Empfange hervortrat, welchen der Kaiser von China dem deutschen Prinzen an seinem Hofe bereitete, ja sogar ihn in persönlicher Audienz empfing, was in der Geschichte des chinesischen Reichs bis dahin noch ohne Beispiel war.

Werfen wir jetzt wieder einmal einen Blick auf unsere Flotte selbst und ihre Entwickelung seit dem Anfang des Jahrzehntes. Es ist oben die neue Richtung betont worden, welche Kaiser Wilhelm II. verfolgte: Die Marine sollte nach wie vor der Verteidigung der deutschen Küsten dienen und dazu die notwendigen schwimmenden Streitkräfte erhalten. Man war sich darüber klar, daß Kanonenboote, Torpedofahrzeuge und Küstenbefestigungen zwar für einzelne Aufgaben der unmittelbaren Küstenverteidigung brauchbar sind, jedoch weder eine Blockade der deutschen Küsten, noch das gewaltsame Eindringen feindlicher Streitkräfte in die Flußmündungen und Häfen auf die Dauer verhindern können. Dazu sind eben nur Hochseeschlachtschiffe im stande, welche die feindliche Schlachtflotte vorher so schwächen können, daß sie nicht mehr im stande

28. **Admiral Friedrich von Hollmann**
à la suite des Seeoffizierkorps.

ist, eine wirksame Blockade auszuüben. Wie mangelhaft die im Auslande zu verwendenden Seestreitkräfte waren, haben wir bereits gesehen. Jedes Jahr wurden im Reichstage aber selbst die allernotwendigsten Verstärkungen der Flotte abgeschlagen oder nur ein gänzlich unzureichender Bruchteil derselben bewilligt und mit Schmerz sah Kaiser Wilhelm sich in seinen Absichten, welche sein weiter, sicherer Blick als richtig und nötig für die Wohlfahrt des Reiches erkannt hatte, mißverstanden. Alle fremden Marinen wurden dauernd, getragen vom vereinten Willen der ganzen Nationen, denen die Parlamente kaum genugthun konnten, vergrößert, nur in Deutschland verharrte man in Gleichgültigkeit oder spottete über uferlose Flotten=

29. **Vize-Admiral Alfred von Tirpitz**
Staatssekretär des Marineamtes.

30. **Kontreadmiral Freiherr von Bodenhausen**
Inspekteur des Torpedowesens.
Nach einer Photographie von
F. Urbahns-Kiel.

pläne. Da wurde der Kontreadmiral Tirpitz als Staatssekretär des Reichsmarineamts berufen, welcher nach den Absichten des Kaisers einen Flottenplan ausarbeitete, der die Vermehrung der Marine auf eine gesetzliche Grundlage stellte, um ihr eine stetige, nicht mehr von jährlichen Bewilligungen abhängige Entwickelung zu sichern. Die Wichtigkeit dieses Unterschieds ist leicht einleuchtend. Für ein Ge= schwader ist es von höchster Bedeutung, daß die Schiffe desselben, welche zusammen fechtend ein Ganzes bilden, von gleicher Größe und überhaupt gleichartig sind. Wenn aber in einem Jahre eine große Summe bewilligt wird, im nächsten eine kleine, im dritten gar keine, so ist das unmöglich; der Bau stockt oder es kommen Mißgeburten, wie die oben erwähnte „Oldenburg" zu stande. Außerdem können die Werften, welche im Unsichern sind, wieviel im nächsten Jahre von ihnen verlangt wird, sich gar nicht genügend darauf ein= richten, kurz wie der Reichskanzler, Fürst Hohenlohe, im Reichs= tage sagte: die Marine hatte bis dahin von der Hand in den

Mund leben müssen, und diesem Zustande mußte ein Ende gemacht werden.

Das Flottengesetz verlangte an und für sich wenig und ging

31. Vizeadmiral z. D. Karcher.

Nach einer Photographie
von Fr. Kloppmann Nachfolger
Wilhelmshaven.

32. Admiral von Koester
General-Inspekteur der Marine,
Chef der Ostsee-Station.
Nach einer Photographie von
F. Urbahns-Kiel.

33. Admiral Thomsen
Chef der Nordsee-Station.

Nach einer Photographie von
Ferd. Urbahns-Kiel.

34. Kontreadmiral
von Prittwitz und Gaffron
Ob.-Werftdirektor der Werft z. Danzig.
Nach einer Photographie
von Gottheil & Sohn-Danzig.

nicht über den Rahmen des alten Flottengründungsplans hinaus, welcher nie verwirklicht worden war. Die Flotte sollte unter Anrechnung der vorhandenen, noch brauchbaren Kriegsschiffe bis zum

Ablauf des Jahres 1903 auf 19 Linienschiffe, 12 große und 30 kleine Kreuzer gebracht werden. Es konnte keinem Einsichtigen zweifelhaft sein, daß diese kleine Zahl auf die Dauer nicht ausreichend sein konnte, und daß der unmittelbare Haupterfolg eben nur darin bestand, daß die Durchführung des bescheidenen Programms gesichert war und nicht in der Folge mehr durch Streichungen beeinträchtigt werden konnte. Das Gesetz wurde im Frühjahr 1898 vom Reichstage bewilligt, und damit endlich ein fester Grund gelegt, auf welchem zielbewußt weiter gebaut werden konnte. Das Verdienst, im deutschen Volk und unter seinen Vertretern das Verständnis für die Notwendigkeit dieser Forderung geweckt zu haben, gebührt in allererster Linie Kaiser Wilhelm, welcher nicht geruht und gerastet hat, immer wieder zu betonen, daß das Deutsche Reich in einem Stadium der Entwickelung sei, welches die Seegewalt zur Bedingung seiner Stellung im Rate der Völker und im Kriege seiner Existenz mache und alle andern deutschen Fürsten schlossen sich ihm in thatkräftigem Einverständnis an. Um jene Zeit trat auch auf Anregung vaterländisch gesinnter deutscher Männer der deutsche Flottenverein unter dem Vorsitze des Fürsten zu Wied ins Leben, welcher sich die hohe Aufgabe gestellt hat, dauernd im ganzen deutschen Volke zur Hebung des Verständnisses aller Fragen, welche Marine und Seehandel betreffen, zu wirken, welcher er in der Folge durch Wort und Schrift in hervorragendem Maße gerecht geworden ist. Sofort nach der Konstituierung des Vereins ließ Kaiser Wilhelm ihm einen guten Fortgang wünschen, und Prinz Heinrich übernahm das Protektorat über denselben. Jetzt zählt der Flottenverein über 600 000 Mitglieder, besitzt eine vorzügliche, alle Teile des deutschen Reiches umfassende Organisation und hat in glänzender Weise bewiesen, daß er nicht künstlich gemacht, sondern aus einem Bedürfnis des Volkes hervorgegangen ist, was ihm eine dauernde Lebenskraft sichert; dieses Bedürfnis in richtiger Weise erkannt zu haben, ist ein hohes Verdienst seiner Gründer und

35. Vizeadmiral z. D. Valois

Nach einer Photographie
von Fr. Kloppmann Nachfolger
Wilhelmshaven.

sein gewaltiges, stetiges Wachsen zeigt, daß die leitenden Männer verstanden haben, die Fühlung mit dem Volke zu erlangen und zu erhalten.

Von größtem Einfluß im Reichstage war auch die zielbewußte Klarheit der Darlegungen des Staatssekretärs, Admiral Tirpitz, sowie der glänzende Erfolg der deutschen Diplomatie: die Erwerbung von Kiautschou.

Bereits die nächsten beiden Jahre brachten eine Fülle von weltbewegenden Ereignissen, die jedem vaterlandsliebenden Deutschen, der bisher noch im Zweifel gewesen war, die Augen öffneten und mit höchster Klarheit zeigten, daß das Flottengesetz von 1898 nur als erster Schritt betrachtet werden konnte, zu dem Ziele, Deutschlands Macht zur See seinem Ansehen, seinen überseeischen und überhaupt Handels= interessen entsprechend zu erweitern. Der Ausgang des Krieges zwischen der alten Kolonialmacht Spanien und der jungen aufstrebenden Weltmacht der Vereinigten Staaten Nordamerikas war ein erschütternder und schlagender Beweis für die Worte Kaiser Wil= helms, daß Reichsgewalt Seegewalt sei. Mit leichter Mühe hat Amerika die Weltstellung Spaniens vernichtet, und was hätte es diesem geholfen, selbst wenn es eine starke Landarmee gehabt hätte. Der Krieg wurde ledig= lich durch die Flotten entschieden, und doch hat Spanien in Wirklichkeit weit mehr eingebüßt, als die in den Besitz des Feindes übergegangenen Kolonien.

36. Vizeadmiral Gustav Freiherr
von Senden=Bibran
Chef des Marine=Kabinetts.

Der berühmte Fall von Faschoda war nicht weniger angethan, zu zeigen, daß eine mächtige Landarmee über die Grenzen des Kon= tinents hinaus ohnmächtig ist, denn Frankreich mußte der bewaffneten Drohung Englands weichen, weil es zur See weder über die erfor= derlichen Streitkräfte verfügte, noch die vorhandenen kriegsbereit waren. Auch dies bedeutete für Frankreich mehr, als den Verzicht auf Faschoda: es war das Eingestehen seiner Ohnmacht England gegenüber, was natürlich für sein Ansehen und seine Autorität im In= und Auslande höchst nachteilig war. Auch Deutschland mußte zwei bittere Erfahrungen in diesen Jahren machen.

Schon im Laufe des Sommers 1899 sollte sich zeigen, daß Samoa nicht drei Herren, den Deutschen, Engländern und Amerikanern dienen konnte, und, daß diese noch weniger imstande waren, zusammen die Herrschaft auszuüben. Zur Beurteilung der Vorgänge, welche damals das deutsche Volk aufs tiefste erregten und den Anstoß zur späteren Teilung gaben, muß ein kurzer Blick auf die samoanischen Verhältnisse geworfen werden. Es herrschte dort der von den Eingeborenen gewählte und von den Verbündeten bestätigte König Malietoa, welcher aber wegen seiner deutsch-freundlichen Gesinnung den Engländern und Amerikanern immer mehr mißfiel. Diese stellten

37. Vizeadmiral z. D. Oldekop.

Nach einer Photographie
von Schmidt & Wegener-Kiel.

38. Vizeadmiral z. D. Hoffmann.

Nach einer Photographie
von Löffler & Petsch-Berlin.

daher unter dem Vorwande, daß die Wahl Malietoa's seiner Zeit nicht in Uebereinstimmung mit den samoanischen Gesetzen geschehen sei, einen andern Häuptling Namens Tanu als König auf, dessen Berechtigung zum Throne aber auch nicht größer, als die Malietoa's war. Diese Parteinahme geschah jedoch vor der Hand nicht öffentlich, sondern die Lage stellte sich nach außen hin so dar, als ob der Anstoß von den Eingeborenen selbst ausgegangen wäre. Infolge der stillen und emsigen Hetzereien bekriegten sich dann auch bald die beiden Könige mit ihren Anhängern, und nun nahmen Engländer und Amerikaner offen Partei für Tanu, indem sie das Lager Malietoa's bombardierten. Leider war nur ein einziges deutsches Kriegs=

schiff, der gänzlich ungeschützte kleine Kreuzer „Falke" zur Stelle, dessen Einspruch ungehört verhallte; und damit war es nicht genug, denn der amerikanische Admiral Cautz drohte mit Gewalt, falls der deutsche Kommandant sich nicht fügte und dem Bombardement freie Hand ließe. Was blieb anderes übrig, als sich zu fügen! Nichts konnte wohl die Ohnmacht Deutschlands in ein helleres Licht stellen, als dieser, das deutsche Selbstgefühl auf das tiefste verwundende Vorgang, welcher nie sich hätte ereignen können, wenn auch nur eine annähernd der amerikanisch-englischen gewachsenen Streitmacht sich in den dortigen Gewässern befunden hätte. Wenn auch nun die Frage auf diplomatischem Wege in einer für Deutschland vorteilhaften Weise gelöst wurde, so änderte das nichts an der Thatsache, daß die in Samoa gleichberechtigte deutsche Vertretung vergewaltigt worden war.

Die diplomatischen Verhandlungen gelangten bereits im Herbste 1899 zum Abschluß, und Deutschland erhielt die wichtigsten der Samoainseln „Sawai, Upolu und Tutuila", wo es seinen materiellen Interessen nach schon lange die vorherrschende Macht gewesen war.

Diese Inseln sind aussichtsvolle Kolonien, sowohl wegen ihrer üppigen Fruchtbarkeit, als auch weil der Hafen von Apia bei der weiteren Entwickelung des Handels über den Stillen Ozean für die Zukunft eine große Bedeutung als internationaler Seehandelsplatz haben wird.

39. **Kontreadmiral Diedrichsen**
Direktor des Technischen Departements des R.-M.-A.

Nach einer Photographie von Schmidt & Wegener-Kiel.

In frischer Erinnerung ist noch die Beschlagnahme der deutschen Dampfer während des englisch-afrikanischen Krieges durch einen englischen Kreuzer. Allgemein war die Entrüstung in Deutschland, als eine Woche nach der andern verging, ohne daß der Dampfer „Bundesrat", welcher auf den gänzlich unbegründeten Verdacht hin, Kriegskontrebande für die Buren zu führen, durchsucht und festgehalten wurde, seine Reise fortsetzen konnte. Es wurde um jene Zeit viel gesprochen und gestritten über den Begriff der Kriegskontrebande, ob England das Recht der Beschlagnahme habe oder nicht und anderes mehr.

40. **Kontreadmiral Freiherr von Maltzahn**
Direktor der Marineakademie in Kiel.
Nach einer Photographie
von F. Urbahns-Kiel.

Im Reichstag aber bezeichnete Graf Bülow mit kurzen Worten die Lage, indem er auf die an ihn gerichteten Fragen antwortete, daß leider in diesen Dingen die Rechtsfrage in der Praxis nur eine Machtfrage sei. Das hieß mit andern Worten: wenn Deutschland zur See die genügende Stärke besäße, wäre dieser Fall nicht vorgekommen. Für die leitenden Staatsmänner Deutschlands, die Marinebehörden und in erster Reihe Kaiser Wilhelm, hätte es dieser Fälle nicht bedurft, sie waren sich längst infolge der Ereignisse der letzten Jahre klar, daß energisch mit der Verstärkung unserer Marine vorgegangen werden müsse, wenn Deutschland seine Stellung unter den

41. **Die Marineakademie in Kiel.**

Großmächten behaupten wolle. Hinzu kam noch ein Punkt von größtem Gewicht, der Welthandel Deutschlands, der sich hauptsächlich während des letzten Jahrzehntes in einer Weise vervielfacht hatte, wie es die kühnste

Phantasie nicht hatte voraussehen können. Diesen Handel zu schützen, muß die deutsche Flotte imstande sein und zwar nicht nur, um die Schiffahrtsgesellschaften, Rhedereien und Kaufleute vor Schaden zu bewahren, sondern weil Deutschland ohne einen überseeischen Handel nicht mehr leben kann. Eine Unmasse nötiger täglicher Bedürfnisse beziehen wir von Uebersee und viele Tausende von Arbeitern sind mit ihren Familien in Fabriken beschäftigt, die aus fernen Erdteilen hergebrachten Rohstoffe zu bearbeiten. Fallen nun diese Zufuhren fort, so wird Teuerung eintreten und der größte Teil der arbeitenden Klassen wird mit einem Schlage brotlos. Und wie leicht kann dieser Fall eintreten, wenn unsere schwache Flotte zur See vernichtet ist und der siegreiche Gegner die leicht zu blockierenden deutschen Küsten hermetisch verschließt. Schon längst ist der deutsche Kaufmann hauptsächlich dem englischen ein sehr gefährlicher Rivale geworden und wie oft erheben englische Zeitschriften ihre Stimme: Deutschland muß vernichtet werden, oder: wenn Deutschland heute vom Erdboden verschwände, so würde es keinen einzigen Engländer geben, der dadurch nicht reicher würde. Auch jetzt in allerneuester Zeit betonen die Engländer, daß es Deutschland thatsächlich wenig in einem Zerwürfnis mit England helfen würde, daß es eine verhältnismäßig starke Flottenmacht in den chinesischen Gewässern besitzt, wo es doch keine mächtige Flotte daheim hat.

42. Kontreadmiral Sack
Vorst. d. Waffenabteilung d. R.-M.-A.
Nach einer Photographie von M. Höffert-Berlin.

Und so rief dann beim Stapellauf des Linienschiffs „Kaiser Karl der Große" Kaiser Wilhelm dem deutschen Volke die folgenden denkwürdigen Worte zu:

„Es ist ein feierlicher Akt, dem wir soeben beigewohnt, als wir ein neues Stück schwimmender Wehrkraft des Vaterlandes seinem Elemente übergeben konnten. Ein jeder, der ihn mitgemacht, wird wohl von dem Gedanken durchdrungen gewesen sein, daß das stolze Schiff bald seinem Berufe übergeben werden könne. Wir bedürfen seiner dringend, und bitter not ist uns eine starke deutsche Flotte . . . . Gerade hier, inmitten dieses mächtigen Handels=

emporiums, empfindet man die Fülle und Spannkraft, welche das deutsche Volk durch seine Geschlossenheit seinen Unternehmungen zu verleihen im stande ist. Aber auch hier weiß man es am höchsten zu schätzen, wie notwendig ein kräftiger Schutz und die unentbehrliche Stärkung unserer Seestreitkräfte für unsere auswärtigen Interessen sind" und kündigte damit den festen Entschluß an, endlich dem deutschen Volke Gelegenheit zu geben, Wandel zu schaffen.

Noch im selben Jahre ging die neue Flottenvorlage dem Reichstage zu und verursachte eine Bewegung in allen Volksschichten von

43. Vizeadmiral von Arnim
Inspekteur der Bildw. der Marine.
Nach einer Photographie von
Ferd. Urbahns=Kiel.

44. Kontreadmiral Fritze
Inspekteur der I. Marine=Inspektion.
Nach einer Photographie von
Ferd. Urbahns=Kiel.

einer Tiefe und Nachhaltigkeit, wie nicht seit langer Zeit. Eine Begeisterung ging durch das Land, welche zeigte, daß die unablässigen Mahnrufe des Kaisers endlich ihre Früchte trugen und daß das Verständnis für das, was auf dem Spiele stand, erwacht war.

Am 14. Juni wurde die Vorlage mit großer Majorität vom Reichstage bewilligt, nachdem allerdings leider die Forderungen an Auslandskreuzern abgelehnt worden waren.

Betrachten wir im Folgenden das, was das Flottengesetz uns gebracht hat und was die Zahlen und Namen für Deutschlands Wehrkraft zur See bedeuten.

Wie oben gesagt, soll auch die neue Flotte nicht zu Angriffszwecken dienen, sondern nur das, was das deutsche Volk im fried=

lichen Wettbewerb errungen hat, schützen. Um das zu können, müssen wir aber in erster Linie eine Schlachtflotte besitzen, welche so stark ist, daß sie auf hoher See auch den mächtigsten Gegner derart schwächen kann, daß er nicht mehr im stande ist, die deutschen Häfen zu blockieren.

Der Kern der Schlachtflotte wird durch die Linienschiffe gebildet, welche den Seekrieg in der Schlacht entscheiden; dieselben fechten in Verbänden, deren zweckmäßige Größe durch langjährige Versuche festgelegt ist, weshalb es von so großer Wichtigkeit ist, daß nicht irgend eine Zahl von Linienschiffen, sondern eben eine solche,

45. Die Rheinfahrt der Torpedoboots-Division.

welche der der geschlossenen Verbände entspricht, bewilligt wurde. Um einen Vergleich mit der Landarmee heranzuziehen, würde es ohne Nutzen sein, anstatt zweier Regimenter nur ein Regiment und 175 Mann zur Verfügung zu haben.

Die Hauptgefechtseinheit zur See ist das Geschwader, welches aus acht Linienschiffen besteht, und sich in zwei Divisionen zu je vier Schiffen gliedert. Jede Division steht unter dem Befehl eines Kontreadmirals, und das Geschwader wird von den Rangältesten der beiden geführt. Zwei Geschwader zusammen — also 16 Linienschiffe — bilden eine Flotte, welche von einem Flottenführer von dem Flottenflaggschiff aus, welches als 17. Schiff hinzutritt, befehligt wird; in einer solchen Flotte befinden sich also fünf Admirale.

Durch das Flottengesetz ist die Stärke der Linienschiffsverbände festgesetzt auf zwei Flotten zu je 17 Linienschiffen, also im ganzen

46. Die Einfahrt der Torpedoboots-Division in den Kölner Hafen.

34 Linienschiffe. Dazu kommen noch 4 Linienschiffe als sogenannte Materialreserve, d. h. als Reserve für den Fall von Havarien, Schiffs=

4*

verlusten u. s. w. Da ferner Schiffe mit der Zeit veralten und gefechtsuntüchtig werden, so hat man als Maximalalter für Linien= schiffe 25 Jahre festgesetzt, nach Ablauf welcher Zeit sie durch neue ersetzt werden müssen.

Außer Linienschiffen gehören auch noch Kreuzer zur Schlachtflotte, welche, wie die Kavallerie im Landkriege, den Feind suchen und Füh= lung mit ihm halten, kurz zur Aufklärung dienen sollen. Das Flot= tengesetz teilt jedem Geschwader zwei große und sechs kleine Kreuzer zu, wozu im ganzen eine Materialreserve von drei großen und vier kleinen Kreuzern kommt, welche allerdings auch für die Auslands= kreuzer ausreichen soll, die infolge der vorgenommenen Streichungen nur drei große und zehn kleine Kreuzer zählen.

47. **Vizeadmiral Bendemann**
Chef des ostasiat. Kreuzergeschwaders.

Nach einer Photographie
von Schmidt & Wegener=Berlin.

48. **Kontreadmiral Kirchhoff**
II. Admiral des ostasiat. Kreuzer=
Geschwaders.

Nach einer Photographie von
Ferd. Urbahns=Kiel.

An Torpedofahrzeugen kommen zu jedem Geschwader zwei Flo= tillen zu je zwei Divisionen, zu je fünf Booten die neuen Hochsee= bootsdivisionen gerechnet, hinzu.

Ohne auf den Wortlaut und die einzelnen Bestimmungen des Flottengesetzes einzugehen, welche im Teile „die Deutsche Flotte" ge= geben sind, soll an dieser Stelle nur auf die Bedeutung derselben für unsere Marine und das deutsche Reich hingewiesen werden. Es wird zwar noch manches Jahr dauern, bis die stattliche Flotte auf dem Wasser schwimmt, und gerade jetzt, wo die Linienschiffe der „Branden= burgklasse" in den chinesischen Gewässern weilen, sieht es mit unserer

heimischen Schlachtflotte, welche aus zwei Linienschiffen der „Kaiser=
klasse" und den vier alten Ausfallskorvetten der Sachsenklasse besteht,
kläglicher aus als je, und doch hat das Flottengesetz, abgesehen da=
von, daß es den Deutschen bis zum Jahre 1917 eine starke, neue
Flotte gewährleistet, auch schon unmittelbar einen gewaltigen Erfolg
gezeitigt. Seit langer Zeit hat kein Ereignis das Volk so ergriffen
und aus der Gleichgültigkeit herausgerissen wie eben das Flottengesetz;
wieder einmal haben die Deutschen zeigen können und auch glänzend
gezeigt, daß kleinlicher Hader vor großen Zielen verstummt und die
Einheit des Reiches in der Einigkeit des Volkes eine eisenfeste Grund=
lage hat. Alle die verschiedenen politischen Elemente, die für das
Flottengesetz vereint kämpften, haben
sich dadurch überhaupt einander ge=
nähert und vor allem das gemeinsame
Gefühl, Deutsche zu sein, empfunden,
und das wird bleiben und sie in
großen vaterländischen Fragen immer
wieder zusammenführen. Das Ausland
aber hat gesehen, daß Deutschland
seinen Welthandel und seine Stam=
mesgenossen an fernen Küsten zu schützen
den festen Willen hat, und nicht daran
denkt, sich die friedlich erworbenen
Früchte seiner Arbeit und Thatkraft
von eifersüchtigen Nebenbuhlern wieder
abnehmen zu lassen. Wenn aber der=
einst die Flotte fertig ist, dann werden
alle, die jetzt noch zweifeln, sehen, daß
es auch im Frieden von hohem materiellen Wert ist, kein Faschoda
und Samoa fürchten zu brauchen, sondern auch zur See ein gesuchter
Bundesgenosse zu sein.

49. Kapitän z. See Bodrig
Chef des Stabes des ostasiat. Kreuzer=
Geschwaders.
Nach einer Photographie
von Ferd. Urbahns=Kiel.

Kaum war das Flottengesetz bewilligt, als aus China Nach=
richten eintrafen, welche geeignet waren, die Freude über den er=
rungenen Erfolg zu trüben und die Herzen mit Entrüstung und Be=
sorgnis zu erfüllen. Schon lange gärte in dem gewaltigen Reiche
eine heimlich vom Hofe und der Regierung geschürte fremdenfeindliche
Bewegung, welche nach außen durch die sogenannte Boxersekte ver=
treten wurde. Am 18. Juni 1900 griffen die am Peihoflusse ge=
legenen chinesischen Forts nachts überraschend und hinterlistig die im

Flusse liegenden Kanonenboote der Deutschen, Franzosen, Russen und Engländer mit einem mörderischen Feuer aus ihren gewaltigen Geschützen an. Die kleinen, schwach armierten und ungepanzerten Fahrzeuge bewährten sich auf das Tapferste und namentlich that sich unter ihnen unser „Iltis", ein würdiger Nachfolger des alten „Iltis", unter seinem Kommandanten Korvettenkapitän Lans hervor, welcher nach dem Berichte des Chefs des Kreuzergeschwaders Admiral Bendemann, die Seele des ganzen Unternehmens war. Mit eiserner Ruhe und Kaltblütigkeit die Lage überblickend, leitete Kapitän Lans das Gefecht, bis ihm durch eine Granate ein Bein zerschmettert wurde, was ihn nach kurzer Zeit zwang, das Kommando an den Oberleutnant von Hoffmann abzugeben, welcher das Gefecht bis zu Ende leitete. Um 6 Uhr morgens waren sämtliche Forts zum Schweigen gebracht und von der Landseite durch die Landungskorps der verbündeten Mächte erstürmt; auf einem derselben wehte die deutsche Flagge. Der „Iltis" war durch verschiedene Granaten getroffen und verlor seinen Batterieoffizier und zehn Mann. Alle dort vertretenen Nationen äußerten laut ihre Bewunderung über die glänzenden Leistungen des „Iltis", dem der Hauptruhm des Sieges gebühre. Dem schwer, jedoch nicht gefährlich verwundeten Kapitän Lans verlieh der Kaiser zum Stolze der Marine und zur Freude ganz Deutschlands den Orden pour le mérite; das erstemal, daß diese hohe Auszeichnung einem Offizier der jungen deutschen Marine verliehen wurde.

50. **Korvetten-Kapitän Lans**
Kommandant S. M. S. „Iltis"
im Kampfe von Taku schwer verwundet.
Nach einer Photographie
von Schmidt & Wegener-Kiel.

Im übrigen liefen immer beunruhigendere Nachrichten aus China ein, die Boxerbewegung schwoll immer drohender an, die europäischen Gesandtschaften in Peking wurden belagert und bald darauf der dortige deutsche Gesandte Freiherr von Ketteler von chinesischen Soldaten ermordet; überall wurden Europäer abgeschlachtet, weder der Frauen noch der Kinder schonte man. Deutschland zögerte nicht, sofort die energischsten Maßregeln zu ergreifen. Zunächst wurden die beiden Seebataillone unter dem Befehl des Generalmajor von Höpfner entsandt, außerdem alle irgend verfügbaren Kreuzer und Kanonenboote, sowie auch die vier Linienschiffe der Brandenburgklasse mit dem Aviso „Hela". Alle diese Schiffe weilen auch heute noch in den

51. **Generalmajor von Höpfner.**

Nach einer Photographie
von Ferd. Urbahns-Kiel.

52. **Kontreadmiral Geißler**
Chef der Panzerdivision des ostasiat. Geschwaders.
Nach einer Photographie
von Ferd. Urbahns-Kiel.

53. **Major von Madai**
Kommandeur des I. Seebataillons.
Nach einer Photographie
von Ferd. Urbahns-Kiel.

54. **Korvetten-Kapt. v. Mittelstädt**
Kommandant S. M. Kanonenboot
„Tiger" in Ostasien.
Nach einer Photographie
von Ferd. Urbahns-Kiel.

ostasiatischen Gewässern und stellen eine stattliche, imponierende Macht auch im Verhältnis zu den dortigen Flotten der anderen Nationen dar.
Die Landungskorps der Schiffe der europäischen Nationen hatten

55. Kapitän z. See Pohl.
Kommandant S. M. S. Hansa.
Nach einer Photographie
von Ferd. Urbahns-Kiel.

56. Kapitän z. See von Usedom
Kommandant S. M. S. „Hertha"
in Ostasien.
Nach einer Photographie
von Schmidt & Wegener-Kiel.

57. Se. Majestät der Kaiser verläßt den Truppentransportdampfer
„Rhein" vor dessen Abfahrt nach China.

Nach einer Photographie von Fr. Kloppmann Nachf., Wilhelmshaven.

58. **Kapitänleutnant Schlieper.**
Schwer verwundet bei Tientsin.
Nach einer Photographie von
Fr. Kloppmann Nachf., Wilhelmshaven.

59. **Leutnant Friedrich** III. Seebat.
gefallen in den Kämpfen um Tientsin.
Nach einer Photographie von
Fr. Kloppmann Nachf., Wilhelmshaven.

60. **Abfahrt der „Darmstadt" mit Truppen nach China.**
Nach einer Photographie von Fr. Kloppmann Nachfolger, Wilhelmshaven.

inzwischen blutige Kämpfe zu bestehen und erlitten schwere Verluste. Ueberall thaten sich Deutsche hervor, so auch in hervorragendem Maße während des Verlaufs der Expedition unter der Führung des englischen Admirals Seymour zum Entsatz der in Peking eingeschlossenen Gesandten, was bekanntlich nicht zum Ziele führte. Das deutsche Kontingent dieser gemischten Truppe stand unter dem Befehl des Kapitäns von Usedom und zeigte die deutsche Disziplin, Unermüdlichkeit, und alles vor sich niederwerfende Tapferkeit im glänzendsten Lichte; wo immer eine besonders schwierige Aufgabe zu bewältigen war, da erging sicher der Befehl des Admirals: Germans to the front. In einem Gefechte wurde der Korvettenkapitän Buchholz getötet, und im Verlaufe der ganzen Expedition mehrere Offiziere schwer verwundet.

61. **Major von Kronhelm**  
Kommandeur des II. Seebataillons.  
Nach einer Photographie von  
Fr. Kloppmann Nachf., Wilhelmshaven.

62. **Hauptmann Gené**  
beim III. Seebataillon in Ostasien.  
Nach einer Photographie von  
Fr. Kloppmann Nachf., Wilhelmshaven.

In Peking hatten die Europäer unterdessen einen schweren Stand und mußten sich in notdürftig zur Verteidigung eingerichteten Gebäuden wochenlang verteidigen. Besonders zeichnete sich hierbei das deutsche Seesoldatendetachement unter der Führung des Leutnants Graf Soden aus, welchem in der Folge ebenfalls der Orden pour le mérite vom Kaiser verliehen wurde.

Als weitere Verstärkung seiner Streitkräfte schickte Deutschland unter dem Befehl des Generalleutnants von Lessel eine starke Expedition nach China. Von den weiteren Ereignissen, die den Rahmen unserer Darstellung überschreiten, möge nur erwähnt sein, daß nach=

63. General-Feldmarschall
Graf Waldersee.

einander die Städte Tientsin und Peking in die Hände der Verbündeten fielen. Der dann von Kaiser Wilhelm mit dem Oberbefehl betraute Feldmarschall Graf Waldersee weilt noch an der Spitze der deutschen Truppen in Peking.

Wie nun auch die Ereignisse im fernen Osten sich entwickeln mögen, unsere Marine hat wieder gezeigt, daß sie in Bezug auf kriegerische Tüchtigkeit und Leistung zu Wasser und zu Lande neben den alten Marinen, welche auf eine lange ruhmvolle Geschichte zurückblicken können, nicht nur glänzend besteht, sondern sich unter ihnen hervorthut. Das kann aber dem deutschen Volke das sichere Vertrauen geben, daß unsere Seeleute die mächtige Waffe, die es ihnen nunmehr in die Hand geben wird, kundig und kräftig zu führen wissen werden.

64. S. M. Kadettenschulschiff „Gneisenau"
unter Segel.

Leider müssen wir diese kurze geschichtliche Betrachtung mit der Erwähnung eines traurigen Ereignisses beschließen, welches das sonst für die Marine so erfolg- und inhaltsreiche Jahr in Zukunft auch als ein trauriges erscheinen lassen wird.

An demselben Tage, dem 16. Dezember 1900, an welchem ein Teil der siegreichen Chinakrieger in Berlin festlich empfangen und vom Kaiser Wilhelm durch anerkennende Worte geehrt wurde, ging das Schulschiff „Gneisenau" vor dem Hafen von Malaga während eines heftigen Sturmes unter; der Kommandant, der erste Offizier und 38 Mann der Besatzung ertranken.

Der Hergang war kurz der folgende: „Gneisenau" lag außerhalb des inneren Hafens auf der Rhede von Malaga ungefähr

500 m von der sich weit hinaus erstreckenden Mole, zu Anker. Gegen 10 Uhr morgens erhob sich plötzlich ein Südost=Sturm von großer Heftigkeit, wie es dort öfter vorkommt, und der Kommandant, welcher für alle Fälle bereits vorher hatte Dampf aufmachen lassen, schlippte den Anker — da er unter dem gewaltigen Druck nicht hielt —, um die freie See zu gewinnen. Da versagte die Maschine und das

65. **Das am 16. Dezember 1900 vor Malaga untergegangene Schulschiff „Gneisenau"
unmittelbar nach der Katastrophe.**

(Nach der „Illustrierten Zeitung".)

Schiff trieb hilflos gegen die steinerne Mole, an welcher es scheiterte und sank. Der Kommandant harrte bis zum letzten Augenblick auf seinem Posten aus und wurde ein Opfer seiner Pflichttreue.

Die Spanier beteiligten sich in aufopferndster Weise an der Rettung, so daß der größte Teil der Besatzung dem Leben er= halten blieb.

— 61 —

Kaiser Wilhelm gab dem Schmerz der Marine und ganz Deutschlands um diesen neuen herben Verlust in folgender Weise Ausdruck:

Während Ich am gestrigen Tage die Freude hatte, den heim=gekehrten Offizieren und Mannschaften Meiner Marine im Zeughause zu Berlin Meine Anerkennung für ihr tapferes Verhalten in China auszusprechen, tobte ein schwerer Sturm bei Malaga, welcher für Mein Schulschiff „Gneisenau" verhängnisvoll geworden ist. Das Schiff hat der Gewalt der Wogen erliegen müssen und mit ihm sein braver Kommandant, sowie ein Teil der tapfer kämpfenden Besatzung, der hoffnungsvolle Nachwuchs Meiner Marine. Eine erschütternde Fügung, auf die Ich mit tiefer Wehmut blicke! Meine Marine hat wiederum schwere Opfer gebracht, aber sie wird sich nicht irre machen lassen in ihrem stolzen Berufe des Kampfes und des Ausharrens, was Gottes Wille auch bringt, dessen bin Ich gewiß. Ich beauftrage Sie diesen Erlaß zur Kenntnis Meiner Marine zu bringen.

Neues Palais, den 17. Dezember 1900.

Wilhelm.

# Organisation
## der heimischen Schlachtflotte,

nach der Novelle zum Flottengesetz bestehend aus:

34 Linienschiffen,
8 Großen Kreuzern,
24 Kleinen Kreuzern,
80 Torpedobooten,

} in der Front.

1 Linienschiff für jedes Geschwader,
1 Torpedoboot für jede Division,

} als Materialreserve.

## Organisation der Aktive Schlachtflotte.

1. Linienschiffe (Geschwader).

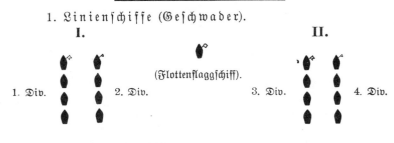

2. Kreuzer (Aufklärungsgruppen).

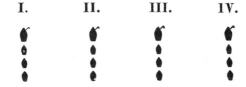

3. Torpedobootsflottillen.

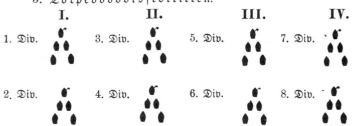

**Zeichenerklärung:**

⚑ Flaggschiff der Flotte.      ⚑ Führerschiff einer Aufklärungsgruppe.
⚐     „     eines Geschwaders. ⚐ Flottillenfahrzeug.
⚐     „     einer Division.    ⚐ Divisionsfahrzeug.

Bem.: Nach der Schrift des Reichsmarineamts: Entwurf einer Novelle

— 65 —

## heimischen Schlachtflotte.
### Reserve-Schlachtflotte.

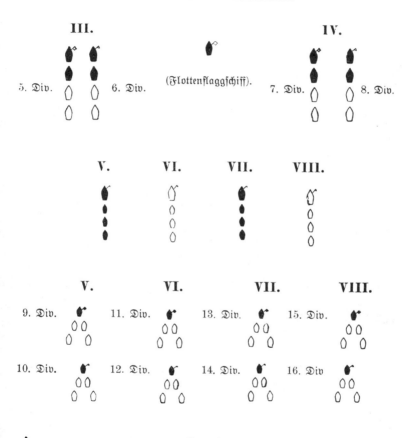

| | |
|---|---|
| ● in Dienst ⎫ befindliches Schiff | **Bemerkung:** Die Materialreserve ist nicht einge- |
| ○ außer Dienst ⎭ bezw. Torpedoboot. | tragen, weil dadurch die Uebersicht= |
| | lichkeit der Darstellung beeinträchtigt |
| | würde. |

zum Gesetze betreffend die deutsche Flotte vom 10. April 1898.

Reventlow, Die deutsche Flotte.

5

# Die Organisation der Kaiserlichen Marine.

Während bis vor wenigen Jahren zwei oberste Behörden der Marine, das Ober=Kommando und das Reichsmarineamt, Sr. Majestät dem Kaiser verantwortlich waren, ist seit dem 14. März 1899 die Organisation insofern geändert, daß nunmehr der Kaiser den direkten Oberbefehl über die einzelnen hervorragendsten Behörden der Marine übernommen hat. Ihm unterstehen unmittelbar:

der Staatssekretär des Reichsmarineamtes,
der Chef des Admiralstabes,
der Chef des Marinekabinetts,
der General=Inspekteur der Marine,
der Chef des ersten Geschwaders,
der Chef des Kreuzergeschwaders,
sämtliche im Auslande befindliche selbständige Schiffskommandos;

hierunter ist zu verstehen, daß diese Schiffskommandos in allen politischen und militärischen Angelegenheiten, welche sie zum selbständigen Handeln verpflichten, dem Kaiser direkt verantwortlich sind, während sie in allen internen Angelegenheiten, wie: Ausbildung der Mann=schaft, Schießübungen rc. den Stationschefs oder anderen, nachher zu erwähnenden Vorgesetzten unterstehen.

## I. Das Reichsmarineamt

hat seinen Sitz in Berlin und ist eine Reichsbehörde, welche die ganze Verwaltung der Kaiserlichen Marine begreift.

Sein Wirkungskreis umfaßt nicht nur alle Einrichtungen und technischen Angelegenheiten der Marine, sondern auch den Bau der Schiffe, Rechtspflege, kurz alles, was nicht direkt als militärisch zu bezeichnen ist.

An der Spitze des Reichsmarineamtes steht der Staatssekretär. Derselbe ist Mitglied des Staats-Ministeriums, besitzt den Diensttitel „Excellenz" und führt die Verwaltung unter Verantwortlichkeit des Reichskanzlers. Im übrigen ist er dem Kaiser unmittelbar unterstellt. Augenblicklich nimmt der Vize-Admiral von Tirpitz diese Stellung ein und zwar seit dem Jahre 1897.

Das Reichsmarineamt gliedert sich folgendermaßen:
1. Central-Abteilung,
2. Allgemeines Marine-Departement,
   a) eine Abteilung für militärische Angelegenheiten;
   b) eine Abteilung für gerichtliche und Versorgungs-Angelegenheiten;
   c) eine Abteilung für die Verwaltung der Kolonie Kiautschou;

66. **Kiellegung eines Linienschiffs.**
Nach einer Photographie von Fr. Kloppmann Nachf., Wilhelmshaven.

3. die technische Abteilung.

Diese Abteilung umfaßt vorzugsweise alles, was Schiffsbau, Maschinenbau, sowie Instandhaltung, Verbesserungen ꝛc. derselben enthält.

### 4. Verwaltungs=Abteilung.

Die Verwaltungs=Abteilung begreift die Regelung und Verrechnung der Betriebskosten, welche für die Einrichtungen in der Marine, Indiensthaltungen, Gehälter ꝛc. erforderlich sind.

67. **Stapellauf des Panzerschiffes „Wittelsbach".**
Nach einer Photographie von Fr. Kloppmann Nachf., Wilhelmshaven.

68. **Uebernahme von Bojen durch den großen Krahn in Wilhelmshaven.**
Nach ein Photogr. v. Fr. Kloppmann Nchf., Wilhelmshaven.

### 5. Waffen=Abteilung.

Dieselbe beschäftigt sich mit der Armierung der Schiffe, Bewaffnung der Mannschaft, Erprobung und Einführung von Neukonstruktionen ꝛc.

### 6. Etats=Abteilung.

In der Etats=Abteilung wird die Stärke der Besatzungen der Schiffe, sowie der an Land befindlichen Marinetruppen festgestellt.

— 69 —

7. Die nautische Abteilung.

In der nautischen Abteilung werden die Seekarten bearbeitet; sie beschäftigt sich ferner mit Vermessungen, nautischen Instrumenten, Beleuchtung und Betonnung der Fahrwasser.

8. Medizinal=Abteilung.

Dieselbe regelt Personalangelegenheiten der Aerzte, sowie das ganze Sanitäts= und Lazaretwesen.

69. **Generalstabsarzt der Marine Dr. Gutschow.**

An der Spitze der Medizinal= Abteilung steht der Generalstabsarzt und Chef des Sanitäts=Korps der Marine, welcher das gesamte Medizinal= und Lazaretwesen, sowie die persönlichen Angelegenheiten der Marineärzte zu bearbeiten hat.

9. Das Justiziariat.

Dasselbe ist die Zentralbehörde für das gesamte Gerichtswesen der Marine.

10. Die Nachrichten=Abteilung.

Die Nachrichten=Abteilung hat die Aufgabe, irrige Meinungen in der Oeffentlichkeit richtig zu stellen und zur Aufklärung des Volkes in allen wichtigen Marinefragen beizutragen.

Dem Reichsmarineamt unterstehen noch andere, nicht in Berlin befindliche Behörden, und zwar:

A. Die Verwaltungsbehörden.

1. Die Intendantur.

Es sind zwei Intendanturen vorhanden und zwar eine bei der Marinestation der Ostsee, die andere bei der der Nordsee.

Die Intendanturen sind dazu da, für die ökonomischen Bedürfnisse des Marinepersonals zu sorgen, d. h. alles, was die Kleidungs= und Proviantversorgung rc. angeht. Das hierzu verwendete Personal, die Handwerker, Schneider, Schuster, Bäcker, unterstehen ebenfalls den Intendanturen in technischer Beziehung und liegt ersteren die Ausbildung dieser Leute ob.

Des Ferneren sind die Intendanturen für die Geldausgaben ihres Bereiches verantwortlich.

Zu den den Intendanturen unterstehenden Abteilungen gehören:

1. Die Stationskassen (jede Marinestation eine).

Die beiden Verpflegungsämter, Garnisonbauverwaltung, die Garnisonkasse (in Friedrichsort und in Lehe), die Garnisonschule (in Friedrichsort).

2. Die Bekleidungsämter Kiel, Wilhelmshaven.

3. Die Sanitätsämter.

Die Sanitätsämter sind vorgesetzte Behörden der Lazarete. Sie regeln und beaufsichtigen den Sanitätsdienst in denselben, während die ökonomische Seite wiederum den Intendanturen anheimfällt. Es sind zwei Sanitätsämter vorhanden und zwar das der Ostsee, welchem die Lazarete in Kiel und Friedrichsort unterstehen, während dem der Marinestation der Nordsee die Lazarete zu Wilhelmshaven, Lehe und Yokohama angehören.

4. Der Marinekommissär für den Kaiser Wilhelmskanal in Kiel. Dieser ist ein höherer, inaktiver Seeoffizier, und seine Thätigkeit besteht darin, daß er alles, was in militärischer Beziehung beim Kanal und dessen Betrieb in Betracht kommt, beaufsichtigt und für das, was ihm für die Benutzung des Kanals erforderlich scheint, entsprechende Anregung giebt.

B. Die technischen Behörden und Anstalten.

1. Der Marinedepot-Inspekteur in Wilhelmshaven.

70. **Ankerlager am Thor VII in Wilhelmshaven.**
Nach einer Photographie von Fr. Kloppmann Nachf., Wilhelmshaven.

Die Thätigkeit dieser Behörde begreift die Instandhaltung und Beaufsichtigung der in den Depots untergebrachten Artillerie-Munitionen, sowie das Minen- und Sperrwesen. Ihr unterstehen:

a) Die Artillerie- und Minen-Depots.

In diesen Depots werden Munition, sowie die zum Betriebe und zur Aufbewahrung erforberlichen Einrichtungen teils angefertigt, teils in kriegsbrauchbarem Zustande erhalten.

Das Personal besteht aus Feuerwerks= und Zeug=Offizieren. Bei den Minendepots sind Torpederoffiziere angestellt.

b) Die Minenversuchs=Kommission.

71. **Minenleger.**
Nach einer Photographie von Fr. Kloppmann Nachf., Wilhelmshaven.

Die Thätigkeit der Minenversuchs=Kommission besteht in der Erprobung des vorhandenen Materials auf Kriegsbrauchbarkeit und in dessen Fortentwicklung bezw. Vorschlägen zur Anschaffung von Vollkommenerem.

2. Die 12 Küstenbezirksämter.

Die Küsten der Nord= und Ostsee sind in sechs Bezirke eingeteilt, welche Küstenbezirksämter genannt werden, und deren jedem ein Küstenbezirksinspektor vorsteht.

Die Küstenbezirksinspektoren sind inaktive Seeoffiziere, welche als Reichskommissäre zu betrachten sind und deren Hauptthätigkeit in der Ueberwachung und Weiterentwicklung des Küstensignal=, Seezeichen=, Lotsen= und Vermessungswesens besteht.

3. Die kaiserlichen Werften.

72. **Kontreadmiral Hugo von Schuckmann**
Oberwerftdir. d. Werft Wilhelmshaven.

Nach einer Photographie von Fr. Kloppmann Nachf., Wilhelmshaven.

Es sind drei kaiserliche Werften vorhanden und zwar je eine in Kiel, Wilhelmshaven und Danzig. Auf ihnen werden Kriegsschiffe gebaut, ausgebessert und solche, die sich nicht im aktiven Dienste befinden, aufbewahrt und in Stand gehalten. Des weiteren

73. **Thor I der Werft Wilhelmshaven.**
Nach einer Photographie von Fr. Kloppmann Nachf., Wilhelmshaven.

befindet sich auf den Werften alles zur Schiffsausrüstung erforderliche Material und Inventar. (Leichte Geschütze, Boote, Takelwerk, Oelfarben ꝛc.)

4. Die Schiffsprüfungskommission.

Der Schiffsprüfungskommission liegt hauptsächlich die Erprobung neuer Schiffe in Bezug auf ihre militärische Leistungsfähigkeit und ihre Einrichtungen ob.

Alle Neuerungen auf diesem Gebiete werden von ihr auf Brauchbarkeit erprobt, bevor sie in die Front eingeführt werden.

5. Die deutsche Seewarte in Hamburg.

Die deutsche Seewarte beschäftigt sich mit allen, für die Schiffahrt wichtigen Naturerscheinungen; sie macht die Wetterkunde der Schiffahrt nutzbar und giebt jährlich die allgemein in der Marine eingeführten nautischen Jahrbücher und Gezeitentafeln heraus.

Die Seewarte untersteht einem Direktor, welchem die Aufsicht über die verschiedenen Abteilungen derselben obliegt.

6. Das Observatorium zu Wilhelmshaven und das Chronometer-Observatorium zu Kiel.

C. Das Bildungswesen der Marine.

Während dasselbe in Bezug auf die wissenschaftliche Leitung dem Inspekteur des Bildungswesens untersteht, gehört seine Organisation und Verwaltung auch zum Bereiche des Reichsmarineamtes.

Zum Bildungswesen gehören:

Die Marineakademie und Schule.

In der ersteren erhalten die Offiziere im Range eines älteren Oberleutnants zur See oder Kapitänleutnants eine höhere wissenschaftliche und theoretisch-militärische Ausbildung, während in der letzteren die Fähnriche zur See zu dem Offizier-Berufsexamen vorbereitet werden.

Die Deckoffizierschule.

In dieser werden die Maschinisten, Steuerleute und Feuermeister theoretisch vorgebildet.

Die Seekadetten- und Schiffsjungenschulschiffe, sowie die Schiffsjungenabteilung in Friedrichsort, in welch letzterer die Schiffsjungen ihre erste infanteristische Ausbildung erhalten.

D. Der Inspekteur des Torpedowesens.

74. **Sprengmann im Schwimmanzug.**
Mit Torpedonetz-Zerstörer.
Nach einer Photographie von Fr. Kloppmann Nachfolger, Wilhelmshaven.

Auch diese Behörde untersteht dem Reichsmarineamt nur in den Beziehungen, welche technische und Verwaltungs-Angelegenheiten begreifen. Dem Inspekteur des Torpedowesens liegt die Ausbildung der Torpedowaffe, sowie die Erhaltung des dazugehörigen Materials an Torpedofahrzeugen ob.

E. Die Rechtspflege in der Marine.

F. Die Seelsorge in der Marine.

Bei jeder Marinestation befinden sich zwei Stationspfarrer (Oberpfarrer) und je zwei Marinepfarrer oder ein Marine- und ein Garnisonpfarrer. Außerdem ist bei jedem Geschwader entweder ein Geschwaderpfarrer oder ein Divisionspfarrer kommandiert.

G. Die Verwaltungsorganisation des Kiautschou-Gebietes und die militärische Besatzung daselbst.

Gliederung.

Gouvernement Kiautschou.

An der Spitze desselben steht ein Gouverneur, welcher ein höherer Seeoffizier ist. Sein Befehlsbereich begreift die Civil- und Militärverwaltung, sowie die sämtlichen Streitkräfte am Lande.

Die Civilverwaltung besteht aus:

dem Civil-Kommissariat,
der Justizverwaltung,
der Bauverwaltung.

Die Militärverwaltung.

Der militärische Stab besteht aus:
dem Gouverneur und seinen Adjutanten,
dem Artillerieoffizier vom Platz,
einem Fortifikationsoffizier,
dem Garnisonarzte,
dem Intendanten und
dem Garnisonauditeur.

Dem Gouvernement untersteht außerdem das dort arbeitende Vermessungs-Detachement.

## II. Der Admiralstab der Marine.

Der Sitz desselben ist Berlin.

An der Spitze desselben steht der Chef des Admiralstabes, welcher in der Regel in dem Range eines Kontre-Admirals steht.

Der Admiralstab gliedert sich in das Zentralbureau und die Admiralstabs-Abteilung.

Seine Thätigkeit erstreckt sich analog der des Generalstabes der Armee auf Mobilmachungs-Angelegenheiten, sowie alle militärpolitischen Einrichtungen und Maßnahmen des Auslandes.

## III. Das Marine-Kabinet.

75. Kontreadmiral Buchsel.
Direktor d. Allg. Marine-Departements
im Reichs-Marineamt.

Dasselbe hat seinen Sitz in Berlin und untersteht dem Chef des Marine-Kabinetts. Seine Thätigkeit besteht in der Bearbeitung persönlicher Angelegenheiten in der Marine.

Die sämtlichen nun folgenden Marine-Kommandos und Behörden dienen, auch soweit sie sich am Lande befinden, der deutschen Kriegsflotte und ist ihre Schlagfertigkeit als deren alleiniger Daseinszweck zu betrachten.

## IV. Der General-Inspekteur der Marine

76. **Kontreadmiral a. D. von Pietersheim.**
Nach einer Photographie von
Fr. Kloppmann Nachf., Wilhelmshaven.

untersteht dem Kaiser unmittelbar und besitzt das Besichtigungsrecht für sämtliche militärische Marinebehörden zu Wasser und zu Lande. Er selbst bildet keine besondere Marinebehörde und wird in der Regel auf Befehl des Kaisers mit der Leitung der Flotte während der Dauer der Herbstmanöver betraut.

Marineteile.

1. Das Kommando der Marinestation der Ostsee.

Dasselbe hat seinen Sitz in Kiel und sein Befehlsbereich erstreckt sich auf die Ostsee mit den an derselben liegenden deutschen Küsten und Häfen.

An der Spitze der Station steht der Stationschef im Range eines Vize-Admirals oder Admirals; ihm zur Seite der Chef des Stabes, der Admiralstab der Station, die Adjutantur, das Hafenkapitanat. Diesem liegen alle internen Angelegenheiten des Kriegshafens selbst, wie die Beleuchtung und Betonnung desselben, sowie die Hafenpolizei ob.

Ferner:

Das Abwicklungsbureau.

Letzteres beschäftigt sich mit der Revision der Rechnungslegung der aufgelösten Schiffs-Kommandos.

Die Havarie-Kommission untersucht die sämtlichen Schiffsunfälle und Beschädigungen.

Der Küstenbezirks-Inspektor des 3. Küstenbezirks,

der Vorsitzende der Schiffsbesichtigungs-Kommission.

Zum Stabe des Stationskommandos gehören außerdem:

ein Marinestations-Ingenieur,

ein Stationsintendant,

zwei Stationsauditeure,

ein Stationsarzt,

ein evangelischer und

ein katholischer Stationspfarrer und

zwei evangelische Pfarrer;

ferner:

77. **Kapitän z. See**
**Graf von Baudissin.**
Flügeladjut. Sr. Maj. des Kaisers
und Kommandant der Kaiser-Yacht
„Hohenzollern."

die „Hohenzollern" und
die „Grille".

Das erste und zweite Probe=
fahrts=Kommando und die
Panzerkanonenboots=Reservedivi=
sion in Danzig.

Dem Kommando der Station der
Ostsee sind unterstellt:

a) Die erste Marineinspektion in
Kiel.

Unter ihr die erste Matrosen=
division, welche sich in zwei Ab=
teilungen mit je drei Kompagnien
gliedert.

Die erste Werftdivision, welche
fünf Kompagnien zählt.

b) Die Inspektion des Torpedowesens in Kiel.

Unter ihr die Torpedoboots=Flottillen und die selbständigen
Divisionen.

Die Torpedoboots=Abnahmekommission,
die beiden Torpedo=Abteilungen,
das Torpedo=Versuchskommando,
die Torpedowerkstatt.

c) Die Inspektion der Marineinfanterie.

Unter ihr die drei Seebataillone.

Da die Torpedoabteilungen auf Kiel und Wilhelmshaven, die
Marineinfanterie auf Kiel, Wilhelmshaven und Kiautschou verteilt
sind, so untersteht nur derjenige Teil dieser Marineteile direkt dem
Stationskommando, welcher sich in Kiel befindet, während die der an=
deren Stationen unmittelbar den dortigen höchsten Militärbehörden
untergeordnet sind.

f) Die erste Matrosenartillerie=Abteilung,

g) die Kommandantur in Kiel und Friedrichsort.

2. Das Kommando der Marinestation der Nordsee.

Dasselbe hat seinen Sitz in Wilhelmshaven und der Stations=

bezirk umfaßt die Nordsee mit den daran liegenden deutschen Küsten und Häfen.

78. Schiffsjungen bei der Wäsche.

Die Zusammensetzung des Stabes ist dieselbe wie bei der Marinestation der Ostsee, jedoch kommen hier das Lotsenkommando an der Jade und die Schiffe „Ziethen" und „Hyäne" hinzu.

Dem Marinestations-Kommando sind unterstellt:

a) die zweite Marineinspektion in Wilhelmshaven,
    unter ihr die Küstenpanzerschiffs-Reservedivision,
    die zweite Matrosendivision,
    die zweite Werftdivision.

79. **Mittagspause vor einer Bomaa bei einer Felddienstübung der Seesoldaten.**

Nach einer Photographie von Fr. Kloppmann Nachfolger, Wilhelmshaven.

80. **Pionierübung des Seebataillons in Wilhelmshaven.**

Nach einer Photographie von Fr. Kloppmann Nachfolger, Wilhelmshaven.

b) Die Inspektion der Marineartillerie in Wilhelmshaven, unter ihr die vier Matrosenartillerie-Abteilungen, das Matrosenartillerie-Detachement Kiautschou und die Marinetelegraphenschule Lehe.

Von diesen Inspektionen unterstehen dem Stationskommando unmittelbar wiederum folgende Teile:

c) die zweite, dritte und vierte Matrosenartillerie-Abteilung, zu je drei Kompagnien,
d) die zweite Torpedoabteilung,
e) das zweite Seebataillon,
f) die Kommandanturen in Wilhelmshaven, Geestemünde, Cuxhafen und Helgoland.

Der für die Armee bestehende oberste Militärgerichtshof, das Generalauditoriat in Berlin ist zugleich auch für die Marine zuständig.

# Deutschlands Flotte.

Der Bestand der schwimmenden deutschen Streitkraft ist durch das Flottengesetz vom 14. Juni 1900 geregelt worden:

## Gesetz, betreffend die deutsche Flotte. Vom 14. Juni 1900.
### (Reichsgesetzblatt Seite 255).

Wir Wilhelm, von Gottes Gnaden Deutscher Kaiser, König von Preußen 2c. verordnen im Namen des Reichs, nach erfolgter Zustimmung des Bundesrats und des Reichstags, was folgt:

### I. Schiffsbestand.

#### § 1.

Es soll bestehen:

1. die Schlachtflotte:
   aus 2 Flottenflaggschiffen,
   4 Geschwadern zu je 8 Linienschiffen,
   8 Großen Kreuzern ⎱ als Aufklärungsschiffen;
   24 Kleinen Kreuzern ⎰
2. die Auslandsflotte:
   aus 3 Großen Kreuzern,
   10 Kleinen Kreuzern;
3. die Materialreserve:
   aus 4 Linienschiffen,
   3 Großen Kreuzern,
   4 Kleinen Kreuzern.

Auf diesen Sollbestand kommen bei Erlaß dieses Gesetzes die in der Anlage A aufgeführten Schiffe in Anrechnung.

## § 2.

Ausgenommen bei Schiffsverlusten sollen ersetzt werden:

Linienschiffe nach 25 Jahren,

Kreuzer nach 20 Jahren.

Die Fristen laufen vom Jahre der Bewilligung der ersten Rate des zu ersetzenden Schiffes bis zur Bewilligung der ersten Rate des Ersatzschiffes.

Für den Zeitraum von 1901 bis 1917 werden die Ersatzbauten nach der Anlage B geregelt.

## II. Indiensthaltung.

### § 3.

Bezüglich der Indiensthaltung der Schlachtflotte gelten folgende Grundsätze:

1. Das 1. und 2. Geschwader bilden die aktive Schlachtflotte, das 3. und 4. Geschwader die Reserveschlachtflotte.
2. Von der aktiven Schlachtflotte sollen sämtliche, von der Reserveschlachtflotte die Hälfte der Linienschiffe und Kreuzer dauernd im Dienste gehalten werden.
3. Zu Manövern sollen einzelne außer Dienst befindliche Schiffe der Reserveschlachtflotte vorübergehend in Dienst gestellt werden.

## III. Personalbestand.

### § 4.

An Deckoffizieren, Unteroffizieren und Gemeinen der Matrosendivisionen, Werftdivisionen und Torpedoabteilungen sollen vorhanden sein:

1. volle Besatzungen für die zur aktiven Schlachtflotte gehörigen Schiffe, für die Hälfte der Torpedoboote, die Schulschiffe und die Spezialschiffe,
2. Besatzungsstämme (Maschinenpersonal $2/3$, übriges Personal $1/2$ der vollen Besatzungen) für die zur Reserveschlachtflotte gehörigen Schiffe, sowie für die 2. Hälfte der Torpedoboote,
3. $1\frac{1}{2}$fache Besatzungen für die im Auslande befindlichen Schiffe,
4. der erforderliche Landbedarf,
5. ein Zuschlag von 5 Prozent zum Gesamtbedarfe.

Reventlow, Die deutsche Flotte.

## IV. Kosten.

### § 5.

Die Bereitstellung der zur Ausführung dieses Gesetzes erforder=
lichen Mittel unterliegt der jährlichen Festsetzung durch den Reichs=
haushaltsetat.

### § 6.

Insoweit vom Rechnungsjahr 1901 ab der Mehrbedarf an
fortdauernden und einmaligen Ausgaben des ordentlichen Etats der
Marineverwaltung den Mehrertrag der Reichsstempelabgaben über die
Summe von 53 708 000 ℳ hinaus übersteigt und der Fehlbetrag
nicht in den sonstigen Einnahmen des Reichs seine Deckung findet,
darf der letztere nicht durch Erhöhung oder Vermehrung der indirekten,
den Massenverbrauch belastenden Reichsabgaben aufgebracht werden.

## V. Schlußbestimmung.

Dieses Gesetz tritt gleichzeitig mit den Gesetzen, betreffend Ab=
änderung des Reichsstempelgesetzes vom 27. April 1894 (Reichs=
gesetzblatt Seite 381), und, betreffend die Abänderung des Zoll=
tarifgesetzes, in Kraft.

Das Gesetz, betreffend die deutsche Flotte, vom 10. April 1898
(Reichsgesetzblatt Seite 165) wird aufgehoben.

Urkundlich unter Unserer Höchsteigenhändigen Unterschrift und
beigedrucktem Kaiserlichen Insiegel.

Gegeben

Castell Saalburg bei Homburg v. d. Höhe, den 14. Juni 1900.

(L. S.) **Wilhelm.**

—————————— Fürst zu Hohenlohe.


Berlin, den 20. Juni 1900.

Vorstehendes Gesetz bringe ich zur Kenntnis der Marine.

Das durch Verfügung vom 19. April 1898 — A. 3147. —
(Marineverordnungsblatt Seite 101/3) bekannt gegebene Gesetz wird
hierdurch hinfällig.

Der Staatssekretär des Reichs=Marine=Amts.

E. 935. v. Tirpitz.

**Anlage A.**

# Nachweisung

der

bei Erlaß dieses Gesetzes auf den Sollbestand in Anrechnung
kommenden Schiffe.

| 27 Linienschiffe. | 12 große Kreuzer. | 29 kleine Kreuzer. |
|---|---|---|
| 1. Bayern. | 1. König Wilhelm. | 1. Zieten. |
| 2. Sachsen. | 2. Kaiser. | 2. Blitz. |
| 3. Württemberg. | 3. Deutschland. | 3. Pfeil. |
| 4. Baden. | 4. Kaiserin Augusta. | 4. Arkona. |
| 5. Oldenburg. | 5. Hertha. | 5. Alexandrine. |
| 6. Brandenburg. | 6. Victoria Luise. | 6. Greif. |
| 7. Kurfürst Friedrich Wilhelm. | 7. Freya. | 7. Irene. |
| 8. Weißenburg. | 8. Hansa. | 8. Prinzeß Wilhelm. |
| 9. Wörth. | 9. Vineta. | 9. Schwalbe. |
| 10. Kaiser Friedrich III. | 10. Fürst Bismarck. | 10. Wacht. |
| 11. Kaiser Wilhelm II. | 11. Prinz Heinrich. | 11. Jagd. |
| 12. Kaiser Wilhelm der Große. | 12. B. | 12. Sperber. |
| 13. Kaiser Barbarossa. | | 13. Bussard. |
| 14. Kaiser Karl der Große. | | 14. Meteor. |
| 15. C. Wittelsbach. | | 15. Falke. |
| 16. D. | | 16. Komet. |
| 17. E. | | 17. Cormoran. |
| 18 F. | | 18. Kondor. |
| 19. G. | | 19. Seeadler. |
| 20. Siegfried. | | 20. Gefion. |
| 21. Beowulf. | | 21. Geier. |
| 22. Frithjof. | | 22. Hela. |
| 23. Hildebrand. | | 23. Gazelle. |
| 24. Heimball. | | 24. Niobe. |
| 25. Hagen. | | 25. Nymphe. |
| 26. Aegir. | | 26. C. Thetis. |
| 27. Odin. | | 27. D. Amazone. |
| | | 28. E. |
| | | 29. F |

**Anlage B.**

# Verteilung

der

in den Jahren 1901 bis 1917 einschließlich vorzunehmenden
Ersatzbauten auf die einzelnen Jahre.

| Ersatzjahr. | Linienschiffe. | Große Kreuzer. | Kleine Kreuzer. |
|---|---|---|---|
| 1901 . . . . . . . | — | 1 | — |
| 1902 . . . . . . . | — | 1 | 1 |
| 1903 . . . . . . | — | 1 | 1 |
| 1904 . . . . . . . | — | — | 2 |
| 1905 . . . . . . . | — | — | 2 |
| 1906 . . . . . . . | 2 | — | 2 |
| 1907 . . . . . . . | 2 | — | 2 |
| 1908 . . . . . . . | 2 | — | 2 |
| 1909 . . . . . . | 2 | — | 2 |
| 1910 . . . . . . . | 1 | 1 | 2 |
| 1911 . . . . . . . | 1 | 1 | 2 |
| 1912 . . . . . . . | 1 | 1 | 2 |
| 1913 . . . . . . | 1 | 1 | 2 |
| 1914 . . . . . . . | 1 | 1 | 2 |
| 1915 . . . . . . . | 1 | 1 | 2 |
| 1916 . . . . . . . | 1 | 1 | 2 |
| 1917 . . . . . . | 2 | — | 1 |
| Summe | 17 | 10 | 29 |

Die deutsche Kriegsflotte gliedert sich in folgende Schiffsklassen:

1. Linien= oder Schlachtschiffe,
2. Küstenpanzerschiffe,
3. Panzerkanonenboote,
4. Große Kreuzer,
5. Kleine Kreuzer,
6. Kanonenboote,
7. Schulschiffe,
8. Schiffe zu besonderen Zwecken,
9. Torpedofahrzeuge.

## I. Linienschiffe.

Die Linienschiffe bilden den Kern der Schlachtflotte und sollen im Seekriege die Entscheidung herbeiführen.

Ihre erfolgreichste Thätigkeit besteht im Zusammenwirken in möglichst großer Menge und wird ihre Zahl zu diesem Zweck in Verbände gegliedert, welche folgendermaßen benannt werden:

Zwei Linienschiffe zusammen bilden ein Treffen und aus zwei Treffen setzt sich eine Division zusammen. Zwei Divisionen wiederum bilden ein Geschwader und zwei Geschwader eine Flotte; demnach besteht also eine Linienschiffsflotte aus 16 Linienschiffen.

Als kleinste Gefechtseinheit dieser Verbände ist die Division zu betrachten, welche von einem Kontre=Admiral befehligt wird. Sind die zwei Divisionen zu einem Geschwader vereinigt, so hat der älteste der beiden Admirale (in der Regel ein Vizeadmiral) das Kommando über das Ganze. Es würden demnach in einer Flotte von 16 Schiffen sich 4 Admirale befinden, jedoch ist eine derartig große Anzahl von Schlachtschiffen, hauptsächlich im Kriege, schwer übersichtlich und leit= bar, so daß hierfür ein besonderer Flottenführer vorgesehen ist, welcher auf einem siebzehnten außerhalb des Verbandes fahrenden Linienschiffe die Führung des Ganzen versieht. Diese speziell deutsche Einrichtung hat, wie leicht ersichtlich, große Vorzüge; denn während der Geschwaderchef mit seinem Schiffe an seinen Platz innerhalb der Formation gebunden ist, kann der Flottenführer sich mit seinem Flottenflaggschiffe überall dahin begeben, wo seine Gegenwart für die augenblickliche Lage erforderlich zu sein scheint, ohne daß dadurch eine Formations= oder Frontänderung der Flotte selbst notwendig wäre.

Nach Beendigung der durch das Flottengesetz festgesetzten Schiffs=

bauten wird Deutschland über 2 Flotten zu je 16 Linienschiffen und 2 Flottenflaggschiffe, also im ganzen 34 Linienschiffe verfügen.

Wie aus dem vorher genannten Wortlaut des Gesetzes ersichtlich ist, wird sich hiervon stets die Hälfte der Schiffe, die aktive Schlacht= flotte, als erstes und zweites Geschwader im Dienste befinden, also kriegsbereit sein. Das dritte und vierte Geschwader bildet die Re= serveschlachtflotte, und befinden sich von dieser immer die Hälfte der Linienschiffe im Dienst.

### Die Eigenschaften des Linienschiffes.

Um seiner Aufgabe, den Seekrieg in der Hochseeschlacht zu ent= scheiden, genügen zu können, muß das Linienschiff eine hohe Offensiv= kraft haben, d. h. es muß auf ihm die größtmöglichste Anzahl von Geschützen, vom schwersten bis zum leichtesten Kaliber, sowie eine entsprechende Menge von Torpedoausstoßrohren, aufgestellt sein.

In zweiter Linie kommt die Defensivkraft, nämlich der Panzerschutz in Betracht, welche, wie die letzten Kriege, der japanisch=chinesische und der spanisch=amerikanische gezeigt haben, von außerordentlicher Bedeutung für den Gefechtswert ist.

Als drittes wichtiges Erfordernis kommt die Geschwindigkeit in Betracht, welche man nach Erfüllung der beiden ersten Punkte so groß wie möglich zu machen sucht.

Da Geschütze und Munition, sowie die Panzerung, Maschinen, Kessel und Kohlenvorrat nicht nur ungeheure Gewichte sind, sondern auch nach der von ihnen verlangten Leistungsfähigkeit einen ent= sprechenden Raum einnehmen, so ist klar, daß ein Linienschiff ein sehr großes Schiff sein muß, und zwar bewegt sich augenblicklich die Größe der modernen Linienschiffe zwischen einem Deplacement von 11 bis 15000 Tonnen.

Nachdem die Marineverwaltung bereits durch das Flottengesetz vom Jahre 1898 in den Stand gesetzt worden ist, systematisch im Schiffsbau vorgehen zu können, hat sie es sich mit Recht zum Grund= satz gemacht, für jede Schiffsklasse einen Einheitstyp festzusetzen. Dies ist, wie leicht ersichtlich, hauptsächlich für Linienschiffe, welche auf das Fahren und Operieren im Geschwaderverbande angewiesen sind, von höchster Wichtigkeit, denn eine aus gleichartigen Schiffen zusammen= gesetzte Flotte wird eine sowohl in sich selbst vorzüglichere Waffe, als auch einheitlicher und beweglicher sein, als wenn sie aus ver= schiedenen Typen bestände.

Zum Vergleiche denke man nur an eine Kompagnie Soldaten, von denen ein Teil nur halb so schnell marschieren kann, als der andere, oder welche durcheinander mit alten und neuen Gewehren ausgerüstet sind. Bis jetzt ist allerdings unsere Linienschiffsflotte noch sehr buntscheckig und verschiedenartig zusammengesetzt, und enthält verschiedene, alte Reliquien, welche sehnsüchtig den Zeitpunkt erwarten, wo sie durch neue, frische Kräfte ersetzt werden, um selbst in den wohlverdienten Ruhestand zu treten.

Als nach modernen Begriffen vollwertige Linienschiffe sind bis jetzt nur zu betrachten die Schiffe der

### Kaiserklasse. (Tafel 1 und 2).

Die Kaiserklasse setzt sich aus den folgenden Schiffen zusammen:

Kaiser Friedrich III., fertiggestellt im Jahre 1898
Kaiser Wilhelm II.            "        "       "   1899
Kaiser Wilhelm der Große "        "       "   1900
Kaiser Karl der Große, im Ausbau
Kaiser Barbarossa            "        "
Wittelsbach            "        "

Dieses letztere Schiff, wie hier gleich bemerkt sei, zeigt einige Unterschiede gegen die Kaiserklasse, welche unten Erwähnung finden werden, ist aber hier mit derselben zusammen aufgeführt, weil es bis jetzt das einzige Schiff seiner Art ist, welches vom Stapel gelaufen ist und im Wesentlichen denselben Typ darstellt.

Als Flottenflaggschiff ist Kaiser Wilhelm II. vorgesehen, während Friedrich III. zur Aufnahme eines Geschwaderchefs eingerichtet ist. Das Deplacement beträgt 11 080 Tonnen, die Länge 115 Meter, die Breite 20,4 Meter, Tiefgang 7,8 Meter.

Die Schiffe besitzen drei von einander getrennte Schiffsmaschinen, welche als höchste Leistung zusammen 13 000 Pferdekräfte entwickeln, was einer Geschwindigkeit von 18 Seemeilen in der Stunde entspricht. Sie können in ihren Bunkern 650 Tonnen Kohlen aufnehmen, was als normaler Kohlenvorrat bezeichnet wird, jedoch ist es möglich, im Bedarfsfalle, z. B. im Kriege, noch eine erheblich größere Kohlenmenge in anderen verfügbaren Räumen unterzubringen. Bei einer mäßigen Geschwindigkeit von etwa 10 Seemeilen in der Stunde legen sie mit dem normalen Kohlenvorrat eine Strecke von 5000 Seemeilen zurück, ohne während dieser Zeit einer Kohlenergänzung zu bedürfen, was man mit Kohlenausdauer bezeichnet.

Die Kessel sind in drei von einander getrennten Räumen untergebracht und sind für $^2/_3$ der Pferdekräfte 8 Cylinderkessel, für $^1/_3$ der Pferdekräfte 4 Wasserrohrkessel eingebaut.

Die Bewaffnung dieser Schiffe ist von gewaltiger Stärke, und setzt sich folgendermaßen zusammen:

An schweren Geschützen sind vier 24 cm Schnellladekanonen, Länge 40 vorhanden, welche in zwei schwer gepanzerten Drehtürmen auf der Back und dem Achterdeck aufgestellt sind, und drei Viertel des ganzen Horizontes mit ihrem Feuer bestreichen können.

81. Herstellung einer Geschützscheibe.
Nach einer Photographie von Fr. Kloppmann Nachf., Wilhelmshaven.

Im Vergleich zu den schweren Geschützen anderer Nationen, welche ein Kaliber von 30—44 cm haben, scheinen sie auf den ersten Blick eine minder starke Waffe zu sein. Dieses Verhältnis ändert sich jedoch erheblich, wenn man bedenkt, daß diese schnellfeuernden Geschütze alle Minute einen Schuß abgeben können, während eine Kanone desselben Kalibers, die keine Schnellladekanone ist, nur alle 2 Minuten feuern kann, vollends die Riesengeschütze der Engländer und Italiener, welch' letztere bis 44 cm gegangen sind, und nur alle 7—8 Minuten einen Schuß abgeben können.

Das 24 cm Geschoß durchschlägt außerdem auf die Entfernung des Nahkampfes, welcher in der Seeschlacht die Entscheidung herbeiführen wird, auch den stärksten Panzer und zerstört auf große Entfernungen mit derselben Leichtigkeit, wie das schwere Geschütz, die ungeschützten oder leicht gepanzerten Teile des feindlichen Schiffes.

Eine besondere Bedeutung ist seit Einführung der Schnellladekanonen der mittleren Armierung zugefallen, worunter im allgemeinen Kaliber von 20—10 cm begriffen werden.

In der deutschen Flotte ist allgemein das in der Mitte dieser Maße liegende 15 cm Geschütz eingeführt worden, und finden wir auf der Kaiserklasse, die bisher noch auf keinem Linienschiff von gleicher Größe anderer Nationen erreichte Anzahl von 18 dieser Geschütze.

Diese an sich bereits hervorragend starke Armierung erhält einen bedeutend höheren Wert durch die außerordentlich praktische und durchdachte Aufstellung derselben. In früheren Zeiten ordnete man meistens die Geschütze eines Schiffes in einem großen zusammen= hängenden Raume an, welcher Batterie oder Kasematte genannt wurde. Dies hatte den großen Nachteil, daß die Geschütze einen sehr geringen Bestreichungswinkel hatten, weil sie innerhalb der Bordwand stehend, nur durch eine enge Pforte feuern konnten. Hierzu kam, daß eine in diesen Raum einschlagende Granate auf einmal alle oder mehrere Geschütze auf einer Seite außer Gefecht setzen konnte. Diese Nachteile sind bei der Kaiserklasse auf das Glücklichste vermieden worden, indem sechs der Geschütze einzeln in drehbaren Panzertürmen stehen und die anderen 12 ebenfalls jedes einzeln in gepanzerten Eckkasematten aufgestellt sind. Hierdurch ist es erreicht worden, daß alle einen Bestreichungswinkel von mindestens 170 Grad besitzen, wodurch das Schiff in den Stand gesetzt wird, nach allen Seiten ein gleichmäßiges Rundfeuer zu entwickeln.

Dies ist im Vergleich zu älteren Schiffstypen ein sehr großer Fortschritt, denn diese weisen immer eine starke und eine schwache Seite auf, was sie einem geschickt manövrierenden Feinde gegenüber in eine gefährliche Lage bringen kann.

82. **Offiziere am 8,8 cm Geschütz.**
Nach einer Photographie von Fr. Kloppmann Nachf., Wilhelmshaven.

Die leichte Armie= rung besteht aus zwölf 8,8 cm Schnelllade= kanonen, zwölf 3,7 cm Maschinenkanonen und zwölf 0,8 cm Maschinen= gewehren.

Die 8,8 cm Geschütze sind gleichmäßig mit den Maschinenkanonen auf den oberen Aufbauten rings verteilt und besitzen letztere in einem leichten Stahlschilde genügenden Schutz gegen feindliches Kleingewehrfeuer.

Speziell die Maschinenkanonen sind vermöge ihrer gewaltigen Feuergeschwindigkeit eine außerordentlich wirksame Waffe, deren Wert erst im vergangenen Sommer, während des Gefechts des Kanonen= bootes „Iltis" gegen die Takuforts sich glänzend bewährt hat. Auch hier ist die deutsche Marine wieder bahnbrechend und durchgreifend den anderen Nationen vorangegangen, indem sie allen Schiffen eine möglichst große Anzahl derselben zuteilt.

Eine so große Anzahl von Geschützen (einschließlich der Ma= schinengewehre im ganzen 58) in wirksamer und vorteilhafter Weise aufstellen zu können, ist dadurch ermöglicht worden, daß dieselben in verschiedenen Etagen angeordnet worden sind, wie aus dem neben= stehenden Plane hervorgeht. Die unter den Türmen und Kasematten befindlichen Schraffierungen bezeichnen eine Fortsetzung derselben nach unten zu, welche gleichzeitig dazu dient, die Munition vor dem feind= lichen Feuer zu schützen und an die Kanonen zum Laden derselben zu befördern.

Die Munitionsräume selbst liegen sämtlich unter Wasser oder sind durch den Gürtelpanzer geschützt.

## Die Torpedo=Armierung

besteht aus 6 Torpedo=Ausstoßrohren, und zwar: einem Bugrohr, vier Breitseitrohren und einem Heckrohr, deren Kaliber 45 cm be= trägt. Außer dem Heckrohr liegen die übrigen unter der Wasserlinie, worin gegen früher ein großer Fortschritt zu erblicken ist, da vor dem Bau der Kaiserklasse die Breitseitrohre durchweg über Wasser eingebaut wurden und der Vorteil, daß sie hierdurch dem feindlichen Geschützfeuer entzogen sind, liegt auf der Hand.

Die Besatzung zählt im ganzen 651 Köpfe, davon 23 Offiziere und Beamte, 16 Fähnriche zur See und 21 Deckoffiziere.

Um die Sicherheit des Schiffes gegen Beschädigungen unter Wasser nach Möglichkeit zu gewährleisten, ist dasselbe auf seiner ganzen Länge mit einem Doppelboden versehen und außerdem in der Längs= und Querrichtung durch zahlreiche, wasserdichte Wände „Schot= ten" genannt, in einzelne Abteilungen eingeteilt. Hierdurch wird erreicht, daß, wenn z. B. infolge eines Torpedoschusses Wasser in das Innere strömt, dieses doch nur einen kleinen Raum füllt, welcher dann entweder durch das vorzügliche Pumpensystem geleert werden kann oder aber, wenn dies nicht möglich oder notwendig ist, keine Gefahr für die Schwimmfähigkeit des Schiffes bildet. Alle inneren

Räume des Schiffes sind elektrisch beleuchtet, und außerdem zur Ab=
wehr nächtlicher Torpedobootsangriffe und Beleuchtung des Fahr=
wassers sechs elektrische Scheinwerfer vorhanden, von welchen vier
dicht über der Wasserlinie in den Breitseiten des Schiffes, zwei in
den Marsen aufgestellt sind.

Zusammenfassend kann man sagen, daß die Kaiserklasse in jeder
Beziehung den Anforderungen eines modernen Linienschiffes genügt,
indem sie an Stärke der Geschützarmierung alle Schiffe anderer
Nationen übertrifft und in Bezug auf ihre Panzerung den meisten
derselben gleichsteht.

Daß die Panzerung ein Weniges zu wünschen übrig läßt, be=
gründet sich lediglich darin, daß das Deplacement eine Mehrbelastung
des Schiffes nicht zuläßt, und ist diesem Mangel bei der jetzt im
Bau befindlichen

Wittelsbachklasse,

welche 800 Tonnen größer ist, bereits abgeholfen worden.

Diese stellt, wie gesagt, im übrigen genau denselben Typ dar,
besitzt aber einen vollständigen, um das ganze Schiff herumlaufenden
Gürtelpanzer, welcher sich im Bereiche des mittleren Drittels nach
oben hin erheblich verbreitert und so für die mittlere Armierung
eine gepanzerte Citadelle bildet. Der Vorteil dieser letzteren An=
ordnung ist ein sehr großer, denn während bei der Kaiserklasse zwar
die Türme und Eckkasematten gepanzert, die dazwischen liegenden
Schiffswände jedoch jeglichen Schutzes entbehren und dem feindlichen
Feuer samt den von ihnen eingeschlossenen Räumen preisgegeben
werden, sichert der Citadellenpanzer der Wittelsbachklasse den Schiffen
damit auch einen höheren Gefechtswert.

Als weiterer Unterschied gegen die Kaiserklasse ist noch zu er=
wähnen, daß Wittelsbach nur Wasserrohrkessel erhält und einen
beträchtlich größeren Kohlenvorrat aufzunehmen vermag.

Die Panzerung der Kaiserklasse.

Das Material derselben ist der nach Krupp'schem Verfahren
gehärtete Nickelstahl, welcher an seiner äußeren Fläche glashart, nach
innen zu langsam an Härte abnimmt und anstatt dessen dort einen
hohen Grad von Zähigkeit besitzt. Die harte Oberfläche soll ein
auftreffendes Geschoß zu Bruch gehen lassen, während die Zähigkeit
des inneren Materials verhindern soll, daß die Platte durch den ge=
waltigen Stoß entzweispringt.

Dieser Krupp'sche Panzer übertrifft alle anderen bis jetzt vor=
handenen an Widerstandsfähigkeit, jedoch ist das Patent käuflich,
und wird von allen Nationen erworben, die es haben wollen, so daß
eine Ueberlegenheit unserer Schiffe andern Nationen gegenüber hierin
nicht vorhanden ist.

Der wichtigste Teil des Panzers ist der Gürtelpanzer, welcher
ungefähr 2 1/2 m breit, die Wasserlinie, sowie die Maschinen= und
Kesselanlagen des Schiffes gegen schwere feindliche Geschosse schützen
soll. Diese Teile des Schiffes bezeichnet man als das „lebende Werk"
des Schiffes, während die darüberliegenden Schiffsteile das „tote
Werk" genannt werden.

Ein Schutz in der Wasserlinie ist auch insofern von höchster
Wichtigkeit, weil ein dort gerissenes Loch sofort das Nachströmen des
Wassers in den Schiffsraum zur Folge haben würde.

Leider war es infolge der überaus starken Geschützarmierung
und der dadurch bedingten Gewichtsvermehrung nicht möglich, den
Gürtelpanzer um das ganze Schiff herumzuführen, sondern man mußte
sich auf die wichtigsten Teile beschränken und derselbe erstreckt sich
daher nur auf die 4 vorderen Fünftel der Schiffslänge, so daß
das Achterschiff nur durch ein Panzerdeck einigen Schutz erhalten hat.

Die Stärke des Gürtelpanzers beträgt in der Mitte des Schiffes
300 mm und nimmt nach den Enden zu allmählich auf 100 mm ab.
Die beiden hinteren Enden des Gürtelpanzers sind durch eine
200 mm starke Panzerquerwand mit einander verbunden, wodurch
erreicht worden ist, daß selbst schwere Beschädigungen des Achterschiffes
immer nur auf dieses beschränkt bleiben. Am Rammsporn, wie die
Skizze zeigt, verbreitert sich der Panzer erheblich bis zu dessen Spitze,
wodurch der erstere verstärkt wird, um die nötige Festigkeit für den
Rammstoß zu besitzen.

Das Panzerdeck erstreckt sich über die ganze Schiffslänge und
hat eine gewölbte Form, indem es sich an den beiden Schiffsenden
unter die Wasserlinie senkend, in der Mitte über dieselbe hinausragt,
jedoch auch dort durch den Gürtelpanzer gestützt bleibt. Es besteht
ebenfalls aus Stahl und besitzt auf der Länge des Gürtelpanzers eine
Stärke von 65 mm, in seinem hinteren Teile eine solche von 75 mm.

Die beiden großen Drehtürme der 24 cm Kanonen, sowie der
vordere Kommandoturm, welcher dem Kommandanten als Aufent=
haltsort im Gefecht dient, sind 250 mm stark und nach oben durch
Panzerdeckel geschützt.

Die Türme der 15 cm Schnellladekanonen und die Kasematten besitzen eine Stärke von 150 mm.

## Die Brandenburgklasse. (Tafel 3 und 4.)

Die Brandenburg=Klasse besteht aus den Schiffen:

„Brandenburg"               Fertigstellung i. J. 1893
„Wörth"                     „      „   „ 1893
„Kurfürst Friedrich Wilhelm"  „     „   „ 1894
„Weißenburg"                 „      „   „ 1894.

Diese Schiffe stellen einen Linienschiffstyp dar, welcher zwar nicht mehr auf der Höhe der Jetztzeit steht, jedoch noch immerhin diesem Geschwader im Gefecht einen verhältnismäßig hohen Wert gewährleistet.

Als Flaggschiff ist der „Kurfürst Friedrich Wilhelm" bestimmt und mit entsprechenden Einrichtungen versehen.

Diese Schiffe waren die ersten, welche nach einer langen Pause, während welcher die Schiffsbauten in der Marine beinahe ganz still= standen, jedenfalls was größere Schiffe betraf, wieder in Angriff genommen wurden.

Es verdient bemerkt zu werden, daß sie zum erstenmale einen selbständigen deutschen Linienschiffstyp repräsentieren, während bis dahin der deutsche Schiffsbau, dessen Thätigkeit sich erst allmählich entwickelte, nach fremden Mustern gearbeitet hatte.

Das Deplacement beträgt 10 030 Tonnen, die Länge 108 m, die Breite 20 m, Tiefgang 7,5 m.

Die Schiffe besitzen zwei Maschinen, welche als höchste Leistung 9000 Pferdekräfte entwickeln und dann das Schiff mit einer Ge= schwindigkeit von 16 Seemeilen in der Stunde durchs Wasser treiben.

Der Kohlenvorrat beläuft sich auf 680 Tonnen und setzt das Schiff in den Stand, bei einer stündlichen Geschwindigkeit von 10 Seemeilen 450 Stunden, ohne seine Kohlen zu ergänzen, zu dampfen, was einer Dampfstrecke von 4500 Seemeilen entspricht.

An Kesseln finden wir 12 Cylinderkessel in zwei von einander getrennten Heizräumen aufgestellt.

### Die Geschützbewaffnung.

Die schwere Armierung besteht aus sechs 28 cm Kanonen, welche paarweise in drei Kuppeltürmen aufgestellt sind. Die Türme wiederum stehen einer vorn auf der Back, einer ungefähr in der Mitte des Schiffes auf dem Oberdeck und der dritte hinter dem Kreuzmast auf dem Oberdeck.

Es fällt auf, daß die schwere Armierung im Verhältnis zu den Schiffen der Kaiserklasse, welche sowohl größer als auch moderner ist, eine bedeutend größere Stärke aufweist, denn es sind sowohl mehr Geschütze, als auch ein weit schwereres Kaliber.

Da die Beurteilung des Wertes der Schlachtschiffe am besten durch Vergleiche augenfällig gemacht wird, so ziehen wir in dieser kurzen Betrachtung die obenerwähnte Kaiserklasse heran. Dieselbe besitzt vier 24 cm Kanonen und zwar Schnelladekanonen; hier haben wir dagegen sechs Geschütze schwereren Kalibers, welche nur ungefähr alle 5 Minuten einen Schuß abgeben können. Das ändert, wie oben ausgeführt, bereits die Beurteilung bedeutend. Hierzu kommt, daß der mittlere Turm, welcher, wie die Skizze zeigt, zwischen den vorderen und hinteren Aufbau eingeengt ist, nur einen Bestreichungswinkel besitzt, welcher 90 Grad nicht überschreitet, er also während des Nahgefechts allerhöchstens einmal zum Schuß kommen wird, so daß sein Wert nicht sehr hoch anzuschlagen ist. Die anderen Türme besitzen dagegen, entsprechend denen der Kaiserklasse, einen Bestreichungs= winkel von ca. 270 Grad.

Die Geschütze sind sämtlich en barbette aufgestellt, d. h. die vertikalen Turmwände sind fest eingebaut, während das über dieselben wegschießende Geschütz sich auf einer Drehscheibe dreht. Die obere Turmkuppel ist an der Drehscheibe befestigt, und dreht sich infolge= dessen mit.

Da, wie oben erwähnt, das verhältnismäßig geringe Deplace= ment eines Linienschiffes immer die Folge hat, daß die größere Stärke eines Teiles der Offensiv= oder Defensivkraft, oder der Schnelligkeit eine Schwäche auf einer anderen Seite zur Folge haben muß, weil das Schiff nur ein bestimmtes Gewicht tragen kann, so sehen wir auch hier, daß die große Stärke der schweren Armierung den nachteiligsten Einfluß auf die Mittel=Artillerie gehabt hat. Diese besteht nämlich nur aus sechs 10,5 cm Schnelladekanonen, welche in dem vorderen Aufbau des Schiffes, dessen bezüglicher Teil Batterie genannt wird, aufgestellt sind. Dies ist als ein bedeutender Nachteil in Bezug auf den Gefechtswert der Schiffe zu bezeichnen und es würde vorteilhafter sein, wenn anstatt des mittleren Turmes eine größere Anzahl von Schnelladekanonen mittleren Kalibers eingebaut worden wäre.

Diese 10,5 cm-Kanonen stehen in einem zusammenhängenden Raume und sind nur durch dünne Splittertraversen von einander getrennt, nach außen durch eine leichte Panzerwand geschützt.

83. **Exerzieren am 8,8 cm Schnellade-Geschütz.**

Die leichte Armierung besteht aus acht 8,8 cm Schnelladekanonen, welche auf den oberen Aufbauten verteilt sind und zwölf 3,7 cm Maschinenkanonen, deren einige auf den Aufbauten, andere in den Marsen stehen. Acht 0,8 cm Maschinengewehre vervollständigen die artilleristische Ausrüstung, über deren Wert man zusammenfassend derartig urteilen kann, daß sie zwar nicht auf der Höhe steht, welche von einem modernen Linienschiff verlangt wird, daß jedoch die Brandenburgklasse im Kriege einem solchen gegenüber infolge ihrer außerordentlich kräftigen schweren Armierung kein zu unterschätzender Gegner sein wird.

### Die Torpedo-Ausrüstung.

Die Torpedo-Ausrüstung besteht aus zwei Bugrohren und vier Breitseitrohren, sämtlich von 45 cm Kaliber und über Wasser gelegen. Diese Rohre sind schwenkbar, d h. man kann sie nach Art eines Geschützes in Richtung auf das Ziel einstellen, wodurch ihnen eine größere Wahrscheinlichkeit gesichert wird, auch bei schnellem Fahren zu Schuß zu kommen.

Die Schwenkbarkeit ist ein Vorteil, welcher bei den neuen Unterwasserrohren nicht vorhanden ist, jedoch reichlich dort aufgewogen wird, durch die Sicherheit gegen feindliches Geschützfeuer, welchem die Ueberwasserrohre in hohem Maße ausgesetzt sind und was nicht nur Beschädigungen oder Gefechtsunbrauchbarkeit des Rohres nach sich ziehen kann, sondern auch durch Explosion des im Rohr geladenen Torpedos Schiff und Mannschaften gefährdet.

## Die Panzerung.

Der Bau dieser Schiffsklasse fiel in eine Uebergangszeit, während welcher gerade die Panzerfabrikation sich in einer lebhaften und schnellen Entwicklung befand. So haben einige derselben den sogenannten Verbundpanzer, andere Nickelstahlpanzer erhalten.

Der Verbundpanzer stellte seinerzeit eine Vervollkommnung des schmiedeisernen dar, indem man, in dem Bestreben, die äußere Fläche möglichst hart und den übrigen Teil weicher zu machen, eine Stahlplatte und eine schmiedeiserne Platte durch Schweißung fest mit einander verband, während man erst allmählich lernte, Stahlplatten von der erforderlichen Dicke herzustellen und ihren Härtegrad in derselben Weise abzustufen.

Alle diese Schiffe besitzen einen vollständigen Gürtelpanzer, welcher die gewöhnliche Breite von ungefähr 2 1/2 m besitzt. Derselbe ist in der Mitte 400 mm stark und verjüngt sich nach dem Ende zu bis auf 150 mm, nach dem Sporn zu verbreitert er sich nach unten, um diesem eine größere Stärke zu gewähren.

Um die Elastizität des Panzers zu erhöhen, sind die einzelnen Platten auf eine dicke Hinterlage von Teakholz aufgeschraubt. Der Panzer der drei großen Türme und des vorderen Kommando-Turmes ist 300 mm stark und setzt sich bei ersteren nach unten zu in Form gepanzerter Munitionsschächte bis zum Panzerdeck fort. Die den Geschützen nach oben zu Schutz gewährenden Panzerkuppeln sind gewölbt und 120 mm stark.

Die Vorrichtung zum Drehen der Türme, sowie diejenige zum Heißen der Munition sind ebenfalls durch vertikale Panzer geschützt.

Das Stahlpanzerdeck erstreckt sich über das ganze Schiff und schließt das lebende Werk nach oben hin ab. Es ist in derselben Weise, wie bei der Kaiserklasse, auf dem mittleren Teile des Schiffes gewölbt, während es sich nach den Enden zu unter die Wasserlinie senkt.

Dasselbe besitzt eine Stärke von 65 mm.

Die Besatzung beläuft sich im ganzen auf: 568 Köpfe, davon 22 Offiziere und Beamte, 16 Fähnriche zur See und 19 Deckoffiziere, eine Zahl, zu welcher bei Kurfürst „Friedrich Wilhelm" noch die Stärke des Geschwaderstabes hinzukommt.

Das Schiff besitzt zwei elektrische Scheinwerfer, welche in halber Höhe an den beiden Masten in besonderen Scheinwerfermarsen auf= gestellt sind. Beide Masten sind aus Stahl, hohl und innen mit Wendeltreppen versehen, welche zum Verkehr mit den Gefechtsmarsen dienen, in welchen Maschinenkanonen und Maschinengewehre Auf= stellung gefunden haben.

Die Schiffe der Brandenburgklasse waren die ersten Linienschiffe, die unter der Regierung des jetzigen Kaisers vom Stapel liefen, welcher sich an Bord des „Kurfürst Friedrich Wilhelm" besondere Räume zu eigenem Gebrauch hat einrichten lassen, welche allerdings für gewöhnlich dem Admiral zur Benutzung überlassen bleiben.

Der „Brandenburg" wurde in pietätvoller Erinnerung an die hochfliegenden und zielbewußten Pläne und Bestrebungen des Großen Kurfürsten für die Seemacht Brandenburgs gestattet, bei festlichen Gelegenheiten die Brandenburgische Flagge im Top zu führen und die „Wörth" hat dadurch in unserer Marine eine besondere Bedeu= tung erlangt, daß sie seinerzeit unter dem Kommando des Prinzen Heinrich von Preußen stand.

### Die Bayernklasse. (Tafel 5 und 6.)

Die Bayernklasse besteht aus den Schiffen:

| | | |
|---|---|---|
| „Bayern" | Fertigstellung | 1882 |
| „Sachsen" | " | 1878 |
| „Würtemberg" | " | 1881 |
| „Baden" | " | 1884. |

Diese Schiffe, welche jetzt als Linienschiffe bezeichnet werden, waren nicht zu diesem Zweck gebaut worden, sondern man nannte sie Ausfallskorvetten, womit angedeutet wurde, daß sie lediglich der unmittelbaren Küstenverteidigung dienen sollten. Es muß daran erinnert werden, daß zu jener Zeit ein Infanterie=General Chef der Admiralität war und diesem die Eigenschaften, welche von großen Kriegsschiffen, auch wenn sie nur zur Verteidigung bestimmt sind, verlangt werden müssen, nicht bekannt waren. Außerdem war die damalige Marineleitung nicht der Ansicht, welche jetzt allgemein als richtig erkannt ist, daß eine erfolgreiche Verteidigung zur See nur in der Weise durchgeführt werden kann, daß man den angreifenden Gegner auf hoher See in der Schlacht besiegt und infolgedessen hierzu ebenso vollwertige Linienschiffe nötig hat, wie in einem Angriffskriege zur See.

Die Bayernklasse besitzt ein Deplacement von 7400 Tonnen, Länge 98 m, Breite 18 m, Tiefgang 6,4 m.

Zwei von einander getrennte Maschinen entwickeln im ganzen 6000 Pferdekräfte und geben dann dem Schiff eine Geschwindigkeit von 14—15 Seemeilen in der Stunde.

In der zweiten Hälfte der 90er Jahre wurde die Bayernklasse einer umfangreichen Modernisierung unterzogen; sie erhielt neue Kessel, stärkeren Panzer, und wurde außerdem alles entbehrliche Holzwerk aus dem Schiffe entfernt, dessen Vorhandensein für die Seeschlacht eine große Gefahr enthält, weil es sowohl die Ursache einer Feuersbrunst werden, als auch durch herumfliegende Splitter in derselben Weise wie Geschosse selbst Verwundungen und Menschenverluste herbeiführen kann.

Die nunmehr eingebauten Kessel sind Wasserrohrkessel und zwar des Systems Dürr. Die Schiffe nehmen einen Kohlenvorrat von 600 Tonnen auf, welcher sie in den Stand setzt, bei 10 Seemeilen stündlicher Geschwindigkeit eine Strecke von 3000 Seemeilen ununterbrochen zurückzulegen.

### Die Geschützbewaffnung.

Die schwere Artillerie besteht aus vier 26 cm Kanonen, welche in einer Kasematte ungefähr in der Mitte des Schiffes aufgestellt sind, sowie aus zwei Kanonen desselben Kalibers, welche in einem über die Back hervorragenden Panzerturme en barbette aufgestellt sind. Die vier ersterwähnten Geschütze stehen in einer offenen Kasematte und feuern über eine gepanzerte Brustwehr hinweg, so daß zwar die Lafetten verhältnismäßig geschützt, die Rohre und die Besatzungen jedoch den Geschossen gänzlich schutzlos ausgesetzt sind.

Die Geschütze sind älterer Konstruktion und stehen an Durchschlagskraft denen der Kaiserklasse bedeutend nach, feuern außerdem ebenfalls erheblich langsamer, als erstere.

Der Panzerschutz der Turmgeschütze ist ganz ähnlich und besitzen auch diese keinerlei Kuppel oder sonstige Vorrichtungen, welche schräg von oben auftreffende Geschosse oder Splitter abwehren könnten.

— 99 —

Eine mittlere Armierung fehlt, und sind an leichten Geschützen:

Acht 8,8 cm Schnelllabekanonen,
„ 3,7 „ Maschinenkanonen,
„ 0,8 „ Maschinengewehre

vorhanden, welche sämtlich auf dem in der Zeichnung ersichtlichen Kommandodeck in der Gegend des Schornsteins und des Mastes verteilt sind.

### Die Torpedoausrüstung.

Die Torpedoausrüstung besteht aus zwei 35 cm Unterwasser= Bugrohren, zwei 45 cm Unterwasserbreitseitrohren und einem 35 cm Ueberwasserheckrohr.

### Die Panzerung.

Die Bayernklasse ist nach dem Citadellensystem gepanzert, welches in jener Zeit sowohl in England, als in Italien bevorzugt wurde. Das Prinzip desselben ist, daß man den Teil des Schiffes, in welchem sich Maschinen und Kessel befinden, sowie die Stände der schweren Geschütze, möglichst stark panzert, während die weniger wichtigen Schiffsenden ungepanzert gelassen werden. So bildet die Panzerung der Bayernklasse eine annähernd rechteckige Citadelle, indem die Panzerwände der Bordwand durch Querwände von derselben Stärke miteinander verbunden sind und dadurch einen abgeschlossenen Raum herstellen. Die Länge dieser Citadelle beträgt ungefähr ein Drittel des Schiffes und deren Tiefe reicht bis ca. 1 1/2 m unter die Wasser= linie. Der seitliche Panzer ist bis zum Oberdeck durchgeführt; auf letzterem erhebt sich dann außerdem die Panzerkasematte, welche ungefähr 1 3/4 m hoch ist und eine Stärke von 250 mm hat.

Innerhalb der Citadelle befinden sich nun außer den Kessel= und Maschinenanlagen noch die sämtlichen Munitionsräume.

Die leichten Geschütze entbehren jedes Panzerschutzes, außer dem Stahlschilde der 8,8 cm Kanonen, welcher jedoch nur gegen Klein= gewehrfeuer eine gewisse Sicherheit gewährt.

Das vordere und hintere Drittel des Schiffes hat keinen seit= lichen Panzerschutz, sondern nur ein horizontales, leicht gewölbtes Panzerdeck, welches von dem vorderen, bezw. hinteren Ende des Citadellenpanzers bis an den Vor= und Achtersteven reicht.

Das Material des vertikalen Panzers besteht aus Schmiedeeisen und ist in der Weise angeordnet, daß, von außen an gerechnet, erst eine Eisenplatte und dann eine Holzschicht, dann wieder eine Eisenplatte

7*

und eine zweite Holzschicht sich folgen. Der Citadellenpanzer ist 400 mm stark, das Panzerdeck 75 mm.

Die Besatzung beläuft sich auf 436 Mann, davon 19 Offiziere und Beamte, 16 Fähnriche zur See und 14 Deckoffiziere.

Die Schiffe besitzen zwei Scheinwerfer, deren einer am Heck, der andere über dem Kommandoturm vorne steht.

Infolge des mangelnden Gürtelpanzers ist eine für die damalige Zeit außergewöhnlich sorgfältige Teilung des innern Schiffsraumes in wasserdichte Abteilungen, Schotten genannt, durchgeführt worden, so daß die Schwimmfähigkeit den Schiffen auch, nachdem große Partien des Vor- und Achterschiffes zerstört worden sind, noch in ausreichender Weise erhalten bleibt.

Die Bayernklasse muß augenblicklich noch, in Ermangelung eines Besseren, unter die Linienschiffe gerechnet werden, wird jedoch, weil die gesetzliche Altersgrenze dieser Schiffe teilweise überschritten ist, teilweise in kurzem erreicht sein wird, in den nächsten Jahren durch vollwertige Linienschiffe ersetzt werden.

### Das Linienschiff Oldenburg.

Dieses Schiff, welches von einem Linienschiffe nur den Namen hat, wurde nach der Vollendung der Bayernklasse im Jahre 1883 auf Stapel gelegt und zwei Jahre später vollendet. Es sollte eine Weiterentwicklung des Bayerntyps darstellen und wäre es auch geworden, wenn nicht durch die Sparsamkeit des Parlaments noch, nachdem die Baupläne vollendet waren, von der nötigen Bausumme mehrere Millionen abgestrichen worden wären, so daß das Schiff, wie sich der Marinehumor ausdrückte, um 3 Millionen zu kurz gebaut werden mußte.

Sein Deplacement beträgt 5200 Tonnen, die Länge 76 m, die Breite 18 m, der Tiefgang 6,4 m.

Es besitzt zwei Maschinen, welche als höchste Leistung 3400 Pferdekräfte entwickeln, welche dem Schiff, als es neu war, eine Geschwindigkeit von 12—13 Seemeilen verliehen, jetzt jedoch nicht einmal mehr 12.

Der Kohlenvorrat beträgt 348 Tonnen und sichert dem Schiff bei 10 Seemeilen stündlicher Geschwindigkeit eine Dampfstrecke von 1500 Seemeilen.

Man sieht, daß alle diese Eigenschaften oder vielmehr der

Mangel derselben, es von vornherein als unbrauchbar für die Ver=
wendung als Linienschiff stempelt.

Die Artillerie=Armierung besteht aus acht 24 cm Kanonen.
Diese an und für sich vorzüglichen Geschütze, wenn sie auch nicht
Schnelladekanonen sind, hat man in einer gepanzerten Kasematte
ungefähr in der Mitte des Schiffes vereinigt und zwar in der Weise,
daß sechs derselben zu je drei auf jeder Seite auf einem besonderen
Panzerdeck in Höhe des Oberdecks aufgestellt sind und die beiden
übrigen darüber in offener Kasematte nach Art der Citadellengeschütze
der Bayernklasse über eine Panzerbrustwehr hinwegfeuern.

Für die damalige Zeit stand die schwere Armierung nach
Material und Anordnung vollkommen auf der Höhe der Zeit und
würde auch heutzutage, bei sonstigen entsprechenden Eigenschaften des
Schiffes, eine nicht zu verachtende Gefechtsstärke repräsentieren. Um
so schlechter dagegen ist es mit den leichteren Geschützen bestellt.
Die mittlere Artillerie fehlt vollständig, und die leichte besteht aus
zwei gänzlich veralteten 8,7 cm Kanonen, sechs 5,0 cm Schnellade=
kanonen und sieben 0,8 cm Maschinengewehren.

## Die Torpedoausrüstung

besteht aus einem 35 cm Unterwasserbugrohr, zwei Ueberwasser=
breitseitrohren und einem Ueberwasserheckrohr desselben Kalibers.

## Die Panzerung.

In der Wasserlinie ist das Schiff durch einen ringsherum
laufenden Gürtelpanzer geschützt, welcher sich im Bereiche der Kase=
matte bis zur Höhe des oberen Randes der Reeling erhebend, für
die beiden oberen Geschütze noch bis zu deren Rohre nach oben hin
ausgedehnt ist. Die unteren Kasemattegeschütze feuern aus viereckigen
Geschützpforten.

Die Form der Kasematte, deren Längswände durch Querwände
von etwas geringerer Stärke mit einander verbunden sind, ist
annähernd quadratisch, jedoch sind die Ecken abgeschrägt, um den in
ihnen stehenden Geschützen einen größeren Bestreichungswinkel zu geben.

Die Stärke des Gürtelpanzers beträgt in der Mitte 300 mm
und verjüngt sich nach den Enden zu auf 180 mm; die der Längs=
wände der Kasematte beträgt 200, die der Querwände 150 mm.

Der vorn auf der Brücke stehende Kommandoturm ist 50 mm
stark gepanzert und reicht bis auf das Panzerdeck nach unten.

Das Material des Panzers ist der bei der Brandenburgklasse beschriebene Verbundpanzer.

Die Besatzung beläuft sich auf 389 Köpfe, davon 18 Offiziere und Beamte, 16 Fähnriche zur See und 14 Deckoffiziere.

Das Schiff ist mit elektrischer Beleuchtung versehen und besitzt zwei Scheinwerfer, von denen einer auf der Back und der andere auf einem kleinen Gerüst, nahe dem Heck aufgestellt ist.

Die Maschinen sind dem System nach zwei liegende, zwei= cylindrige Expansionsmaschinen.

An Kesseln sind acht Cylinderkessel mit rückkehrender Flamme vorhanden.

Von einem modernisierenden Umbau dieses Schiffes hat man Abstand genommen, weil dasselbe baulich in der Anlage verfehlt ist, und der Umbau nicht die Kosten wert gewesen wäre.

## II. Küftenpanzerschiffe.

### Die „Aegir=" und „Siegfried"=Klasse. (Tafel 7 und 8.)

Diese Klasse besteht aus den Schiffen:

|         |                   |    |    |      |
|---------|-------------------|----|----|------|
| „Aegir" | Fertigstellung i. | J. | 1897 |
| „Odin"  | „                 | „  | „  | 1896 |
| „Siegfried" | „             | „  | „  | 1896 |
| „Beowulf" | „               | „  | „  | 1892 |
| „Fritjof" | „               | „  | „  | 1893 |
| „Hildebrand" | „            | „  | „  | 1893 |
| „Heimdal" | „               | „  | „  | 1894 |
| „Hagen"  | „                | „  | „  | 1894 |

In Ermangelung einer brauchbaren Linienschiffsflotte beschloß man seiner Zeit für die Verteidigung des Kaiser Wilhelm=Kanals eine besondere Schiffsklasse zu bauen, welche man Küstenpanzer nennt. Dieselben sollen im stande sein, im Verteidigungskriege durch See= befestigungen unterstützt, auch einen übermächtigen Feind abzuwehren und zugleich leicht beweglich und vermöge ihres geringen Tiefganges im stande, auch in flachere Gewässer hineingehen zu können. Es kam hierzu die Erwägung, die größtmöglichste Billigkeit mit einer verhältnismäßig erheblichen Zahl an Schiffen zu verbinden. Das praktische Resultat davon mußte sein und wurde leider, daß die Schiffe zu klein wurden.

Ihr Deplacement beträgt 3500 Tonnen, was, wie auf der Hand liegt, nicht ausreicht, um Armierung, Schnelligkeit, Panzerung und Kohlenvorrat so groß zu machen, um die Schiffe zu befähigen, als ebenbürtige Gegner Linienschiffen entgegentreten zu können; da man gerade bei der Verteidigung damit rechnen muß, feindliche Linienschiffe zu Gegnern zu haben. So hat denn auch in neuester Zeit nach Bewilligung des Flottengesetzes vom 14. Juni 1900 seitens der Marineverwaltung, welche immer auf dem sparsamsten Wege das Höchste zu erreichen sucht, ein ebenso wichtiger wie erfolgreicher Versuch stattgefunden, den Wert der Küstenpanzer durch eine Vergrößerung des Deplacements zu erhöhen. Man hat nämlich zur Probe zuerst den „Hagen" in der Mitte auseinander geschnitten und dann ein Zwischenstück eingesetzt, so daß das ganze Schiff nach Vollendung des Umbaus 20 m länger geworden ist.

Der Hauptzweck und Erfolg dieser Vergrößerung war, durch eine Vermehrung des Deplacements und dadurch des Kohlenvorrates einen erheblicheren Aktionsradius zu erreichen; denn früher nahmen die Schiffe nur 230—280 Tonnen Kohlen, während jetzt der „Hagen" für 500 Tonnen Raum besitzt. Dies ist ein außerordentlicher Vorteil, denn nun sind die Schiffe nicht mehr wie bisher, auf die Fluß=mündungen und Häfen angewiesen, sondern können sich auch auf die hohe See hinauswagen, ohne fürchten zu müssen, sofort wieder durch Kohlenmangel zur Umkehr gezwungen zu werden und in ihrer strategischen Freiheit behindert zu sein.

Das Deplacement ohne Berücksichtigung des Umbaus beträgt 3500 Tonnen, Länge 73 m, Breite 15 m, Tiefgang 5,3 m.

Die Schiffe besitzen 2 Maschinen, welche im Maximum 4800 Pferdekräfte entwickeln, und dann den Schiffen eine Geschwindigkeit von 14—15 Seemeilen pro Stunde geben.

Der Kohlenvorrat giebt ihnen eine Seeausdauer von ca. 2000 Seemeilen.

Da der „Hagen" sich augenblicklich noch im Stadium der Probefahrt befindet, so ist zahlenmäßig noch nichts über die Resultate des Umbaues in dieser Beziehung feststehend.

### Die Geschützbewaffnung.

Die schwere Artillerie besteht aus drei 24 cm Kanonen L/30, welche in je einem Kuppelturm aufgestellt sind. Zwei dieser Türme stehen auf der Back und ragen schwalbennestartig seitlich über die Bordwand heraus, während der hintere auf dem Achterdeck steht.

Die Geschütze sind ebenfalls en barbette aufgestellt, d. h. der eigentliche Turm ist fest und in ihm dreht sich eine Drehscheibe, mit welcher das Geschütz und die Kuppel fest verbunden sind. Die Kanonen selbst sind moderner Konstruktion und besitzen eine große Durchschlags= kraft, sind jedoch noch keine Schnelladekanonen. Die beiden vorderen Türme drehen sich unabhängig von einander. Sie sind bei den neueren Schiffen „Aegir" und „Odin" durch eine starke vertikale Panzerwand, — Traverse genannt — von einander getrennt, damit nicht alle beide durch eine Granate außer Gefecht gesetzt werden können. Es ist anzunehmen, daß nach dem Umbau der übrigen Schiffe auch dort eine ähnliche Einrichtung eingebaut werden wird. Während eine mittlere Armierung nicht vorhanden ist, besteht die leichte Armierung bei „Aegir" und „Odin" aus zehn 8,8 cm Schnelladekanonen, bei den übrigen Schiffen aus acht 8,8 cm Schnell= ladekanonen, während außerdem nur noch sechs 0,8 cm Maschinen= gewehre vorhanden sind.

Der Umbau des „Hagen" hat ebenfalls eine Vermehrung für die Siegfriedklasse um zwei 8,8 cm Geschütze zur Folge gehabt

Die gesamte leichte Artillerie ist auf dem ungepanzerten Aufbau verteilt.

## Die Torpedoausrüstung

besteht aus einem 45 cm Unterwasserbugrohr und zwei Ueberwasser= Breitseitrohren. Das Bugrohr ist fest, die Breitseitrohre sind schwenkbar.

## Die Panzerung.

„Aegir" und „Odin" besitzen eine gepanzerte Citadelle nach Art der Bayernklasse, nur mit dem Unterschiede, daß dieser Panzer= sich nur $1^1/_2$ Meter über die Wasserlinie erhebt, während der der Bayernklasse bis zum Oberdeck durchgeführt war. Die Siegfriedklasse hingegen besitzt einen vollständigen, rings um das Schiff herumlaufen= den Gürtelpanzer. Beide Klassen sind nach oben hin in der Wasser= linie durch ein horizontales, hinten und vorn gewölbtes Panzerdeck geschützt. Das Panzermaterial bei „Aegir" und „Odin" ist Nickel= stahl, während die Siegfriedklasse teilweise noch mit Verbundplatten ausgerüstet ist.

Die Geschütztürme sind in ihren vertikalen Teilen 200 mm stark, während die Kuppel nur eine Stärke von 50 mm besitzt.

Der Gürtelpanzer der „Aegir"= und „Odin"klasse ist 220 bis 120 mm dick, der der Siegfriedklasse 240—100 mm.

Vorn und achtern befindet sich je ein gepanzerter Munitions= schacht, durch welchen die Geschosse zu den schweren Türmen hinauf= befördert werden.

Die Besatzung beläuft sich auf 270 Köpfe, davon 12 Offiziere und Beamte, 8 Fähnriche zur See und 11 Deckoffiziere.

Die Schiffe besitzen je zwei elektrische Scheinwerfer, welche am vorderen und hinteren Ende des Aufbaues aufgestellt sind. „Aegir" und „Odin" sind mit einem vorderen dicken Gefechtsmaste mit mehreren Gefechtsmarsen ausgerüstet, während die Siegfriedklasse nur zwei dünne hölzerne Pfahlmasten besitzt.

Während man sich bisher von diesen Küstenpanzern im Kriege nicht allzu viel versprechen konnte, weil sie, wie oben angeführt, zu sehr von der Nähe leicht erreichbarer Kohlenstationen abhängig waren, so steht jetzt zu erwarten, nachdem der Umbau der ganzen Klasse entsprechend dem des „Hagen" gesichert ist, daß das Geschwader einen bedeutend höheren Gefechtswert haben wird und wohl geeignet ist, die Lücke, welche bis zum Ersatz durch wirkliche Linienschiffe immer bestehen bleibt, in bestmöglichster Weise auszufüllen.

## III. Panzerkanonenboote.

An Panzerkanonenbooten sind in der deutschen Flotte vorhanden:

| | |
|---|---|
| „Wespe" | „Natter" |
| „Viper" | „Salamander" |
| „Biene" | „Krokodil" |
| „Mücke" | „Hummel" |
| „Scorpion" | „Brummer" |
| „Chamaeleon" | „Bremse". |
| „Basilisk" | |

Der Bau dieser Fahrzeuge entstammt einer Zeit, wo die Marine unter der obersten Leitung eines Infanterie=Generals stand und an dieser Stelle die Auffassung vorhanden war, daß die Verteidigung zur See von der Küste aus, wie von den Mauern einer Festung bewerkstelligt werden könne. So baute man diese Kanonenboote, welche mit größerem Rechte schwimmende Lafetten, als Schiffe zu nennen sind. Heutzutage sind sie von sehr geringem Gefechtswert. Sie führen ein schweres, dem System nach veraltetes Geschütz, und genügt auch ihr Panzer nicht, sie vor Verletzungen zu schützen, während Langsamkeit und geringe Seefähigkeit ihre Brauchbarkeit im Kriege noch mehr beeinträchtigen.

Die elf erstgenannten sind sämtlich desselben Typs. Sie besitzen ein Deplacement von 1100 Tonnen, eine Länge von 44 m, eine Breite von 11 m, einen Tiefgang von 3,3 m.

Ihre beiden Maschinen entwickeln als Höchstleistung 700 Pferdekräfte, welche ihnen, während sie neu waren, eine Geschwindigkeit von 8—9 Seemeilen in der Stunde verlieh.

Der Kohlenvorrat beträgt 43 Tonnen.

Die Maschinen sind dem System nach zwei schrägliegende zweifache Expansionsmaschinen; die Kessel 4 Cylinderkessel mit rückkehrender Flamme.

Die Fertigstellung dieser 11 Fahrzeuge erfolgte in der Zeit von 1876—1881.

## Die Artilleriearmierung

besteht aus einer kurzen, 30,5 cm Kanone, welche in einem offenen halbrunden Brustwehrturme aufgestellt ist.

Außerdem sind nur noch zwei gänzlich veraltete 8,7 cm Kanonen und zwei 3,7 cm Maschinenkanonen vorhanden.

Die Torpedoausrüstung besteht aus zwei 35 cm Unterwasserbugrohren.

Das große Geschütz steht auf dem vorderen Teil des Schiffes. Es ist nur nach vorn zu durch eine Brustwehr mit Panzerschutz versehen und besitzt einen Bestreichungswinkel von ungefähr 180 Grad. Das Schiff ist also gezwungen, in Ermangelung von anderen Geschützen immer dem Feind den Bug zuzukehren, um ihm nicht seine wehrlose Seite darzubieten.

Das Laden des Geschützes nimmt so viel Zeit in Anspruch, daß höchstens alle 6—7 Minuten ein Schuß abgegeben werden kann.

## Die Panzerung.

Die Fahrzeuge sind mit einem ringsherum laufenden Gürtelpanzer aus Schmiedeeisen, welcher eine Stärke von 203 mm besitzt, versehen. Ueber demselben liegt ein 50 mm starkes Panzerdeck, auf welchem sich der erwähnte Brustwehrturm erhebt, welcher nach hinten offen ist und ebenfalls 203 mm Panzerstärke besitzt. Nach oben zu ift die 30,5 cm Kanone gänzlich ungeschützt und feuert frei über die Brustwehr hinweg.

Die Besatzung dieser Fahrzeuge beläuft sich auf 98 Köpfe, davon 3 Seeoffiziere und 4 Deckoffiziere.

Wenn man den Fahrzeugen noch einen gewissen Gefechtswert zusprechen will, so kann dieser nur in der direkten Hafenverteidigung gesucht werden, d. h. also für den Fall, daß feindliche Schiffe bereits in eine Flußmündung oder in einen Hafen hineinlaufen und sie dann vielleicht noch durch die Panzerkanonenboote geschädigt, kaum aber aufgehalten werden können.

„Brummer" und „Bremse" sind neueren Datums und wurden beide im Jahre 1884 fertiggestellt. Dieselben unterscheiden sich trotz des gleichen Namens wesentlich von den Panzerkanonenbooten der obigen Klasse und tragen ihren Namen insofern zu Unrecht, als sie keinen Gürtelpanzer, sondern nur über dem Kessel= und Maschinen= raum ein Panzerdeck besitzen.

Das Deplacement ift dasselbe, ebenso die Stärke der Maschinen, sowie der Kohlenvorrat und die übrigen Dimensionen; hingegen ist die Geschwindigkeit durch den Wegfall des Panzergewichts und die minder schwere Artillerie eine größere und beläuft sich bei Entwicklung der höchsten Leistung der Maschine auf 14--15 Seemeilen in der Stunde.

## Die Geschützarmierung

besteht in der Hauptsache aus einer 21 cm Kanone, welche ohne jeglichen Panzerschutz auf der Back steht. Dieselbe besitzt einen über 180 Grad großen Bestreichungswinkel, kann aber, wie leicht ersichtlich ist, infolge ihrer niedrigen Lage über Wasser und ihrer gänzlichen Ungeschütztheit dieses Fahrzeug, welches außer ihr beinahe gar keine Waffe besitzt, nicht zu einem beachtenswerten Gegner machen. Außer= dem sind nur noch vorhanden: eine veraltete 8,7 cm Kanone, zwei ebenfalls veraltete 3,7 cm Revolverkanonen und zwei 0,8 cm Ma= schinengewehre.

## Die Torpedoausrüstung

besteht aus einem 35 cm Unterwasserbugrohr.

Das Panzerdeck ift 65 mm stark und erstreckt sich in der Länge der Kessel und Maschinenanlage über ungefähr ein Drittel des Schiffes.

Im übrigen ift weder Schiffskörper noch Armierung im geringsten durch Panzer geschützt.

## Kreuzer. Allgemeines.

Die Kreuzer der deutschen Flotte werden neuerdings, abweichend von den früher gewählten Unterscheidungsnamen, nach 3 oder 4 Klassen, jetzt nur noch in 2 Gattungen gegliedert, nämlich: die der Großen und die der Kleinen Kreuzer. Man hat dies von dem Gesichtspunkte aus gethan, daß die Größe den Verwendungszweck, die Seefähigkeit und Gefechtsfähigkeit der Kreuzer bestimmt. Die Minimal = Größe des Großen Kreuzers kann ungefähr auf 5500 Tonnen angegeben werden, während die Minimal=Größe des Kleinen Kreuzers gegen 2500 Tonnen ist.

Die Kreuzer haben einen doppelten Zweck: sie können entweder im Inlande oder im Auslande verwendet werden. In ersterem Falle sind sie für den Aufklärungsdienst bestimmt, d. h. sie sollen im Kriege den Feind erspähen, Fühlung mit ihm halten und Nachrichten über ihn an das Gros ihrer eigenen Linienschiffsflotte fortlaufend gelangen lassen. Im allgemeinen kann man sie wohl mit der Kavallerie im Landkriege vergleichen. Die Anforderungen, welche infolge dieser Aufgabe ihnen gestellt werden, sind demnach ungefähr die folgenden:

Sie müssen eine große, den Linienschiffen überlegene Geschwindigkeit besitzen, um schnell Nachrichten überbringen und um auch den feindlichen Linienschiffen nicht in die Hände fallen zu können. Sie müssen ferner großen Kohlenvorrat besitzen, womit eine lange See-ausdauer verbunden ist, da sie durch den Aufklärungs= und Vorposten-dienst genötigt sind, eine sehr lange Zeit auf hoher See auszuharren und fortwährend mit geringerer oder größerer Fahrt unter Dampf zu sein, um die Fühlung mit dem Feinde zu erreichen und zu halten, ohne in die Notwendigkeit versetzt zu werden, behufs Kohlenergänzung ihren Posten zu verlassen. Infolge dieser Thätigkeit ist auch eine große Seefähigkeit, d. h. gute Seeeigenschaften und hervorragende Stabilität für sie ein Erfordernis, was speziell beim Bau des Kleinen Kreuzers von großer Wichtigkeit ist und eine der schwierigsten Aufgaben des Schiffsbaues bildet.

Ihre Bewaffnung muß so stark sein, daß sie mit Aussicht auf Erfolg den Kampf mit den gleich großen Gegnern der feindlichen Aufklärungskräfte aufnehmen können. Ihr Panzerschutz kommt erst nach diesen Anforderungen in Betracht, jedoch legt man in neuester Zeit einen bedeutend höheren Wert auf denselben und versieht, wie wir unten sehen werden, den modernen großen Kreuzer, wo irgend angängig, nicht nur mit einem durchlaufenden Gürtelpanzer in der Wasserlinie, sondern auch mit einem Kasemattpanzer.

Beim kleinen Kreuzer allerdings ist man gezwungen, sich lediglich auf ein horizontales Panzerdeck und auf lokalen Schutz der Kanonen durch stählerne Schilde zu beschränken. Infolge dessen ist auch die Aufgabe dieser weniger der Kampf mit gleichwertigen Gegnern, als vielmehr der Depeschendienst, die Aufklärung im eigentlichen Sinne des Wortes, sowie das Verjagen und Vernichten von Torpedobooten, während sie jedem anderen Kampfe nach Möglichkeit ausweichen müssen.

Des ferneren werden die Kreuzer im Auslande verwendet, und zwar in der Weise, daß sie sich dauernd in Gewässern aufhalten, an welche Gebiete grenzen, welche unter dem Schutze des Deutschen Reiches stehen, oder in welchen der deutsche Handel starke Interessen hat. Hier ist ein Kampf gegen Kriegsschiffe weniger wahrscheinlich, wenn auch in Kriegszeiten immerhin möglich, jedoch ist ihre Thätigkeit, bestehend im Zeigen der deutschen Flagge und eventl. darin, derselben durch kriegerisches Eingreifen gegen die Eingeborenen die nötige Achtung, oder deutschen Kaufleuten und Unterthanen den nötigen Schutz zu verschaffen, nicht minder wichtig und hat die Thätigkeit deutscher Kreuzer unserem Handel, sowie der Stellung unserer Stammesgenossen in den Kolonien und im Auslande überhaupt, schon seit den ersten Tagen der preußischen Marine ganz unberechenbare Vorteile verschafft.

Auch für diese Verwendung kommen im großen und ganzen dieselben Eigenschaften in Betracht und zwar hauptsächlich hier die große, durch den Kohlenvorrat bedingte Seeausdauer, die Seefähigkeit und danach die Armierung und die Schnelligkeit. Es können natürlich Ausnahmefälle vorkommen, wie z. B. zur Zeit in den ostasiatischen Gewässern, wo durch das Verwickelte der ganzen Lage und den bewaffneten Widerstand, was ja auch, wie bekannt, das Entsenden einer Linienschiffsdivision dorthin veranlaßt hat, auch eine Thätigkeit derselben als Aufklärungsschiffe nötig werden kann. In früheren Zeiten pflegte man auch der Bauart nach die Inlands= und Auslandskreuzer zu unterscheiden, indem man zwei verschiedene Kategorien hiernach konstruierte. In neuester Zeit hat man für den großen wie für den kleinen Kreuzer denjenigen Typ erreicht, welcher für beide Zwecke in gleicher Weise brauchbar ist, was, wie leicht ersichtlich, besonders bei der geringen Schiffszahl unserer Marine insofern einen großen Vorteil bedeutet, als man je nach Bedarf, eine größere Anzahl von

Kreuzern, die bisher im Inlande waren, in die tropischen Gewässer schicken und umgekehrt, diese mit gleichem Nutzeffekt bei der heimischen Flotte verwenden kann.

Die Zahl der deutschen Kreuzer ist augenblicklich noch sehr gering, und sind die älteren derselben meistens außerordentlich minderwertig. Man muß sie jedoch noch im Dienste behalten, weil sie immerhin mehr wert sind, als gar nichts.

Der große Mangel an geeigneten Schiffen bei den vielseitigen und umfangreichen deutschen Interessen auf allen Meeren und an allen Küsten zeigt sich vielleicht durch nichts auffälliger, als dadurch, daß selbst die Kadetten- und Schiffsjungenschulschiffe, welche ohne jeden Gefechtswert sind, und welche der Staatssekretär von Tirpitz seiner Zeit im Reichstage als „schwimmende Gymnasien" bezeichnete, in Port au Prince eingreifen mußten, um dem deutschen Kaufmanne zu seinem Rechte zu verhelfen. Man darf sich nicht dadurch täuschen lassen, daß dieser Versuch damals durch die Feigheit und die unge= ordneten Verhältnisse jener Negerrepublik glückte. Ein einziger entschlossener Offizier hätte durch geschickten Gebrauch der dortliegenden Kanonenboote die deutschen Schulschiffe in die gefährlichste Lage bringen können.

Wie im Bau der Linienschiffe, so hat auch in Bezug auf die Kreuzer die deutsche Flotte ganz außerordentliche Fortschritte gemacht und führt dasselbe Prinzip mit gleicher Konsequenz und gleichem Erfolge durch, von jeder Kategorie möglichst gleiche Typen in größerer Anzahl zu bauen. Dies wird dem Leser direkt aus der nachfolgenden Beschreibung klar werden, indem die bis zur Mitte der 90er Jahre auf Stapel gelegten Schiffe sämtlich ungleichartige, die nachher konstruierten jedoch meist größere, in sich vollkommen gleichartige Klassen darstellen.

---

## IV. Große Kreuzer.

### Der Große Kreuzer „Fürst Bismarck". (Tafel 9 und 10.)

„Fürst Bismarck" wurde am 1. April 1896, dem Geburtstage des großen Kanzlers, auf der kaiserlichen Werft zu Kiel auf Stapel gelegt und im Anfang des Jahres 1900 fertiggestellt, nachdem er am 25. September 1897 vom Stapel gelaufen war.

Seit langer Zeit hat Deutschland zum erstenmale wieder in diesem Schiff einen großen Kreuzer, welcher modernen Anforderungen entspricht.

Außer durch seine Größe unterscheidet sich „Fürst Bismarck" hauptsächlich dadurch von allen seinen Vorgängern, daß er ein Panzerkreuzer ist, d. h. nicht nnr durch sein horizontales Panzerdeck, sondern auch durch einen vertikalen Gürtelpanzer geschützt ist.

Sein Deplacement beträgt 10 650 Tonnen, erreicht also beinahe das der Brandenburgklasse. Länge 120 m, Breite 20 m, Tief= gang 7,9 m.

Die drei Maschinen entwickeln als Höchstleistung 13 500 Pferde= kräfte und treiben dann das Schiff mit einer Geschwindigkeit von 19 Seemeilen in der Stunde durch das Wasser.

Dem System nach sind die Maschinen vierchlinderige, dreifache Expansionsmaschinen; dies ist ebenfalls eine Neuerung, indem man den Niederdruckchlinder in zwei gleich große Cylinder geteilt hat, was ein gleichmäßigeres und stoßfreieres Arbeiten der Maschine zur Folge hat.

Die Kessel sind in drei Heizräumen untergebracht und zwar sind für zwei Drittel der Pferdekräfte Cylinderkessel, für ein Drittel derselben Wasserrohrkessel zur Verwendung gekommen.

### Die Artilleriearmierung.

An schweren Geschützen sind vier 24 cm Schnellladekanonen L 40 vorhanden, welche in zwei gedeckten, drehbaren Panzertürmen paarweise auf dem Achterdeck und auf der Back aufgestellt worden sind.

Türme und Geschütze sind genau dieselben, wie die an Bord der Kaiserklasse befindlichen.

Die mittlere Armierung besteht aus zwölf 15 cm Schnelllade= kanonen L 40. Von diesen stehen sechs in Eckkasematten und sechs in darüber angeordneten kleinen Panzertürmen, deren jeder ein Ge= schütz enthält.

Man sieht, daß die Anordnung der Armierung genau der der Kaiserklasse entspricht, nur mit dem Unterschiede, daß die mittlere Armierung des „Fürst Bismarck" um 6 Geschütze schwächer ist.

Die leichte Armierung besteht aus zehn 8,8 cm Schnelllade= kanonen, zehn 3,7 cm Maschinenkanonen und vier 0,8 Maschinen= gewehren.

Die leichte Armierung ist in der Weise auf den Aufbauten und in den Gefechtsmarsen verteilt, daß dem Schiffe durch sie, ebenso wie durch die Aufstellung der schweren und mittleren Geschütze, ein gleichmäßiges Rundfeuer nach allen Seiten gewährleistet wird.

## Die Torpedoausrüstung

besteht aus einem 45 cm Bugrohr, vier Breitseitrohren und einem Heckrohr desselben Kalibers.

Bis auf das Heckrohr sind dieselben sämtlich unter Wasser eingebaut.

Allgemein läßt sich von der Armierung sagen, daß sie sowohl der Größe des Schiffes, als auch seinem Verwendungszwecke in jeder Beziehung entspricht und auf der Höhe der Zeit steht.

## Die Panzerung.

Der Gürtelpanzer umläuft das ganze Schiff in der Wasserlinie und besitzt eine Höhe von ungefähr 2 1/2 Meter. In der Mitte des Schiffes beträgt seine Stärke 200 mm und verjüngt sich nach den Schiffsenden zu bis auf 100 mm. Ueber demselben liegt ein Panzer= deck, welches 50 mm stark ist und auf dem mittleren Teil des Schiffes über Wasser liegt, sich jedoch in dem Bereiche des Vor= und Hinter= schiffes unter dasselbe senkt.

Die schweren Geschütztürme und der vordere Kommandoturm besitzen ebenfalls eine Stärke von 200 mm. Gepanzerte Munitions= schächte führen von jedem Turme bis auf das Panzerdeck hinab.

Die Türme der 15 cm Kanonen und der achtere Kommando= turm, sowie die Kasematten sind durch einen Panzer von 100 mm Stärke geschützt.

Das Material der gesamten Panzerung ist Nickelstahl.

Da das Schiff, wie eine große Anzahl aller Kreuzer, auch für längeren Aufenthalt in den tropischen Gewässern bestimmt ist, so ist der Schiffsboden mit einer Holzbeplankung und diese wiederum durch einen Beschlag von Gelbmetall geschützt. Diese Vorrichtung traf man deshalb, weil an den stählernen Schiffsboden sich in den tro= pischen Gewässern Seepflanzen, Muscheln u. s. w. ansetzen und dadurch sowohl die Schnelligkeit des Schiffes herabgemindert, als auch das Metall zerfressen wird, während der Gelbmetallbeschlag dieses An= wachsen verhindert.

Die Stärke der Besatzung beläuft sich auf 568 Köpfe, davon 23 Offiziere und Beamte, 12 Fähnriche zur See, 21 Deckoffiziere.

„Fürst Bismarck" ist als Flaggschiff für einen Admiral ein= gerichtet und nimmt dessen 43 Köpfe starken Stab erforderlichenfalls auf.

Ebenso wie bei der Kaiserklasse sind auch auf diesem Schiffe

— 113 —

sechs Scheinwerfer vorhanden, deren zwei in den Marsen stehen und vier dicht über der Wasserlinie in den Breitseiten aufgestellt sind.

Zur Zeit weilt das stattliche Schiff des Kreuzergeschwaders in den ostasiatischen Gewässern.

## Der Große Kreuzer „Prinz Heinrich".

„Prinz Heinrich" ist der neueste große Panzerkreuzer unserer Marine und lief am 22. März 1900 in Gegenwart seines hohen Paten vom Stapel.

Er stellt eine Weiterentwicklung des Typs „Fürst Bismarck" dar und weist wesentliche Verbesserungen gegen diesen auf.

Im Deplacement ist man heruntergegangen.

Die Armierung ist nicht so schwer, dafür haben aber sowohl Schnelligkeit als auch Panzerung einen Zuwachs erhalten.

Besonders was erstere betraf, war es ein absolutes Erfordernis, da man im allgemeinen zu den Eigenschaften der Kreuzer auch die rechnet, daß es ein schnelleres Schiff sein soll als die Linienschiffe. Die neuesten englischen Linienschiffe aber werden bereits eine Geschwindigkeit von ungefähr 19 Seemeilen besitzen.

Das Deplacement beträgt 8900 Tonnen, die Länge 120 m, die Breite 19,6 m, der Tiefgang 7,3 m.

Man sieht, das Schiff ist bei gleicher Länge schmäler, und weniger tiefgehend, als „Fürst Bismarck", und läßt somit schon die Form auch die größere Schnelligkeit des Schiffes vermuten.

Wie bei allen größeren Schiffen der deutschen Flotte sind drei Maschinen vorhanden, welche zusammen 15 000 Pferdekräfte entwickeln, was dann einer Schnelligkeit des Schiffes von 20,5 Seemeilen in der Stunde entspricht.

Die Kohlenmenge, welche in den Bunkern untergebracht werden kann, beträgt 950 Tonnen und setzt das Schiff in den Stand, bei einer mäßigen Fahrt von 12 Seemeilen in der Stunde eine Dampfstrecke von 6720 Seemeilen ununterbrochen zurückzulegen.

Dem System nach sind die Maschinen stehende dreifache Expansionsmaschinen. Die Kessel, welche in drei Heizräumen untergebracht sind, sind sämtlich Wasserrohrkessel und zwar nach dem System Dürr.

### Die Artilleriearmierung.

An schweren Geschützen sind zwei 24 cm Schnelladekanonen L 40 in je einem drehbaren, gedeckten Panzerturm auf der Back und auf dem Achterdeck aufgestellt.

Die mittlere Armierung besteht aus zehn 15 cm Schnelllade=
kanonen, von denen vier in 4 drehbaren Panzertürmen, sechs in
2 gepanzerten Kasematten stehen.

Die leichte Armierung zählt zehn 8,8 cm Schnellladekanonen, zehn
3,7 cm Maschinenkanonen und vier 0,8 cm Maschinengewehre. Ein
Unterwasserbugrohr, zwei Unterwasserbreitseitrohre, sämtlich Kaliber 45.

Die Aufstellung und Anordnung der Türme und Geschütze ent=
spricht derjenigen der Kaiserklasse, des „Fürst Bismarck" und über=
haupt, um dieses hier vorweg zu nehmen, aller neueren großen Schiffe.

### Die Panzerung.

Das Material derselben ist gehärteter Nickelstahl.

Der Gürtelpanzer besitzt eine Stärke von 100 mm, ebenso wie
die Türme und die Kasematten; das Panzerdeck eine solche von 50 mm.

Die Panzerung ist eine weit vollständigere, wie die des „Fürst
Bismarck", indem ähnlich der der „Wittelsbach" sich der Gürtelpanzer
im Bereiche der Geschütze nach oben hin verbreitert und so eine
gleichmäßig geschützte Citadelle herstellt, deren Längswände durch eben=
falls gepanzerte Querwände mit einander verbunden sind.

„Prinz Heinrich" ist gleichermaßen bestimmt, einem Verbande
als Flaggschiff zu dienen und mit den entsprechenden Einrichtungen
zur Aufnahme des Stabes versehen. Die Besatzung beläuft sich auf
501 Köpfe; davon: 23 Offiziere und Beamte, 12 Fähnriche zur See
und 20 Deckoffiziere.

An Scheinwerfern sind sechs vorhanden, von denen zwei in den
Marsen und vier in den Breitseiten des Schiffes eben über der
Wasserlinie aufgestellt sind.

### Der Große Kreuzer „Kaiserin Augusta".

„Kaiserin Augusta" bezeichnet einen wichtigen Entwicklungspunkt
im deutschen Schiffs= und Maschinenbau, da sie der erste Kreuzer
war, welchen deutsche Arbeit in einer solchen Vollkommenheit dar=
stellen konnte. Er ist ebenfalls das erste deutsche Schiff, auf welchem
das Dreischrauben=System zur Anwendung gekommen ist, welches sich
seitdem so vorzüglich bewährt hat, daß es auch jetzt auf allen größeren
Kriegsschiffen beibehalten wird.

„Kaiserin Augusta" lief am 15. Januar 1892 auf der
Germania=Werft zu Kiel vom Stapel, besuchte kurz nach ihrer
Fertigstellung die Weltausstellung von Chicago und erregte jenseits

— 115 —

des Ozeans wegen ihres schönen Aussehens und ihrer Schnelligkeit und vorzüglichen Manövrierfähigkeit allgemeinste Bewunderung. Später hat das Schiff zeitweise als Aufklärungsschiff der heimischen Schlacht= flotte Dienste geleistet, weilt jedoch jetzt bereits seit längerer Zeit in den ostasiatischen Gewässern.

Das Deplacement beträgt 6052 Tonnen. Die drei Maschinen entwickeln als Höchstleistung 12000 Pferdekräfte, welche dem Schiff, als es neu war, eine Schnelligkeit von 22 Seemeilen in der Stunde verliehen, während es jetzt noch über eine solche von ungefähr 21 Seemeilen in der Stunde verfügt; Länge 118 m, Breite 16 m, Tiefgang 6,9 m.

Die Bunker sind im stande, 860 Tonnen Kohlen in sich auf= zunehmen, so daß „Kaiserin Augusta" in der Lage ist, bei 10 See= meilen Fahrt mit dieser Kohlenmenge eine Strecke von 4000 See= meilen ohne Unterbrechung zu dampfen. Dem System nach sind die Maschinen stehende dreifache Expansionsmaschinen. Die Kessel sind doppelte Cylinderkessel mit rückkehrender Flamme.

### Die Artillerie=Armierung.

Eine schwere Armierung fehlt. Die mittlere Armierung besteht aus zwölf 15 cm Schnelladekanonen, welche sämtlich auf dem Ober= deck bezw. unter der Back und unter der Kampanje in schwalbennest= artigen Aufbauten ungeschützt aufgestellt sind, nur leichte Stahlschilde gewähren Schutz gegen Kleingewehrfeuer.

Die leichte Armierung besteht aus acht 8,8 cm Schnelllade= kanonen und acht 0,8 cm Maschinengewehren.

Für die Größe dieses Kreuzers scheint die Armierung nicht ausreichend, wir vermissen das schwere Kaliber und als eine große Schwäche muß der gänzliche Mangel an Panzerschutz für die Geschütze und deren Bedienung, sowie den Munitionstransport bezeichnet werden.

### Die Torpedoausrüstung

besteht aus einem Unterwasserbugrohr und vier schwenkbaren Ueber= wasserbreitseitrohren, sämtlich Kaliber 35.

### An Panzerung

ist nur ein Panzerdeck vorhanden, welches sich über die Länge des ganzen Schiffes erstreckt, an den beiden Enden des Schiffes unter Wasser liegt, während es sich wegen der Höhe der umfangreichen Maschinen= und Kesselanlagen in den mittleren Teilen des Schiffes über die Wasserlinie wölbt.

8

Es besitzt eine Stärke von 75 mm.

Ein weiterer seitlicher Schutz besteht in dem sogenannten Koffer=
damm, mit welchem man die meisten größeren und alle diejenigen
Schiffe schützt, welche nur über ein Panzerdeck und nicht über einen
Gürtelpanzer verfügen. Dieser Kofferdamm besteht aus einem dicken
Wulst, welcher, aus kleinen Korkstücken zusammengesetzt, in den Winkel
hineingebaut ist, welchen das Panzerdeck mit der seitlichen Bordwand
bildet. Die Korkstücke sind durch Leim zu einem kompakten Ganzen
verbunden; der Damm soll in der Weise wirken, daß er, wenn eine
Granate in ihn einschlägt und das Wasser einströmt, durch die
Feuchtigkeit aufquillt und so das entstandene Loch selbstthätig schließt.

Die Besatzung beläuft sich auf 436 Köpfe, davon 21 Offiziere
und Beamte und 20 Deckoffiziere.

Das Schiff ist mit elektrischer Beleuchtung und zwei Schein=
werfern ausgerüstet, deren einer über der vorderen Kommandobrücke
und der andere auf der Kampanje aufgestellt ist.

## Die Großen Kreuzer der „Hertha"=Klasse. (Tafel 11 und 12.)

1. „Hertha"
2. „Victoria Luise"
3. „Freya"
4. „Hansa"
5. „Vineta".

Diese ganze Klasse wurde in den Jahren 1895—1896 auf
Stapel gelegt und waren sämtliche Schiffe bis zum Frühjahre 1899
fertiggestellt. Wie alle neueren Kreuzer der deutschen Flotte sind
auch diese in gleichem Maße geeignet zum Dienst als Aufklärungs=
schiffe in den heimischen Gewässern und zum stationären Kreuzerdienst
im Auslande, was als ein großer Fortschritt gegen frühere Zeiten
zu bezeichnen ist, wo die Marine einen Auslandskreuzertyp und einen
Inlandskreuzertyp baute, welche beide sich erheblich von einander
unterschieden.

Das Deplacement der Schiffe beträgt 5630 Tonnen, nur die
„Hansa" und „Vineta" sind etwas größer und deplacieren 5900
Tonnen. Die Länge beträgt 105 m, die Breite 17 m („Hansa" und
„Vineta" 17,6 m), Tiefgang 6,3 m („Hansa" und „Vineta" 6,6 m).

Die drei Maschinen entwickeln als Maximalleistung 10 000
Pferdekräfte, welche den Schiffen eine Höchstgeschwindigkeit von 18
bis 19 Seemeilen in der Stunde geben. Sie können einen Kohlen=

vorrat von 500 Tonnen in den Bunkern aufnehmen, der sie in den Stand setzt, bei 10 Seemeilen Fahrt eine Strecke von 5500 See= meilen ohne Unterbrechung zurückzulegen. Dem System nach sind die Maschinen stehende, viercylinderige, dreifache Expansionsmaschinen. Die Kessel sind sämtlich Wasserrohrkessel und zwar sind die Schiffe zum Versuch mit verschiedenen Systemen ausgerüstet. „Hertha" und „Hansa" haben Bellevillekessel, „Victoria Luise" und „Vineta" Dürr= kessel und „Freya" Niclaussekessel.

## Die Geschützarmierung.

Die schwere Armierung besteht aus zwei 21 cm Schnelllade= kanonen L 40, welche in zwei gepanzerten, gedeckten Drehtürmen auf der Back und auf dem Achterdeck aufgestellt sind. Dieselben besitzen einen Bestreichungswinkel von ungefähr 270 Grad, so daß sie sowohl am Breitseitfeuer als auch an dem Bug= bezw. Heckfeuer teilnehmen können.

Die mittlere Armierung besteht aus acht 15 cm Schnelllade= kanonen, deren vier in gepanzerten Eckkasematten, vier in ebensovielen gepanzerten einzelnen Türmen Aufstellung gefunden haben. Von jedem Geschütz führt ein gepanzerter Munitionsschacht zu den Munitions= kammern hinunter.

Die leichte Armierung besteht aus zehn 8,8 cm Schnelllade= kanonen, zehn 3,7 cm Maschinenkanonen, vier 0,8 cm Maschinen= gewehren.

Wie aus der Abbildung hervorgeht, sind die Geschütze alle so angeordnet, daß sie ein gleichmäßiges Rundfeuer nach allen Seiten ermöglichen. Es sind sämtlich Schnelladekanonen, alle einzeln durch Panzer geschützt, und ist infolgedessen die Armierung als in jeder Beziehung modern und hervorragend leistungsfähig zu bezeichnen.

## Die Torpedoausrüstung

besteht aus einem Unterwasserbugrohr und zwei Unterwasserbreitseit= rohren, alle 45 cm Kaliber.

## Die Panzerung.

Die Geschütztürme und Kasematten besitzen einen 100 mm starken Panzer, die Munitionsschächte einen solchen von 80 mm Stärke.

Der vordere und hintere Kommandoturm sind durch 150 bezw. 120 mm starke Stahlplatten geschützt und das Panzerdeck, welches in der Mitte horizontal an den Bordwänden sich dachförmig abschrägt, ist auf ersterem Theil 40 mm stark, auf letzterem 100. Ein weiterer seitlicher Schutz wird außerdem noch durch den Kofferdamm erreicht. Das Material der ganzen Panzerung ist gehärteter Nickelstahl.

Die Stärke der Besatzung beläuft sich auf 465 Köpfe, davon 21 Offiziere und Beamte und 20 Deckoffiziere.

Diese Kreuzerklasse hat vorzügliche Seeeigenschaften, manövriert gut, jedoch ließe sich vielleicht als Schwäche derselben in Bezug auf leichte Verwundbarkeit ihre große Höhe über Wasser, sowie der gänzliche Mangel eines seitlichen Panzerschutzes erwähnen.

---

## V. Kleine Kreuzer.

**Die Kleinen Kreuzer der „Gazelle"-Klasse.** (Tafel 13 und 14.)

1. „Gazelle"  Fertigstellung 1898
2. „Niobe"  „  1899
3. „Nymphe"  „  1900
4. „Thetis"  „  1900
5. „Amazone"  „  1901.

Die „Gazelle", das erste Schiff dieser Klasse, wurde im April 1897 auf der Germaniawerft zu Kiel auf Stapel gelegt und im Oktober 1898 fertiggestellt.

In der „Gazelle" sehen wir den modernen Typ des kleinen Kreuzers, welcher nach langen Versuchen und Erfahrungen nunmehr endgiltig in der deutschen Flotte zur Anwendung kommt.

Dieser Typ ist gleich brauchbar für den stationären Dienst im Auslande, wie für den Aufklärungsdienst bei der heimischen Schlachtflotte. Die Schiffe besitzen vorzügliche See- und Manövriereigenschaften, haben einen verhältnismäßig großen Kohlenvorrat und dabei eine kräftige Armierung sowie ausreichende Geschwindigkeit. Bezüglich der letzteren sei bemerkt, daß die nach der „Gazelle" fertiggestellten Schiffe dieser Klasse diese bedeutend an Geschwindigkeit übertreffen, soweit sie bis jetzt ihre Probefahrten begonnen haben.

Das Deplacement beträgt 2650 Tonnen, Länge 100 m, Breite 11,8 m, Tiefgang 5,0 m.

Die zwei Maschinen entwickeln 8000 Pferdekräfte und geben dem Schiffe (Gazelle) eine Geschwindigkeit von 20 Seemeilen in der Stunde. Die Bunker fassen 500 Tonnen Kohlen und setzen das

Schiff in den Stand, bei 10 Seemeilen stündlicher Fahrt eine Dampfstrecke von 5000 Seemeilen ohne Unterbrechung zurückzulegen. Dem System nach sind die beiden Maschinen vierchlindrige dreifache Expansionsmaschinen. Die Kessel sind sämtlich Wasserrohrkessel und zwar sind, wie bei der „Herthaklasse", verschiedene Systeme auf den einzelnen Schiffen vertreten.

Die Artilleriearmierung:

zehn 10,5 cm Schnellladekanonen L 40, vierzehn 3,7 cm Maschinen=kanonen, vier 0,8 cm Maschinengewehre.

84. Geschütz-Exerzieren.

Sämtliche Geschütze stehen auf dem Oberdeck, bezw. auf der Back und der Kampanje. Sie sind durch leichte Stahlschilde gegen Kleingewehrfeuer geschützt und in der Weise angeordnet, daß fünf derselben nach jeder Breitseite und vier recht voraus bezw. recht achteraus schießen können. Dazwischen sind die Maschinenkanonen und Maschinengewehre gleichmäßig verteilt. Gleichfalls auf dem Oberdeck sind 2 schwenkbare Torpedobreitseitrohre, Kaliber 45 aufgestellt.

## Die Panzerung

besteht nur aus einem Panzerdeck, 50 mm stark, welches an den Schiffsenden unter der Wasserlinie liegt und sich nach der Mitte zu wegen der Höhe der Maschinen= und Kesselanlagen über dieselbe hinauswölbt. Im Bereiche des mittleren Teiles des Schiffes befindet sich außerdem ein Kofferdamm. Der Kommandoturm ist durch einen 70 mm dicken vertikalen Panzer geschützt.

Das Material der Panzerung ist gehärteter Nickelstahl.

Die Besatzung beläuft sich auf 249 Köpfe, davon 11 Seeoffiziere und Beamte, 10 Deckoffiziere.

Die Schiffe sind mit elektrischer Innenbeleuchtung versehen und führen zwei Scheinwerfer, welche je vorn und achtern auf kleinen Gerüsten aufgestellt sind.

## Der Kleine Kreuzer „Hela".

Beginn des Baues 1893 auf der Werft „Weser" bei Bremen, fertiggestellt 1896.

Das Deplacement beträgt 2040 Tonnen, die Länge 100 m, Breite 11 m, Tiefgang 4,5 m.

Die zwei Maschinen entwickeln 6000 Pferdekräfte als Höchstleistung, welche dem Schiff dann eine Geschwindigkeit von 20 Seemeilen in der Stunde verleihen.

Die Bunker fassen 330 Tonnen Kohlen, wodurch das Schiff im Stande ist, bei 10 Seemeilen stündlicher Fahrt in der Stunde eine Dampfstrecke von 3500 Seemeilen ununterbrochen zurückzulegen.

### Die Artilleriearmierung

besteht aus: vier 8,8 cm Schnelladekanonen, sechs 5,0 cm Schnelladekanonen, zwei 0,8 cm Maschinengewehre.

Sämtliche Geschütze stehen auf dem Oberdeck und auf den Aufbauten und sind die Schnelladekanonen durch leichte Panzerschilde geschützt.

Es fällt auf, wie schwach im Vergleich zu der Gazelleklasse verhältnismäßig die Armierung der „Hela" ist und nicht der Größe des Kreuzers entspricht.

### Die Torpedoausrüstung

besteht aus einem Bugrohr und zwei Breitseitrohren, von denen ersteres unter Wasser, letztere über Wasser liegen.

Sämtlich Kaliber 45.

## Die Panzerung.

Der einzige Panzerschutz des Schiffes besteht in einem Panzer=
deck, welches nur eine Stärke von 25 mm besitzt. Der auf der
Kommandobrücke befindliche Kommandoturm ist 30 mm stark.

## Das Maschinensystem.

Die Maschinen sind dem System nach stehende, dreifache
Expansionsmaschinen.

An Kesseln sind 6 Lokomotivkessel in zwei getrennten Heiz=
räumen aufgestellt.


Allgemein kann man über dieses Schiff sagen, daß es weder
in Bezug auf die Armierung, noch auf Kohlenvorrat den modernen
Anforderungen entspricht.

Die Besatzung zählt 178 Köpfe, davon 7 Offiziere, 12 Deck=
Offiziere.

Das Schiff ist mit elektrischer Beleuchtung ausgerüstet und
führt zwei Scheinwerfer, welche hinten und vornen auf kleinen
Gerüsten aufgestellt sind.

## Der Kleine Kreuzer „Gefion".

Die „Gefion" lief am 31. Mai 1893 vom Stapel und wurde
im folgenden Jahre fertiggestellt.

Dieselbe ist ihrer Bauart nach hauptsächlich für den Auf=
klärungsdienst im Inlande bei der heimischen Schlachtflotte bestimmt
und weniger für längeren Aufenthalt in den Tropen geeignet.

Das Deplacement beträgt 4109 Tonnen, die Länge 105 m,
die Breite 13 m, Tiefgang 6,3 m.

Die beiden Maschinen entwickeln als Höchstleistung 9000
Pferdekräfte und verleihen alsdann dem Schiffe eine Geschwindigkeit
von 19 Seemeilen in der Stunde. Der Kohlenvorrat beträgt 780
Tonnen und setzt das Schiff in den Stand, bei 10 Seemeilen stünd=
licher Fahrt eine Dampfstrecke von 6500 Seemeilen ohne Unter=
brechung zurückzulegen.

Dem System nach sind die beiden Maschinen stehende dreifache
Expansionsmaschinen. An Kesseln sind 6 cylindrische Doppelkessel
vorhanden.

Die Geschützarmierung:

zehn 10,5 cm Schnelllladekanonen, sechs 5 cm Schnelllladekanonen, acht 0,8 cm Maschinengewehre.

85. Geschützexerzieren. „Deckt Euch".

Sämtliche Geschütze stehen auf dem Oberdeck, bezw. den Aufbauten und sind die größeren derselben durch leichte Panzerschilde gegen Kleingewehrfeuer einigermaßen gesichert.

Ihrer Stärke nach scheint die Armierung für ein Schiff von der Größe der „Gefion" vollkommen unzureichend und ein Vergleich mit der „Gazelle"-Klasse, welche ungefähr 1500 Tonnen kleiner ist, zeigt uns, daß die Armierung dieser letzteren trotzdem stärker ist, als die der „Gefion."

Die Torpedoausrüstung

besteht aus zwei schwenkbaren Breitseitrohren, Kaliber 45, welche auf dem Oberdeck aufgestellt sind.

Die Panzerung

besteht aus: einem Panzerdeck, welches sich jedoch nicht über die Länge des ganzen Schiffes, sondern nur über etwa zwei Drittel desselben erstreckt. Dasselbe besitzt die geringe Stärke von 30 mm.

Die Stärke der Besatzung beläuft sich auf 302 Köpfe, davon 13 Offiziere und Beamte, 16 Deckoffiziere.

Das Schiff ist mit zwei Scheinwerfern ausgerüstet, welche vorn und hinten auf besonderen, kleinen Gerüsten Aufstellung gefunden haben.

Allgemein zusammenfassend ist von der „Gefion" zu sagen, daß weder die Armierung, noch der Panzerschutz, noch die Geschwindigkeit modernen Ansprüchen genügt.

Der Kohlenvorrat und die Größe der daraus hervorgehenden Maximal-Dampfstrecke sind dagegen sehr erheblich und eignet sich das Schiff infolgedessen vorzüglich zum Vorpostendienst im Kriege.

## Die Kleinen Kreuzer der „Prinzeß Wilhelm"-Klasse.

Dieselbe begreift die beiden Kleinen Kreuzer „Prinzeß Wilhelm" und „Irene", welche beide im Jahre 1886 auf den Werften „Germania" in Kiel, beziehungsweise „Vulkan" in Stettin auf Stapel gelegt wurden und im Jahre 1888 fertiggestellt waren.

Die „Prinzeß Wilhelm"-Klasse kann man als den ersten Versuch der deutschen Marine betrachten, moderne Kreuzer größeren Tonnengehaltes zu bauen. Dieselben sind sehr gute Seeschiffe und verfügten, als sie neu waren, über eine Geschwindigkeit, welche nicht nur an und für sich groß und ausreichend war, sondern auch im Vergleich zu den gleichalterigen Kreuzern anderer Nationen nicht zurückstand. Die Schiffe sind in den letzten Jahren fortwährend im Auslande verwendet worden, nachdem sie im Anfange der 90er Jahre einem umfangreichen modernisierenden Umbau unterzogen worden waren, welcher hauptsächlich den Einbau einer Schnellladearmierung, sowie der dazugehörigen Munitionsräume begriff.

„Prinzeß Wilhelm" hat ein Deplacement von 4400 Tonnen, eine Länge von 94 m, eine Breite von 14 m, Tiefgang 6,9 m.

Sie besitzt zwei Maschinen, welche als Höchstleistung 8000 Pferdekräfte entwickeln und dem Schiffe heute damit eine Geschwindigkeit von 18 Seemeilen in der Stunde geben.

Der Kohlenvorrat beträgt 540 Tonnen und kann durch eine Zuladung noch erheblich erhöht werden. Er setzt das Schiff in den Stand, bei einer stündlichen Fahrt von 10 Seemeilen eine Strecke von 3000 Seemeilen unter Dampf zurückzulegen. Diese Strecke, welche im Vergleich zu den modernen Kreuzern gering scheint, ist auf die veralteten Maschinen zurückzuführen, welche unsparsam sind, das heißt eine große Menge von Dampf verbrauchen und dadurch den Kohlenverbrauch entsprechend steigern.

Dem System nach sind die Maschinen zwei liegende Woolf'sche Maschinen, mit je zwei Hochdruck= und zwei Niederdruckzylindern. In den zwei Heizräumen befinden sich vier cylindrische Doppelkessel.

### Die Artilleriearmierung:

|       |      |    |                   |
|-------|------|----|-------------------|
| vier  | 15   | cm | Schnellladekanonen |
| acht  | 10,5 | „  | „                 |
| sechs | 5    | „  | „                 |
| acht  | 0,8  | „  | Maschinengewehre. |

Sämtliche Geschütze stehen auf dem Oberdeck, beziehungsweise unter der Back. Die vier 15 cm Kanonen, sowie die vordersten 10,5 cm Kanonen befinden sich in schwalbennestartigen Ausbauten, während die übrigen in den Breitseiten verteilt sind, und frei über die Reeling hinwegfeuern. Sämtliche Geschütze sind durch Stahl= schilde gegen Kleingewehrfeuer geschützt.*)

### Die Torpedoausrüstung

besteht aus einem 35 cm Unterwasserbugrohr und zwei 35 cm Ueberwasserbreitseitrohren.

### Die Panzerung

besteht aus dem gewölbten Panzerdeck, welches sich über die ganze Schiffslänge erstreckt, und dem vorderen Kommandoturm, welcher eine Stärke von 80 mm besitzt und von dem aus ein gepanzerter Schacht, in welchem die Telegraphenleitungen 2c. enthalten sind, bis auf das Panzerdeck hinunterführt. Das Panzerdeck selbst besitzt eine Stärke von 75 mm.

Die Besatzung beläuft sich auf: 365 Köpfe, davon 16 Offiziere und Beamte, 17 Deckoffiziere, 12 Fähnriche zur See.

---

*) Die Geschütze sind derart aufgestellt, daß die vier 15 cm Kanonen einen Bestreichungswinkel von beinahe 180 Grad besitzen, so daß sie annähernd nach beiden Seiten in der Kielrichtung feuern können. Die beiden vorderen 10,5 cm Kanonen feuern recht voraus bis schräg nach achtern. Die in der Breitseite stehenden sechs 10,5 cm Kanonen haben einen geringeren Bestreichungs= winkel und kommen vorwiegend im Breitseitkampfe in Betracht. Die Heckar= mierung ist also verhältnismäßig schwach und wird nur noch in geringem Maße durch zwei auf der Kampanje stehende 5 cm Kanonen verstärkt.

Das Schiff ist mit elektrischer Innenbeleuchtung versehen und besitzt zwei Scheinwerfer, welche auf dem Vor= und Achterschiff auf kleinen Gerüsten aufgestellt sind.

Der Schiffsboden ist, um ihn gegen Bewachsen in den tro=pischen Gewässern zu schützen, mit Holzbekleidung versehen, welche mit Gelbmetall beschlagen ist.

### Die „Bussard"=Klasse. (Tafel 15 und 16.)

Die kleinen Kreuzer der Bussardklasse sind folgende:

| | | | | |
|---|---|---|---|---|
| „Bussard" | Baubeginn: | 1888, | Fertigstellung: | 1890, |
| „Falke" | „ | 1890, | „ | 1891, |
| „Seeadler" | „ | 1890, | „ | 1892, |
| „Cormoran" | „ | 1890, | „ | 1893, |
| „Condor" | „ | 1891, | „ | 1892, |
| „Geier" | „ | 1893, | „ | 1895. |

Diese Kreuzer sind lediglich für das Ausland bestimmt, denn sie besitzen nicht den geringsten Panzerschutz und sind auch sonst in keiner Weise so eingerichtet, daß sie sich mit einem Kriegsschiff in ein Gefecht einlassen können.

Ihr Deplacement beträgt im Durchschnitt 1600 Tonnen und zwar haben „Bussard" und „Falke" ein solches von 1580 Tonnen, „Seeadler", „Cormoran" und „Condor" ein solches von 1640 und „Geier" ein solches von 1623 Tonnen.

Die durchschnittlichen Maße sind die folgenden: Länge 76 m, Breite 10 m, Tiefgang 4,8 m.

Die zwei Maschinen entwickeln als Höchstleistung 2800 Pferde=kräfte, was einer Geschwindigkeit von 15 Seemeilen in der Stunde entspricht.

Der 300 Tonnen betragende Kohlenvorrat gewährleistet eine Dampfstrecke von 3500 Seemeilen bei 10 Seemeilen stündlicher Fahrt. Die Maschinen sind dem System nach liegende dreifache Expansions=maschinen. Die Kessel, welche in einem Heizraum stehen, sind vier Cylinderkessel mit durchschlagender Flamme.

### Die Artilleriearmierung

besteht aus acht 10,5 cm Schnelladekanonen, fünf 3,7 cm Revolver=kanonen, zwei 0,8 cm Maschinengewehren.

Dieselben stehen teilweise auf dem Oberdeck in schwalbennest=artigen Ausbauten, teilweise auf der Kampanje und auf dem Oberdeck.

## Die Torpedoausrüstung

besteht aus zwei 35 cm Ueberwasserbreitseitrohren, welche schwenkbar auf dem Oberdeck aufgestellt sind. Die des „Geier" unterscheiden sich dadurch, daß ihr Kaliber 45 cm beträgt.

## Eine Panzerung

ist nicht vorhanden.

Um bei günstigem Winde Kohlen sparen zu können, sind die Schiffe mit einer Takelage ausgerüstet und zwar besitzen sie drei Masten, deren vorderster voll getakelt, d. h. mit Raa= und Schrat= Segeln versehen ist, während die hinteren nur Schrat=Segel besitzen.

Die Besatzung beläuft sich auf 165 Mann, davon 8 Offiziere und Beamte, 7 Deckoffiziere.

Die Schiffe sind mit elektrischer Beleuchtung versehen und tragen einen Scheinwerfer, welcher über der Kommandobrücke aufgestellt ist.

## Die „Schwalbe"=Klasse.

Die kleinen Kreuzer der „Schwalbe"=Klasse bestehen aus:

„Schwalbe", Baubeginn 1886, Fertigstellung 1887
„Sperber"        „        1887        „        1889.

Diese Schiffe stellen genau denselben Typ, wie die Buffard= klasse dar, nur mit dem Unterschiede, daß sie kleiner sind und nicht so modern in ihren Einrichtungen.

Das Deplacement beträgt 1120 Tonnen, Länge 62 m, Breite 9,4 m, Tiefgang 4,4 m.

Die beiden Maschinen entwickeln als Höchstleistung 1500 Pferde= kräfte, also etwas mehr als die Hälfte, wie die der Buffardklasse und geben dem Schiffe eine Geschwindigkeit von 14 Seemeilen im Maximum.

Der Kohlenvorrat von 264 Tonnen setzt sie in den Stand, bei 10 Seemeilen Fahrt eine Dampfstrecke von 4800 Seemeilen zurück= zulegen. Man sieht, daß hier die Kohlenausdauer, zwar auf Kosten der Schnelligkeit, eine größere ist, als bei der Buffardklasse.

Die Maschinen sind dem System nach zwei liegende zweifache Expansionsmaschinen, die Kessel vier Cylinderkessel mit durchschlagender Flamme.

Die Bewaffnung besteht aus acht 10,5 cm Kanonen, fünf 3,7 cm Revolverkanonen, zwei 0,8 Maschinengewehren.

Die Armierung ist also genau dieselbe wie die der Bussard=
klasse, mit dem einzigen Unterschiede, daß die größeren Geschütze
keine Schnellladekanonen sind.

Die Torpedoausrüstung

besteht aus zwei 35 cm schwenkbaren Ueberwasserbreitseitrohren.

Die Aufstellung der Geschütze ist dieselbe wie auf der „Geier"=
klasse, mit dem Unterschiede, daß sämtliche Geschütze auf dem Ober=
deck und keine auf Back und Kampanje stehen.

Eine Panzerung

ist nicht vorhanden.

Die Besatzung

zählt 117 Köpfe, davon 9 Offiziere und Beamte und 6 Deckoffiziere.

Das Schiff besitzt elektrische Beleuchtung, jedoch keine Scheinwerfer.

## Die „Meteor"=Klasse.

86. **Meteor.** ($5^{1}/_{4}$ deutsche Meilen Fahrt in der Stunde).

Die kleinen Kreuzer der „Meteor"=Klasse bestehen aus den
Schiffen „Meteor" Baubeginn 1888, Fertigstellung 1890
und „Komet" „ 1891, „ 1893.

Diese Schiffe sind lediglich für den Gebrauch im Inlande be=
stimmt und sind außer dem „Greif" die einzigen deutschen Schiffe,
welche man als „Torpedojäger" bezeichnen kann. Man hat später
diesen Typ nicht weiter entwickelt, weil die Schiffe sich nicht so be=
währt haben, wie man dachte.

Das Deplacement beträgt 946 Tonnen, die Länge 71 m, die
Breite 9,5 m, Tiefgang 4 m.

Die beiden Maschinen entwickeln 5000 Pferdekräfte und geben
dem Schiff eine Geschwindigkeit von 19—20 Seemeilen in der Stunde,
während der Kohlenvorrat von 120 Tonnen ihnen gestattet, bei 10
Seemeilen Fahrt eine Strecke von 1000 Seemeilen ununterbrochen
zurückzulegen.

Es fällt sofort auf, daß die Geschwindigkeit für die damalige
Zeit eine hervorragend gute und auch jetzt noch eine ausreichende
ist, während andererseits der geringe Kohlenvorrat den Wirkungs=
kreis der Schiffe außerordentlich einschränkt, so daß man sie zu
längeren Aktionen auf hoher See nicht brauchen kann. Es kommt
noch hinzu, daß die Schiffe, welche sehr schmal sind und nur niedrig
über Wasser liegen, nicht besonders gute Seeeigenschaften besitzen und
deshalb zum Aufklärungsdienst nur bedingt verwendbar sind.

Die Maschinen sind dem System nach zwei stehende dreifache
Expansionsmaschinen, die Kessel vier Lokomotivkessel.

## Die Bewaffnung

besteht aus vier 8,8 cm Schnellladekanonen, zwei 0,8 cm Maschinen=
gewehren.

## Die Torpedoausrüstung

besteht aus einem 35 cm Unterwasserbugrohr und zwei 35 cm
Ueberwasserbreitseitrohren.

Die Geschütze stehen auf der Back, bezw. der Kampanje.

Die beiden Torpedobreitseitrohre befinden sich auf dem Oberdeck.

Diese Anordnung der Armierung zeigt bereits, daß die Schiffe
weniger zum Breitseitkampfe, als vielmehr zum Bug= und Heckkampfe
bestimmt sind, welch' ersterer namentlich für das Jagen von Torpedo=
booten in Betracht kommt.

## Die Panzerung

besteht in einem Panzerdeck von 25 mm Stärke, welches sich über
die Länge des ganzen Schiffes erstreckt, an den Enden desselben unter
der Wasserlinie liegt, und sich nach der Mitte zu über dieselbe erhebt.

— 129 —

Die Besatzung zählt 115 Köpfe, davon 7 Offiziere und 8 Deckoffiziere.

Die Schiffe besitzen elektrische Innenbeleuchtung und einen elektrischen Scheinwerfer, welcher sich über der vorderen Kommando=brücke befindet.

### Die „Wacht"=Klasse.

Die kleinen Kreuzer der „Wacht"=Klasse bestehen aus den Schiffen:

„Wacht" Baubeginn 1886, Fertigstellung 1887,
„Jagd"      „      1888,      „      1889.

Diese Kreuzer wurden vor der „Meteor"=Klasse gebaut und übertreffen dieselbe an Größe, wie an sonstigem Wert bedeutend.

Sie können sowohl zum Jagen und Vernichten von Torpedo=booten, wie auch zum Aufklärungsdienste bei nicht zu schlechtem Wetter mit Erfolg benutzt werden.

Sie besitzen ein Deplacement von 1250 Tonnen, eine Länge von 80 m, eine Breite von 9,6 m, Tiefgang von 4,0 m.

Die beiden Maschinen entwickeln als Höchstleistung 4000 Pferdekräfte und geben dann dem Schiffe eine Geschwindigkeit von 19 Seemeilen in der Stunde. Der Kohlenvorrat von 230 Tonnen gestattet ihnen eine Strecke von 2800 Seemeilen bei einer stündlichen Fahrt von 10 Seemeilen ohne Unterbrechung zurückzulegen.

Die Maschinen sind dem System nach zwei schrägliegende dreifache Expansionsmaschinen und die Kessel vier Lokomotivkessel.

### Die Artilleriearmierung

ist dieselbe wie bei der „Meteor"=Klasse, bestehend aus vier 8,8 cm Schnellladekanonen und zwei 0,8 cm Maschinengewehren.

Für die Größe dieses Schiffes scheint die Armierung nicht stark genug und steht zu erwarten, daß sie teilweise durch 3,7 cm Maschinen=kanonen ersetzt oder vermehrt werden wird.

Die Aufstellung der Geschütze ist wie bei der „Meteor"=Klasse auf Back und Kampanje.

### Die Torpedoausrüstung

besteht aus einem 35 cm Unterwasserbugrohr und zwei schwenkbaren Ueberwasserbreitseitrohren, welche letztere auf dem Oberdeck auf=gestellt sind.

## Die Panzerung

besteht in einem Panzerdeck von 40 mm Stärke, welches sich über die ganze Länge des Schiffes erstreckt, an den Enden desselben unter Wasser liegt und sich im mittleren Teile über dasselbe hinauswölbt.

Die Besatzung beläuft sich auf 141 Köpfe, davon 7 Offiziere und 8 Deckoffiziere.

Das Schiff besitzt elektrische Beleuchtung und einen Scheinwerfer, welcher über dem vorderen, leicht gepanzerten Kommandoturme steht.

Trotz des höheren Alters ist der Wert der „Wacht"=Klasse ein bedeutend größerer, als der der „Meteor"=Klasse. Sie ist see= fähiger, beinahe ebenso schnell und hat vor allem eine größere Kohlenausdauer, so daß die Schiffe unabhängiger vom Hafen und erreichbaren Kohlenstationen sind.

### Der Kleine Kreuzer „Greif".

Der „Greif" wurde im Jahre 1885 auf der Germaniawerft zu Kiel auf Stapel gelegt und 1887 fertiggestellt.

Zur Beurteilung dieses Schiffes ist es wichtig, zu wissen, daß es seiner Zeit lediglich auf Schnelligkeit gebaut wurde, und zwar zum Zwecke der erfolgreichen Verfolgung von Torpedobooten. Derselbe besitzt auch jetzt noch trotz seines hohen Alters von über 15 Jahren eine große Geschwindigkeit und ist infolgedessen für den Aufklärungs= und Depeschendienst immer noch recht wertvoll, obgleich, wie aus den folgenden Angaben hervorgehen wird, sein Gefechtswert ein recht mangelhafter ist.

Das Deplacement beträgt 2000 Tonnen, die Länge 97 m, die Breite 9,7 m, Tiefgang 4,5 m.

Die beiden Maschinen entwickeln 5400 Pferdekräfte, welche dem Schiff als Höchstleistung eine Geschwindigkeit von 18—19 Seemeilen in der Stunde geben.

Der Kohlenvorrat von 350 Tonnen gestattet dem Schiff bei 10 Seemeilen stündlicher Fahrt eine Strecke von 3500 Seemeilen zurückzulegen. Die Maschinen sind dem System nach zwei liegende zweifache Expansionsmaschinen und in drei von einander getrennten Heizräumen sind sechs doppelte Cylinderkessel aufgestellt.

### Die Artilleriearmierung

besteht aus acht 8,8 cm Schnelladekanonen, vier 0,8 cm Maschinen= gewehren.

Diese Geschütze werden voraussichtlich, soweit dies nicht schon in letzter Zeit geschehen ist, zum großen Teile durch 3,7 cm Maschinenkanonen ersetzt werden.

Die Geschütze sind bis auf zwei in den Breitseiten auf dem Oberdeck aufgestellt, während auf der Back und Campanje je eines steht.

## Eine Torpedoausrüstung

ist nicht vorhanden, ebenfalls nicht die geringste Panzerung.

Trotz dieser großen Mängel ist das Schiff auf Grund seiner eingangs erwähnten Vorzüge bei weitem der mit Panzerdeck versehenen „Meteor"=Klasse vorzuziehen, denn es ist ein hohes, seefähiges Schiff, von welchem aus man einen weiten Gesichtskreis hat, so daß es zur Aufklärung besser geeignet ist, andererseits macht aber der Mangel an Panzerdeck, sowie die verhältnismäßig geringe Anzahl an wasserdichten Abteilungen einen Geschützkampf mit einem anderen Kriegsschiffe für ihn zu einem gefährlichen Unternehmen.

Dieses Schiff besitzt einen Scheinwerfer, welcher auf einem kleinen Gerüst vor dem vordersten Mast aufgestellt ist.

Die Besatzung zählt 170 Köpfe, davon 7 Offiziere und Beamte und 11 Deckoffiziere.

## Die „Blitz"=Klasse.

Die kleinen Kreuzer der „Blitz"=Klasse bestehen aus den Schiffen:

„Blitz"  Baubeginn 1881, Fertigstellung 1883,
„Pfeil"      „       1881,      „        1883.

Diese Schiffe sind gänzlich veraltet und besitzen einen sehr geringen Gefechtswert. Sie sind außerdem 19 Jahre alt und entsprechen in keiner Weise mehr den modernen Anforderungen, so daß es nur der Mangel an geeignetem Ersatz ist, welcher ihr Verbleiben im Dienst erklärt.

Das Deplacement beträgt 1382 Tonnen, die Länge 75 m, die Breite 10 m, Tiefgang 4,2 m.

Die beiden Maschinen entwickeln als Höchstleistung 2700 Pferdekräfte, welche den Schiffen heute noch eine Geschwindigkeit von 13 bis 14 Seemeilen in der Stunde geben, während die 180 Tonnen Kohlen, welche sie in ihren Bunkern aufnehmen können, ihnen gestatten, eine Strecke von 2500 Seemeilen bei 10 Seemeilen durchschnittlicher Fahrt ununterbrochen zurückzulegen.

Die Maschinen sind dem System nach zwei liegende, zweifache Expansionsmaschinen. Die Kessel, welche in zwei Heizräumen untergebracht sind, sind acht Cylinderkessel.

Die Artilleriearmierung

besteht aus sechs 8,8 cm Schnellladekanonen und vier 0,8 cm Maschinengewehren.

Die Torpedoausrüstung

besteht aus einem 35 cm Unterwasserrohre und zwei 35 cm Ueberwasserbreitseitrohren.

Die Geschütze stehen auf dem Oberdeck und auf der Back, die Breitseitrohre auf dem Oberdeck.

Eine Panzerung ist nicht vorhanden.

Es sind gute Seeschiffe und manövrieren vorzüglich, sind jedoch infolge der minderwertigen Armierung und Schnelligkeit, des gänzlichen Mangels an Panzerschutz, sowie der in jeder Beziehung veralteten Einrichtung als ohne Gefechtswert zu betrachten.

Sie sind mit elektrischer Beleuchtung ausgerüstet und besitzen zwei Scheinwerfer, welche vorn und achtern aufgestellt sind; außerdem eine Hilfstakelage in Gestalt von 3 Schratsegeln.

Die Besatzung beläuft sich auf 135 Köpfe, davon 6 Offiziere und Beamte und 7 Deckoffiziere.

---

## VI. Die Kanonenboote.

Die heutigen Träger dieses Namens weisen in keiner Weise mehr Aehnlichkeit mit den Kanonenbooten auf, nach welchen sie benannt worden sind. Der einzige Zusammenhang zwischen ihnen kann höchstens darin gesucht werden, daß auch die modernen, als Kanonenboote bezeichneten Fahrzeuge, vorwiegend in flachen Küstengewässern und Flußmündungen ihre Hauptverwendung finden.

### Die „Iltis"-Klasse. (Tafel 17 und 18).

Die Kanonenboote der „Iltis"-Klasse bestehen aus den Schiffen

| | | | | | |
|---|---|---|---|---|---|
| „Iltis" | Baubeginn | 1897, | Fertigstellung | 1898, |
| „Jaguar" | „ | 1897, | „ | 1899, |
| „Tiger" | „ | 1898, | „ | 1900, |
| „Luchs" | „ | 1898, | „ | 1900. |

— 133 —

Diese Schiffe bilden das Resultat langer Erfahrung und sorg=
fältiger Prüfung, auf Grund deren man nunmehr einen Typ kon=
struiert hat, welcher vorzüglich geeignet ist, in den Flußmündungen
Ostasiens und Südafrikas und den Küsten Südamerikas stationär
verwendet zu werden, sowie auch eine genügende Seefähigkeit besitzen,
um auch die hohe See zu halten, wenn Ortsveränderungen sie in die
Notwendigkeit einer solchen Reise versetzen.

Der Iltis besitzt ein Deplacement von 895 Tonnen, eine Länge
von 62 m, Breite 9,1 m, Tiefgang 3,3 m.

Die beiden Maschinen entwickeln als Höchstleistung 1300 Pferde=
kräfte, welche dem Schiffe eine Geschwindigkeit von 13 Seemeilen in
der Stunde verleihen.

Der Kohlenvorrat beträgt 120 Tonnen.

## Die Artilleriearmierung

besteht aus vier 8,8 cm Schnellladekanonen, an deren Stelle bei
„Tiger" und „Luchs" zwei 10,5 cm Schnellladekanonen treten.

Die 8,8 cm Geschütze stehen auf der Back und der Kampanje,
während die Maschinenwaffen an anderen geeigneten Orten auf den
Aufbauten sowohl, wie auf der Reeling verteilt sind.

Bei der Kleinheit des Schiffes ist diese Armierung als sehr kräftig
zu bezeichnen und hat sich bei der Einnahme der Takuforts am
17. Juni 1900 in vorzüglicher Weise bewährt. Hauptsächlich haben
sich die 3,7 cm Maschinen=Kanonen als eine ausgezeichnet wirksame
Waffe gezeigt.

## Die Torpedoausrüstung

ist nicht vorhanden, weil eine solche für diese Fahrzeuge nicht in
Betracht kommt, ebenso ist das Schiff vollständig ungepanzert.

Die Maschinen sind dem System nach zwei liegende dreifache
Expansionsmaschinen, die Kessel vier Wasserrohrkessel.

Die Besatzung beläuft sich auf 121 Köpfe, davon 9 Offiziere
und Beamte und 4 Deckoffiziere.

Das Schiff ist mit elektrischer Beleuchtung versehen, trägt einen
Scheinwerfer auf der Kommandobrücke und besitzt als Takelage an
seinen 2 Masten 4 Schratsegel, welche zur Kohlenersparnis auf
längeren Touren bei günstigem Winde dienen, sowie auch den Zweck
haben, bei hoher See und schwerem Wetter das Schiff zu stützen.

# VII. Schulschiffe.

## A. Kadetten- und Schiffsjungenschulschiffe.

Um den Seekadetten und den Schiffsjungen die erste see=
männische Ausbildung zu geben, werden sie an Bord dreimastiger
Segelschiffe kommandiert, auf welchen sie in den Grundlagen der
Seemannschaft unterrichtet werden.

An Seekadetten und Schiffsjungenschulschiffen sind die folgenden
in der Flotte vorhanden:

### Die „Moltke"-Klasse (Tafel 19 und 20)

bestehend aus den Schiffen:

„Moltke" Baubeginn 1875, Fertigstellung 1878
„Stosch"       „      1876,      „      1878
„Stein"       „      1878,      „      1880.

Das Deplacement beträgt 2856 Tonnen, die Länge 75 m, die
Breite 14 m, Tiefgang 5,3 m.

Das Material des Rumpfes ist aus Eisen.

Die Schiffe besitzen eine Maschine, welche 2500 Pferdekräfte
entwickelt, was ihnen eine Geschwindigkeit von ungefähr 12 Seemeilen
in der Stunde giebt, während der 300 Tonnen betragende Kohlen=
vorrat ihnen gestattet, bei 10 Seemeilen Fahrt eine Strecke von
2000 Seemeilen ununterbrochen zurückzulegen.

Die Maschine ist dem System nach eine liegende einfache
Expansionsmaschine mit drei Cylindern. In dem Heizraum sind
4 Niederdruck=Kofferkessel aufgestellt.

### Die Artilleriearmierung

besteht aus zehn bis vierzehn 15 cm Kanonen in der Batterie, auf
dem Oberdeck zwei 8,8 cm Schnelladekanonen, sechs 3,7 cm Maschinen=
kanonen, zwei 0,8 cm Maschinengewehre.

Diese Geschütze und ihre Aufstellung stehen in keinerlei Zusammen=
hang mit Gefechtszwecken, sondern dienen lediglich zur Ausbildung der
Seekadetten und Schiffsjungen, infolgedessen wechselt auch die Zahl
derselben zuweilen, indem man ein Geschütz neuen Systems einführt
und statt dessen ein anderes herausnimmt.

Eine Torpedoausrüstung ist nicht vorhanden, nur die
„Moltke" besitzt ein Bugrohr.

Eine Panzerung ist nicht vorhanden.

Die Besatzung beläuft sich auf 452 Köpfe, davon 17 See-offiziere und Beamte und 8 Deckoffiziere.

Die Schiffe sind mit elektrischem Licht ausgerüstet und besitzen einen Scheinwerfer.

Die Takelage ist die eines dreimastigen Vollschiffes, d. h. alle drei Masten tragen sowohl Raa= als Schratsegel. Während das Schiff sich vermittelst seiner Segel fortbewegt, kann die Schiffs-schraube gelichtet, d. h. aus dem Wasser herausgezogen werden, um nicht der Fortbewegung im Wasser einen schädlichen Widerstand entgegenzusetzen und somit die Schnelligkeit herabzumindern.

## Das Schulschiff „Charlotte.‟

Baubeginn 1883, Fertigstellung 1886

dient ebenfalls zur Ausbildung von Seekadetten und Schiffsjungen. Es besitzt ein Deplacement von 3220 Tonnen, eine Länge von 77 m, eine Breite von 15 m, Tiefgang von 6,3 m.

Das Material des Schiffskörpers ist Eisen.

Die Schiffsmaschine entwickelt 3000 Pferdekräfte und verleiht dem Schiff eine Geschwindigkeit von 13 Seemeilen in der Stunde.

Der 500 Tonnen betragende Kohlenvorrat gestattet eine Dampf-strecke von 5000 Seemeilen, bei einer durchschnittlichen stündlichen Fahrt von 10 Seemeilen zurückzulegen.

Das Maschinensystem weicht insofern von dem obenerwähnten ab, als hier zwei liegende zweifache Expansionsmaschinen an der einen vorhandenen Schraubenwelle angreifen, welche ihren Dampf von acht Cylinderkesseln mit rückkehrender Flamme erhalten.

### Die Artilleriearmierung

besteht aus zwölf 15 cm Kanonen, zwei 8,8 cm Schnelladekanonen, sechs 3,7 cm Maschinenkanonen und zwei 0,8 cm Maschinengewehren.

Die 15 cm Geschütze stehen in der Batterie, zum Teil auf dem Oberdeck in schwalbennestartigen Aufbauten, während die leichten Geschütze auf beiden Seiten des Oberdecks verteilt sind.

Eine Panzerung ist nicht vorhanden.

Die Takelage ist ebenso wie die der „Moltke‟=Klasse, die eines dreimastigen Vollschiffes.

Das Schiff ist mit elektrischer Beleuchtung versehen und besitzt zwei Scheinwerfer.

Die Besatzung beläuft sich auf 477 Köpfe, davon 18 Offiziere und Beamte und 8 Deckoffiziere.

In diese Zahl sind mit einbegriffen: ein Prediger, ein Marine=Oberlehrer und 50 Seekadetten.

Wird das Schiff als Schiffsjungenschulschiff verwendet, so sind gegen 280 Schiffsjungen eingeschifft.

## Das Schiffsjungenschulschiff „Nixe".

Baubeginn 1883, Fertigstellung 1886.

Das Deplacement beträgt: 1760 Tonnen; Länge: 54 m, Breite: 13 m, Tiefgang: 5,9 m.

Das Material des Schiffskörpers ist Eisen.

Die Maschine, welche 700 Pferdekräfte entwickelt, giebt dem Schiffe eine Schnelligkeit von 8 Seemeilen in der Stunde, während der Kohlenvorrat von 111 Tonnen ihm gestattet, eine Strecke von 1060 Seemeilen ohne Unterbrechung zurückzulegen.

Die Maschine ist eine schrägliegende zweifache Expansions=maschine und in dem Heizraum sind 2 Cylinderkessel mit rückkehrender Flamme aufgestellt.

### Die Artilleriearmierung

besteht aus sieben 12,5 cm Kanonen, welche in der Batterie stehen, zwei 8,8 cm Schnelladekanonen, sechs 3,7 cm Revolverkanonen, nebst zwei 0,8 cm Maschinengewehren sind auf dem Oberdeck aufgestellt.

Eine Panzerung ist nicht vorhanden, ebensowenig eine Torpedo=ausrüstung.

Die Besatzung zählt 359 Köpfe, davon 12 Offiziere und Beamte, 15 Fähnriche zur See und 8 Deckoffiziere.

Die Takelage ist die eines dreimastigen Vollschiffes und die Schraube ist zum Lichten eingerichtet.

Das Schiff ist mit elektrischer Beleuchtung und einem Schein=werfer ausgerüstet.

## B. Die Artillerieschulschiffe

haben den Zweck, für alle in der Marine vorkommenden Geschütz=
arten das Personal zu Geschützführern durch Exerzieren und sehr
sorgfältige, umfangreiche Schießübungen auszubilden. Ferner werden
die Fähnriche zur See und Offiziere verschiedener Grade zu Aus=
bildungskursen an Bord kommandiert, um sowohl mit allen Details
der Geschütze vertraut zu werden, sich im Schießen mit den ver=
schiedenen Systemen und Kalibern zu vervollkommnen und außerdem
die Schießübungen selbständig und sachgemäß leiten zu können.
Diese Schiffe sind fortgesetzt im Dienst und erledigen Jahr für Jahr ihr
Schieß= und Ausbildungsprogramm mit beständig wechselnden Schülern.

An Artillerieschulschiffen sind vorhanden:

1. „Mars“,
2. „Carola“,
3. „Olga“.

Zum Scheibenschleppen, sowie zur Abhaltung einiger kleinerer
Schießübungen mit leichten Geschützen sind dem „Mars“ als Tender
die Schiffe „Ulan“ und „Hai“ beigegeben.

## 1. Das Artillerieschulschiff „Mars“

ist von vornherein als Artillerieschulschiff gebaut worden, wurde 1877
auf Stapel gelegt und 1881 fertiggestellt.

Einen Gefechtswert hat dasselbe nicht.

Das Deplacement beträgt 3333 Tonnen, die Länge 80 m,
die Breite 15 m, Tiefgang 5,8 m.

Das Material des Schiffskörpers ist Eisen.

Die Maschine entwickelt 2000 Pferdekräfte und verleiht dem
Schiffe eine Höchstgeschwindigkeit von 11 Seemeilen in der Stunde.
Die Kohlenbunker fassen 270 Tonnen und gestatten dem Schiffe bei
10 Seemeilen stündlicher Fahrt eine Strecke von 1500 Seemeilen
ohne Unterbrechung zurückzulegen.

Zwei liegende Maschinen mit je zwei Cylindern greifen an der
Schraubenwelle an und im Heizraum sind 4 Niederdruckkofferkessel
aufgestellt.

### Die Geschützarmierung

besteht aus einer großer Menge leichter und schwerer, moderner und
veralteter Geschütze, welche je nach Bedarf ausgewechselt werden, wie
es die augenblicklichen Ausbildungszwecke erfordern.

— 138 —

Eine Panzerung ist nicht vorhanden.

Die Besatzung zählt 348 Köpfe, davon 10 Offiziere und Beamte, 9 Deckoffiziere.

Während der Uebungszeiten ist die Zahl der gesamten an Bord befindlichen Offiziere, Fähnriche zur See und Mannschaften erheblich größer, jedoch infolge der verschiedenen Längen der nebeneinander einhergehenden Ausbildungskurse einem fortwährenden Wechsel unterworfen.

## 2. Das Schnellladekanonenschulschiff „Carola".

Die „Carola" führte früher die Bezeichnung Korvette und wurde vorwiegend zu stationärem Dienst im Auslande gebraucht. Um sie jetzt, nachdem sie bereits 21 Jahre alt geworden ist, noch in Ermangelung besseren Materials nutzbar zu machen, dient sie bereits seit längeren Jahren als Schulschiff für die Schnellladeschützen.

Die „Carola" wurde im Jahre 1879 auf Stapel gelegt und 1881 fertiggestellt.

Das Deplacement beträgt 2109 Tonnen, die Länge 69 m, Breite 13 m, Tiefgang 5,4 m.

Als Baumaterial hat Eisen und Stahl gedient.

Die Maschine entwickelt 2100 Pferdekräfte und verleiht dem Schiffe eine Geschwindigkeit von 12 Seemeilen in der Stunde, während die Bunker 320' Tonnen Kohlen fassen, vermöge derer das Schiff bei 10 Seemeilen stündlicher Fahrt eine Strecke von 3500 Seemeilen ohne Unterbrechung zurücklegen kann.

Die Maschine ist eine zweifache Expansionsmaschine mit 3 Cylindern und an Kesseln sind 8 Cylinderkessel mit rückkehrender Flamme vorhanden.

### Die Artilleriearmierung

besteht in einer großen Anzahl schwerer und leichterer Schnellladekanonen, deren Zahl wechselnd ist.

Torpedoarmierung und Panzerung sind nicht vorhanden.

Einen Gefechtswert hat das Schiff nicht.

## 3. Das Maschinenwaffenschulschiff „Olga"

ist neuerdings auch als Artillerieschulschiff eingerichtet und dient wegen der stets zunehmenden Wichtigkeit der Maschinenwaffen lediglich zur Aufnahme solcher und zur entsprechenden Ausbildung des Personals an diesen.

— 139 —

Dasselbe ist ein Schwesterschiff der „Carola" von demselben Alter und weist in jeder Beziehung dieselben Abmessungen und Einrichtungen auf.

## C. Das Torpedoschulschiff „Blücher".

Der „Blücher" ist ein Schwesterschiff der „Moltke" und wurde gebaut, um gleichfalls als Segelschiff Ausbildungszwecken zu dienen. Er ist jedoch nicht als solches zur Verwendung gekommen, sondern bereits seit langen Jahren ständiges Torpedoschulschiff.

Zu diesem Zweck hat man die Takelage fortgenommen, die Masten verkürzt, die sämtlichen Geschütze und Munition entfernt und anstatt dessen eine große Anzahl von Torpedoausstoßrohren verschiedenen Systems und Kalibers in dem unteren Deck eingebaut.

Die Torpedoschulschiffe sollen Mannschaften, Unteroffiziere, Deckoffiziere und Offiziere im Torpedodienst, soweit derselbe die Behandlung und Bedienung der Torpedos und Rohre, sowie das Schießen mit denselben betrifft, für die Front ausbilden.

Der hierzu erforderliche Unterricht umfaßt einen theoretischen und praktischen Teil, welch ersterer in einem eingehenden Unterricht besteht, während der letztere Exerzieren, Schießen, Auseinandernehmen und Zusammensetzen der Torpedos u. s. w. begreift.

Der „Blücher" befindet sich ständig in Kiel und nimmt den Hauptteil seiner Uebungen in der Flensburger Förde und der Kieler Bucht vor.

## Das Torpedoversuchsschiff „Friedrich Karl".

Der „Friedrich Karl" ist eine der alten Panzerfregatten, welche im Jahre 1867 von der preußischen Marine einer französischen Werft abgekauft wurde. Jetzt hat er schon lange keinen Gefechtswert mehr und wird als Torpedoversuchsschiff verwendet, d. h. es werden auf ihm Versuche und Erprobungen neuer Systeme und Erfindungen auf dem Gebiete des Torpedowesens vorgenommen.

Die überflüssige Artilleriearmierung ist von dem Schiffe entfernt worden.

Das Schiff ist im allgemeinen in Kiel stationiert.

Sämtliche genannten Schulschiffe haben keinen Gefechtswert.

## VIII. Schiffe zu besonderen Zwecken.

### Der Tender „Ulan".

Der Tender „Ulan" ist dem Artillerieschulschiff „Mars" bei=
gegeben und steht unter dessen Befehl. Er wurde im Jahre 1875
auf Stapel gelegt und im
Jahre 1876 fertiggestellt.

Er besitzt ein Deplace=
ment von 877 Tonnen, Länge
35 m, Breite 8 m, Tief=
gang 3 m.

Das Material des Schiffs=
körpers ist Eisen.

Die Maschine entwickelt
860 Pferdekräfte, welche ihm
eine Geschwindigkeit von
11 Seemeilen in der Stunde
geben.

Dieselbe ist eine stehende,
einfache Expansionsmaschine.

An Kesseln sind 4 Cy=
linderkessel mit rückkehrender
Flamme vorhanden.

Die Artillerie=
armierung

besteht aus mehreren Ge=
schützen kleinen Kalibers,
welche wechseln.

87. S. M. S. „Blücher", Torpedo=Schulschiff.

Die Hauptthätigkeit dieses Fahrzeugs besteht im Schleppen der
großen schwimmenden Scheiben, welche zu den Schießübungen an be=
weglichem Ziele dienen.

Die Besatzung beläuft sich auf 31 Köpfe, darunter 1 See=
offizier und 4 Deckoffiziere.

### Der Tender „Hai".

Der „Hai" dient demselben Zweck wie der „Ulan".

Er ist ein altes Kanonenboot, welches jetzt bereits seit längerer
Zeit als Tender verwendet wird.

— 141 —

Er besitzt nur ein Deplacement von 240 Tonnen, eine Ge=
schwindigkeit von 8 Seemeilen, und sind auf ihm einige kleine
Geschütze aufgestellt.

## Das Transportschiff „Pelikan".

Das Schiff wurde im Jahre 1889 auf Stapel gelegt und 1891
vollendet.

Das Deplacement beträgt 2360 Tonnen, die Länge 79 m, die
Breite 12 m, Tiefgang 3,5 m.

Die beiden Maschinen entwickeln 3000 Pferdekräfte, welche
dem Schiff eine Schnelligkeit von 15 Seemeilen in der Stunde
gewährleisten.

Der Kohlenvorrat beläuft sich auf 410 Tonnen, was einer
Dampfstrecke von 4187 Seemeilen bei 10 Knoten Fahrt entspricht.

Die Maschinen sind dem System nach dreifache Expansions=
Maschinen. An Kesseln sind zwei cylindrische Doppelkessel vor=
handen.

Da das Schiff nur als Transportschiff dienen soll, so ist die
Artilleriearmierung gering und besteht aus vier 8,8 cm Schnelllade=
kanonen, welche auf dem Oberdeck aufgestellt sind.

Die zwei Masten tragen eine Hilfstakelage und zwar ist der
Fockmast voll getakelt, d. h. mit Raa= und Schratsegeln versehen,
während der hintere Mast nur Schratsegel trägt.

Eine Panzerung ist nicht vorhanden und hat das Schiff keinen
Gefechtswert.

Die Besatzung beläuft sich auf 197 Köpfe, davon 8 Offiziere
und 10 Deckoffiziere.

Das Schiff ist mit elektrischer Beleuchtung und einem Schein=
werfer ausgerüstet.

## Die Vermessungsfahrzeuge.

Die Vermessungsfahrzeuge dienen sowohl zur Auslotung unbe=
kannter oder für die Kontrolle noch nicht genügend bestimmter
Fahrwasser, und ebenso der Ausmessung von Küstendistrikten. Ihre
Thätigkeit ist eine sehr wichtige und werden deren Resultate in den
Seekarten niedergelegt, deren Richtigkeit für die sichere Navigierung
von höchster Bedeutung ist.

An Vermessungsfahrzeugen
sind vorhanden: „Möve"
„Wolf"
„Hyäne."

Diese Schiffe wurden früher als Kanonenboote bezeichnet, sind
aber in allen Einrichtungen längst veraltet und besitzen ein Alter von
22 und 23 Jahren, so daß sie keinen Gefechtswert mehr haben.

Die „Möve" hat ein Deplacement von 848 Tonnen, eine
Maschine, welche 600 Pferdekräfte entwickelt und dem Schiffe eine
Schnelligkeit von 10 Seemeilen in der Stunde verleiht. Das Material
des Schiffskörpers ist Eisen.

Die Besatzung besteht aus 133 Mann, davon 7 Offiziere
und 6 Deckoffiziere.

An Geschützen sind fünf 3,7 cm Revolverkanonen vorhanden.

Die „Möve" besitzt eine Takelage von zwei vollgetakelten Masten
mit Raa= und Schratsegeln, während der dritte Mast nur Schrat=
segel trägt.

„Wolf" und „Hyäne" sind Schwesterschiffe. Sie besitzen ein
Deplacement von 489 Tonnen mit einer Maschine von 300 Pferde=
kräften, welche dem Schiffe eine Geschwindigkeit von 8—9 Seemeilen
in der Stunde verleiht.

Das Schiffsmaterial ist Eisen. Die Besatzung beläuft sich auf
90 Köpfe, wovon 5 Offiziere und 6 Deckoffiziere.

Die Artilleriearmierung besteht aus einer 8,7 cm Kanone, einer
5 cm Schnellladekanone, drei 3,7 cm Revolverkanonen.

### Die Kaiserliche Yacht „Hohenzollern". (Tafel 21 und 22.)

Die Kaiserliche Yacht „Hohenzollern" dient in Friedenszeiten
ausschließlich zur Verfügung Sr. Majestät des Kaisers und wird
nach dessen jeweiligen Bestimmungen in und außer Dienst gestellt.
Für den Kriegsfall hingegen ist sie als Kreuzer vorgesehen und kann
ihre Armierung demgemäß durch mehrere Geschütze verstärkt werden.

Das prächtige Schiff ist auf der Werft der Gesellschaft „Vulkan"
bei Stettin gebaut worden und lief am 27. Juni 1892 daselbst vom
Stapel und wurde 1893 fertiggestellt.

Das Deplacement beträgt 4187 Tonnen, die Länge 116 m,
die Breite 14 m, Tiefgang 5,9 m.

Das Material ist Stahl.

Die beiden Maschinen entwickeln 9000 Pferdekräfte und ver=
leihen dem Schiffe die Geschwindigkeit von 21—22 Seemeilen in
der Stunde.

Der Kohlenvorrat beträgt 500 Tonnen und kann das Schiff
mit diesem bei einer stündlichen Geschwindigkeit von 18 Seemeilen
eine Strecke von 1730 Seemeilen zurücklegen, ohne inzwischen seine
Kohlen ergänzen zu müssen.

Die Maschinen sind dem System nach zwei stehende dreifache
Expansionsmaschinen mit je drei Cylindern. Die acht Cylinderkessel
sind in zwei Heizräumen, getrennt von einander aufgestellt.

### Die Artilleriearmierung

zählt drei 10,5 cm Schnellladekanonen, zwölf 5,0 cm Schnelllade=
kanonen und sechs 0,8 cm Maschinengewehre.

Eine Panzerung ist nicht vorhanden.

Die Besatzung beläuft sich auf 310 Köpfe, davon 8 Offiziere,
2 Ingenieure, 1 Sanitätsoffizier und 1 Zahlmeister.

Gemäß seiner Bestimmung ist die innere Einrichtung durchaus
die eines Wohn= und Salonschiffes. Die wasserdichte Schottenein=
teilung ist in Anbetracht einer möglichst großen Sicherheit gegen
Unfälle äußerst sorgfältig angelegt, ebenso sind die Einrichtungen für
Feuerlöschen oder Leerpumpen von Lecks von gewaltigem Umfange
und praktischer Anordnung.

Die schönsten Räume in der Mitte des Schiffes dienen dem
Aufenthalte der allerhöchsten Herrschaften selbst, während die übrigen
Räumlichkeiten für den Hof und die Begleitung des Kaisers und der
Kaiserin, für die Dienerschaft u. s. w. gleichfalls in mustergiltiger
Weise eingerichtet sind.

Wenn die allerhöchsten Herrschaften nicht an Bord sind, so ist
eine Besichtigung des Schiffes jeder Zeit unter Führung von Offizieren
gestattet und ist es Jedem, der Gelegenheit oder die Möglichkeit eines
Besuches hat, anzuraten, das schöne Schiff zu besehen. Besonders die
Räume des Kaisers und der Kaiserin, welche durch ebenso geschmack=
volle wie künstlerische Ausstattung hervorragen, bilden in der That
eine Sehenswürdigkeit ersten Ranges.

Das Aeußere des Schiffes ist ungemein gefällig, die Linien
sind schlank und graziös und der nach vorn vorspringende Ramm=
sporn läßt den Character als Kriegsschiff nicht verkennen, während

im übrigen das über einen großen Teil des Schiffes sich erstreckende Promenadendeck, die leicht nach hinten geneigten Masten und Schornsteine dem Schiffe das Aussehen eines modernen Schnelldampfers geben.

Im Kriege wird die „Hohenzollern" bei ihrer großen Geschwindigkeit trotz der mangelnden Panzerung und geringen Armierung im Aufklärungs= und Depeschendienst sehr brauchbar sein.

---

Im übrigen finden wir unter den Schiffsbeständen der deutschen Flotte noch einige alte Fahrzeuge, welche wir kurz erwähnen, die jedoch thatsächlich nicht mehr als im aktiven Dienst zu betrachten sind und von deren Verwendung im Kriege in keiner Weise die Rede ist.

Die alten Panzerschiffe, welche in Ermangelung eines Besseren in den letzten Jahren als Kreuzer dienen mußten:

> „König Wilhelm", erbaut 1868
> „Kaiser"       „    1875
> „Deutschland"    „    1874.

Dieselben haben schon lange keinen Gefechtswert mehr und sind in jeder Beziehung veraltet.

Die kleinen Kreuzer:

> „Arkona",      erbaut 1882
> „Alexandrine"    „    1882
> „Ziethen"       „    1876.

Diese alten Schiffe sind gänzlich ungeschützt, veraltet und ohne Gefechtswert.

Die beiden Dampfkorvetten „Marie" und „Sophie" sind vom selben Typ und Alter wie die „Karola" und gleichfalls zu Schulzwecken bestimmt; einen Gefechtswert besitzen sie nicht.

Das kleine Fahrzeug „Grille", welche nunmehr von dem Beginn ihres Baus an gerechnet, ein Alter von bald 45 Jahren besitzt, wird noch unter den Schulschiffen geführt und gelegentlich zu Uebungsreisen des Admiralstabes in Gebrauch genommen.

Zur Verfügung Seiner Majestät steht außerdem die frühere „Hohenzollern", jetzt „Kaiseradler", ein Raddampfer ohne Gefechtswert.

Die „Loreley", eine von England erworbene Dampfyacht, dient als Stationsschiff in Konstantinopel und macht nicht auf Gefechtswert Anspruch.

Der Tender „Otter" steht zur Verfügung der Schiffsprüfungs=
kommission und dient zur Abhaltung mancher kleiner Versuche.

Als „Hafenschiffe" besitzen wir:

„Friedrich der Große"
„Preußen"
„Kronprinz"
„Arminius".

Sämtlich alte, ausgediente Panzerschiffe, die vielleicht im
Kriege zur Hafenverteidigung in letzter Linie noch etwas beitragen
können.

---

## IX. Torpedofahrzeuge. (Tafel 23 und 24.)

Die Torpedofahrzeuge haben den Zweck, feindliche Linienschiffe
durch Torpedoschüsse zum Sinken zu bringen.

Es sind verhältnismäßig kleine Fahrzeuge, welche außer ihren
Torpedoausstoßrohren nur einige ganz leichte Geschütze besitzen und
deren Erfolg durch eine möglichst hohe Geschwindigkeit bedingt ist.

In der deutschen Marine ist auf die Entwicklung der Torpedo=
boote stets ein außerordentlich hoher Wert gelegt worden und hat
Deutschland bis jetzt immer die besten Torpedoboote von allen Nationen
gehabt, deren größter Teil auf der Werft von Schichau in Elbing
gebaut wurde.

Die Größe der Torpedoboote ist sehr verschieden, da sich die
ersten Typen derselben, welche im Anfange der 80er Jahre in die
Front kamen, mit der Zeit als zu klein erwiesen und allmählig
immer größere an ihre Stelle traten.

Von dem jetzigen Bestand der deutschen Torpedobootsflotte
müssen wir nachstehende Klassen unterscheiden, welche von den kleinsten
und ältesten beginnend, die folgenden sind:

Ungefähr 40 Küsten= und Hafenboote mit einem Deplacement
von durchschnittlich 90 Tonnen, mit Maschinen, welche 1000 Pferde=
kräfte entwickeln mit 15—17 Seemeilen stündlicher Geschwindigkeit.

Diese Boote sind infolge ihrer geringen Geschwindigkeit, ihrer
Kleinheit und ihres im Laufe der Zeit abgenutzten Materials nicht
mehr fähig die hohe See zu halten und werden deswegen zur Ver=
teidigung der Häfen und Flußmündungen, sowie in unmittelbarer
Nähe der Küste im Kriege verwendet.

Reventlow, Die deutsche Flotte.                                    10

47 Hochsee=Torpedoboote, welche ein Deplacement von 150—170 Tonnen besitzen, deren Maschinen 1000—1800 Pferdekräfte entwickeln und eine Schnelligkeit von 18—23 Seemeilen haben. Die Bezeichnung „Hochseetorpedoboote" will sagen, daß diese Tor=pedoboote im stande sind, dauernd die hohe See zu halten und an=griffsweise den Feind daselbst aufzusuchen. Man ist aber zu der Erkenntnis gekommen, daß auch diese Boote, wenn sie ein gewisses Alter erreicht haben, weniger brauchbar werden und nach Maßgabe ihrer beginnenden Abnutzung ebenfalls in den Dienst der unmittel=baren Hafenverteidigung gestellt werden müssen.

88. Uebung am Torpedo-Lancierrohr.
Nach einer Photographie von Fr. Kloppmann Nachfolger, Wilhelmshaven.

In letzter Zeit baut man deswegen einen neuen Typ, welcher sich wesentlich von allen früheren Booten unterscheidet und hiermit als das Hochseetorpedoboot der Zukunft kurz beschrieben werden soll.

Dieselben besitzen ein Deplacement von 350 Tonnen, eine Länge von 63 m, eine Breite von 7 m und einen Tiefgang von 2,7 m.

Im Gegensatz zu den sämtlichen früheren Booten besitzen diese Fahrzeuge zwei von einander getrennte Maschinen, welche 5400 Pferde=

Tafel 1.

# S. M. Linienschiff „Kaiser Wilhelm II".

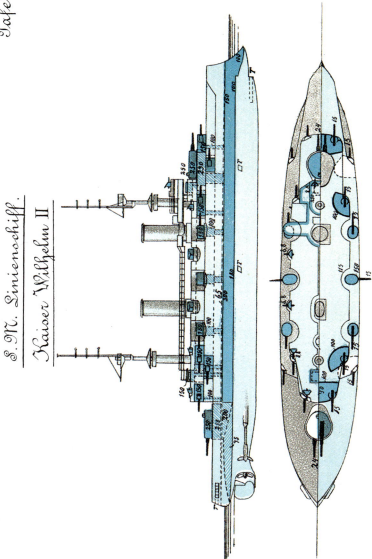

Tafel 2.

S. M. Linienschiff.
**Kaiser Wilhelm II**

Länge zw. Perpendikeln = 150 m. Größte Breite = 20,4 m. Mittlerer Tiefgang = 7,83 m.
Wasserverdrängung 11150 Maschinenleistung 13000 P. S. Geschwindigkeit 18 8m.

Tafel 3.

S. M. Linienschiff „Brandenburg"

Tafel 4.

S.M. Linienschiff.

*Brandenburg.*

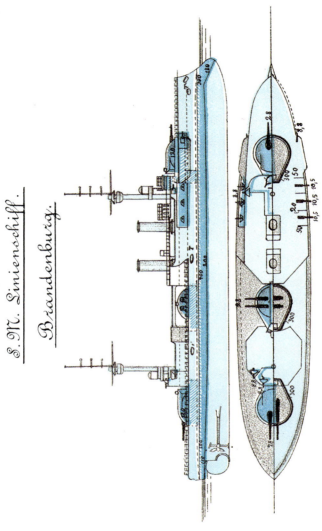

Länge 108 m, Breite 20 m, Tiefgang 7,5 m, Wasserverdrängung 10033 Tonnen
Maschinenleistung 9000 P.S. Geschwindigkeit 16 Sm.

Tafel 5.

S. M. Linienschiff „Sachsen“.

Tafel 6.

S.M. Linienschiff.

Sachsen.

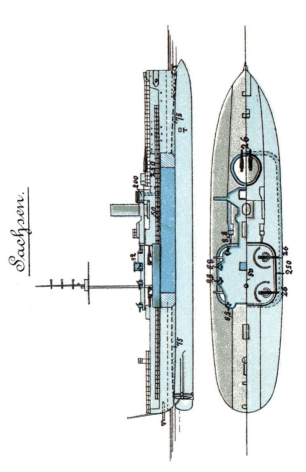

Länge 98 m. Breite 18 m. Tiefgang 6,4 m. Wasserverdrängung 7400 t.
Maschinenleistung 6000 P.S. Geschwindigkeit 14–15 Sm

Tafel 7.

S. M. Küstenpanzerschiff „Hagen".

Tafel 8.

Länge 73 m.
Breite 15 m. Tiefgang
Wasserverdrängung 3530 t.
Maschinenleistung 4800 P.S.
Geschwindigkeit 14–15 Sm.

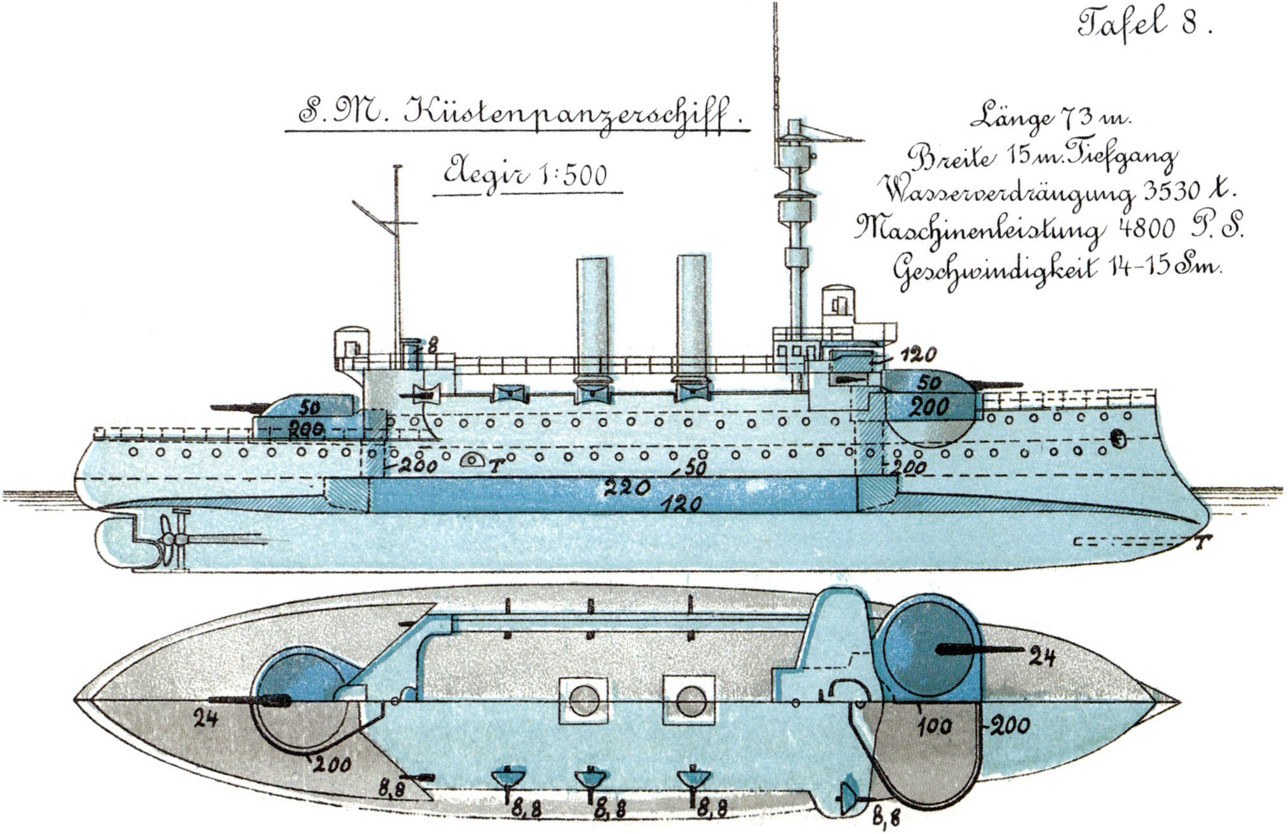

S.M. Küstenpanzerschiff.

Regis 1:500

Tafel 9.

S. M. Grosser Kreuzer „Fürst Bismarck".

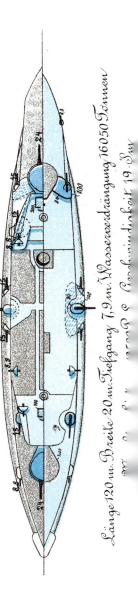

Tafel 10.

S.M. Großer Kreuzer.
Fürst Bismarck.

Länge 120 m. Breite 20 m. Tiefgang 7,9 m. Wasserverdrängung 16050 Tonnen
Geschwindigkeit 19 Sm.

Tafel 11.

## S. M. Grosser Kreuzer „Freya".

Tafel 12.

# S.M. Großer Kreuzer
## Freya.

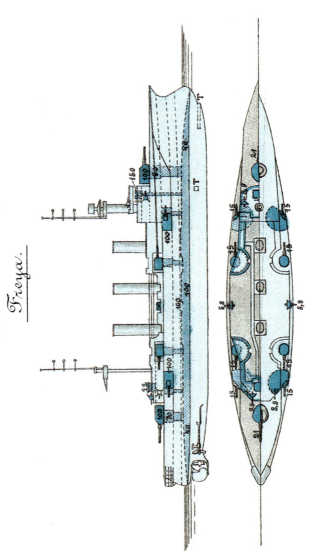

Länge 105 m. Breite 17 m. Tiefgang 6,3 m. Wasserverdrängung 5628 Tonnen Maschinenleistung 10000 P.S. Geschwindigkeit 18-19 Sm.

Tafel 13.

S. M. Kleiner Kreuzer „Gazelle".

Tafel 14.

## S.M. Kleiner Kreuzer.
### Gazelle.

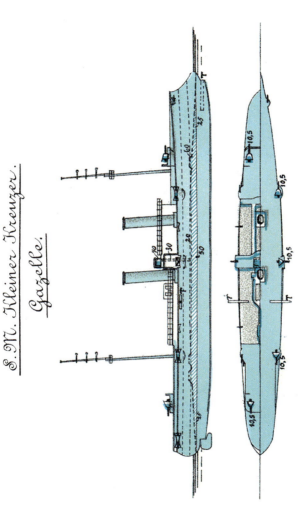

Länge 100 m, Breite 11,8 m, Tiefgang 5,0 m, Wasserverdrängung 2600 Tonnen
Maschinenleistung 8000 P.S. Geschwindigkeit 19-20 Sm.

Tafel 15.

S. M. Kleiner Kreuzer „Geier".

Tafel 16.

S.M. Kleiner Kreuzer.

Geier.

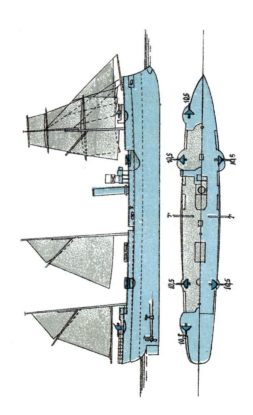

Länge 76 m. Breite 10 m. Tiefgang 4,8 m. Wasserverdrängung 1623 Tonnen
Maschinenleistung 2800 P.S. Geschwindigkeit 15 Sm.

Tafel 17.

## S. M. Kanonenboot „Iltis".

Tafel 18.

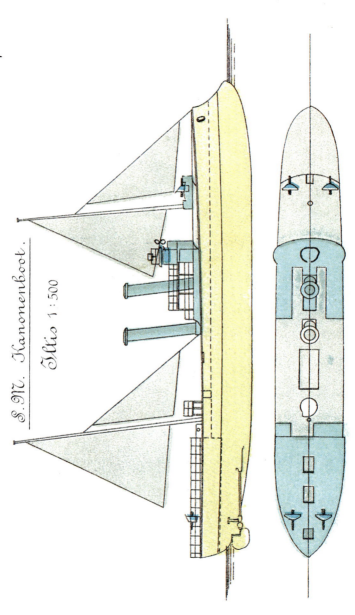

S. M. Kanonenboot.
Iltis 1:500

Länge 62 m. Breite 9,1 m. Tiefgang 3,3 m. Wasserverdrängung 895 Tonnen
Maschinenleistung 1300 P. S. Geschwindigkeit 13 Sm.

Tafel 19.

## S. M. Schulschiff „Moltke".

Tafel 20.

## S. M. Schulschiff.
## Moltke.

Länge 75 m, Breite 14 m, Tiefgang 5,8 m,
Wasserverdrängung 2856 Tonnen
Maschinenleistung 2500 P.S.
Geschwindigkeit 12 Sm.

Tafel 21.

S. M. Yacht „Hohenzollern".

## Tafel 22.

### S. M. Yacht Hohenzollern.

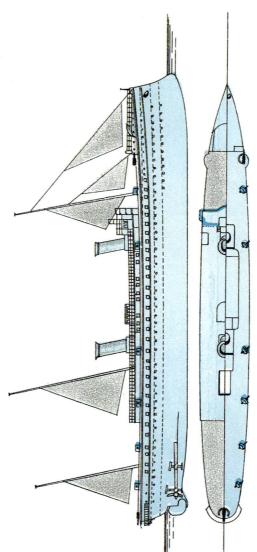

Länge 116 m, Breite 14 m, Tiefgang 5,9 m, Wasserverdrängung 4187 Tonnen
Maschinenleistung 9000 P. S. Geschwindigkeit 21,8 m.

Tafel 23.

Torpedodivisionsboot und Torpedoboot.

Tafel 24.

## I Torpedo-Divisionsboot.

1 : 500

I Länge 60 m, Breite 7,7 m, Tiefgang 3,5 m, Wasserverdrängung 480 t.
Maschinenleistung 4800 P.S. Geschwindigkeit 24 Sm.

## II Torpedoboot.

1 : 500

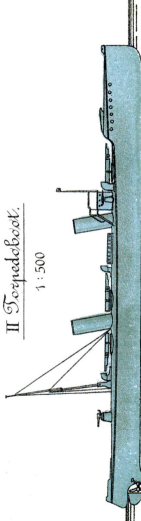

II Länge 43 m, Breite 5 m, Tiefgang 2,5 m, Wasserverdrängung 300 t.
Maschinenleistung 5000 P.S. Geschwindigkeit 26 Sm.

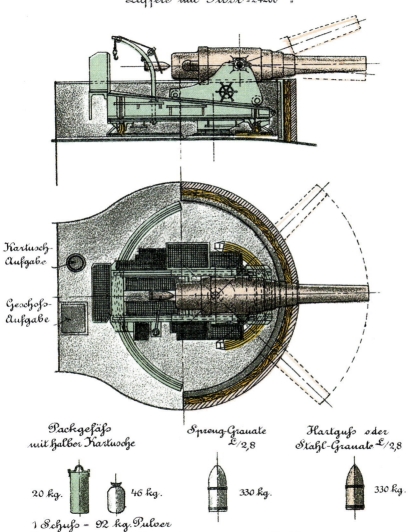

Tafel 25

30,5 cm Kanone L/22 in Pivot-Laffete
Gewicht des Rohres ca. 35600 kg.
Laffete mit Pivot = 24200 "

Kartusch-Aufgabe

Geschoss-Aufgabe

Packgefäß mit halber Kartusche — 20 kg. — 46 kg.

Spreng-Granate L/2,8 — 330 kg.

Hartguss oder Stahl-Granate L/2,8 — 330 kg.

1 Schuss = 92 kg. Pulver

Das Geschoss durchschlägt auf ca. 5000 m einen Stahlpanzer von 30 cm dick
Tragweite des Geschosses etwa 9000 m.
Munition in doppeltem Masstab zum Geschütz gezeichnet.

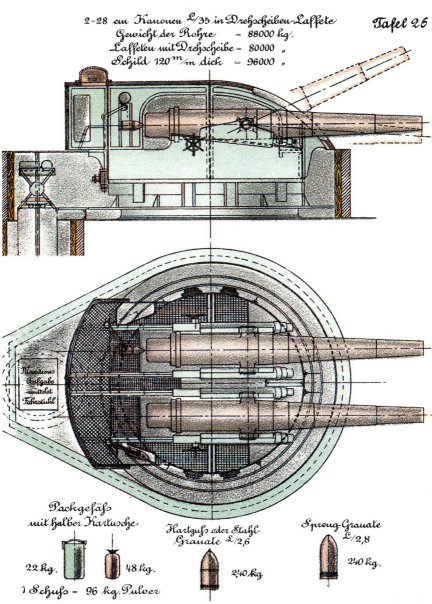

2-26 cm Kanonen L/22 in Drehscheiben-Laffete    Tafel 27

Gewicht der Rohre = 30000 kg
Laffeten mit Drehscheibe

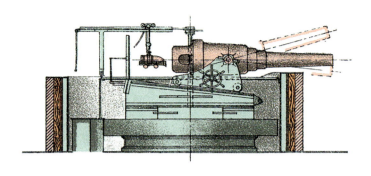

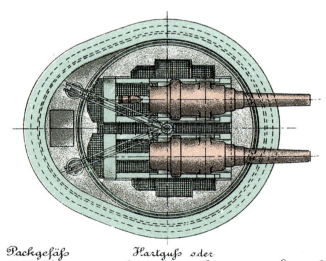

Packgefäß                Hartguß oder              Spreng-Granate
mit halber Kartusche     Stahl-Granate L/2,5            L/2,5

18 kg.      28 kg.            187 kg.                  162 kg.

1 Schuß = **56** kg. Pulver

Das Geschoß durchschlägt auf ca. 7000 m, einen Stahlpanzer von 10 cm dick
Tragweite des Geschosses etwa 10000 m.
Munition in doppeltem Maßstab zum Geschütz gezeichnet.

## 2-24 Kanonen L/35 in Thurm-Laffete.

Gewicht der Rohre .................................................. 46000 kg
„      „     Laffeten mit Zubehör ..................... 52000 „
Gewicht des Drehthurmes 150 m/m dick mit 50 m/m Decke 112000 „
Barbettethurm 150 m/m dick mit 40 m/m Boden .......... 145000 „

Tafel 28

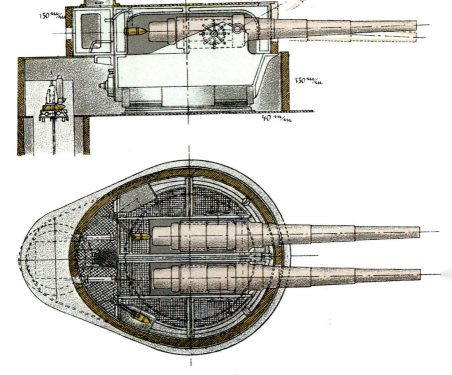

Schnitt durch Mitte Rohr.

Munition und Beschreibung: siehe das Blatt
mit 1. 24 cm Kanonen L/35 u. Mittelpivot Laffette

24 cm Kanone L/35 in Mittelpivot Laffete   **Tafel 29**
Gewicht des Rohres — 14000 kg
Laffete mit Pivotirung — 20000 „
Schild, 30 m/m. dick — 13000 „

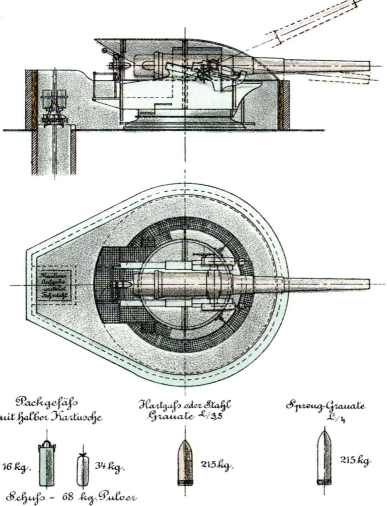

Packgefäß        Hartguß oder Stahl        Spreng-Granate
mit halber Kartusche     Granate L/3,5             L/4

16 kg.   34 kg.        215 kg.        215 kg

Schuß = 68 kg. Pulver
Das Geschoß durchschlägt auf ca. 7000 m, einen Stahlpanzer von 30 cm. dick
Tragweite des Geschosses etwa 13000 m.
Munition in doppeltem Maßstab zum Geschütz gezeichnet.

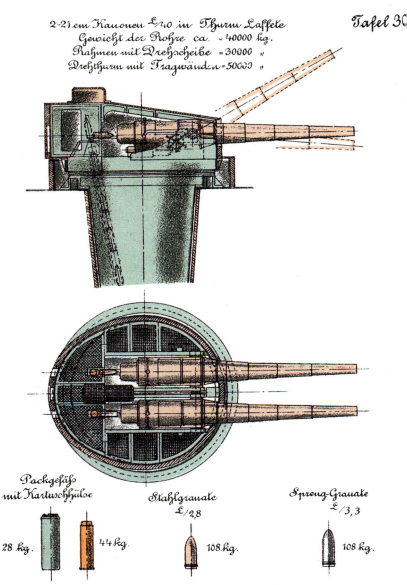

**Tafel 31**

21 cm Kanone L/40 in Thurm Laffete
Gewicht des Rohres ca. = 20000 kg.
Rahmen mit Drehscheibe = 20000 „
Drehthurm mit Tragwänden = 36000 „

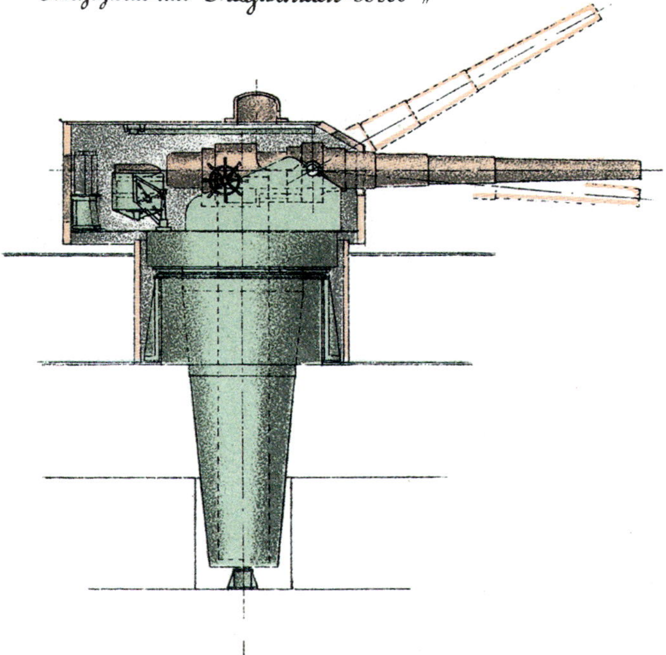

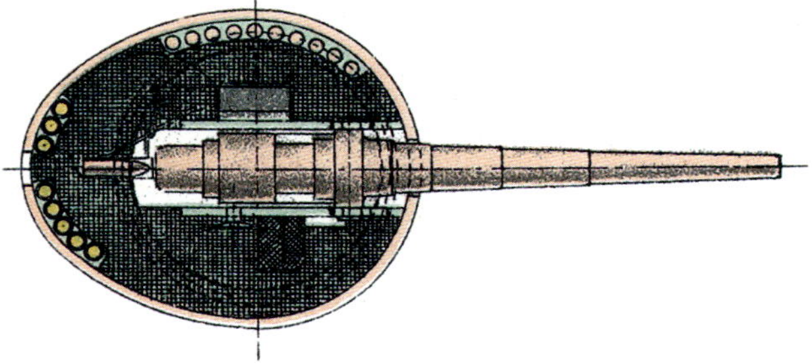

Munition mit Bezeichnung p.p.
siehe das Blatt mit 2-21cm Kanonen
in Thurmlaffette

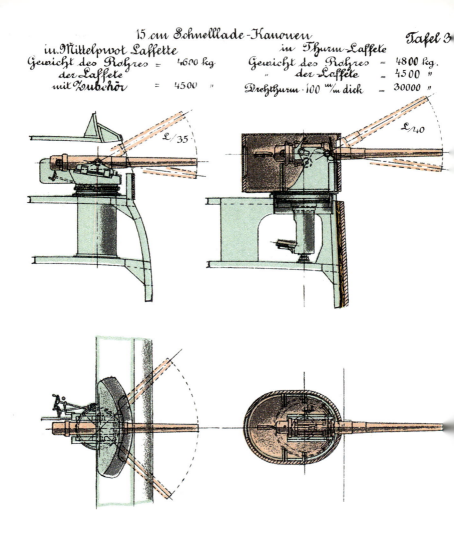

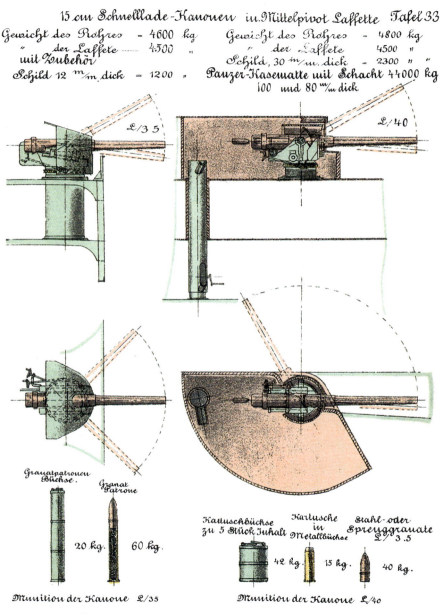

# 10,5 cm Schnelllade-Kanonen in Mittelpivot Laffete   Tafel 34
## L/35

Gewicht des Rohres — 1200 kg.
Laffete mit Zubehör — 2600 "
Schild 12 m/m. dick — 800 "

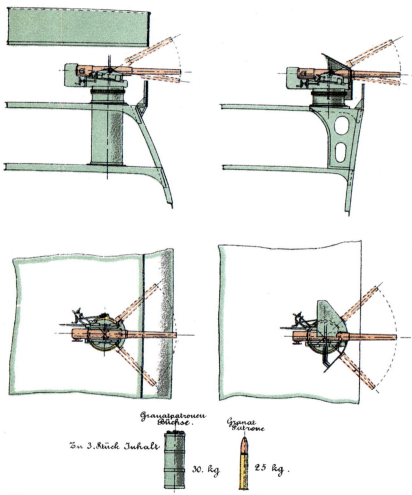

Granatpatronen Büchse.
Zu 3 Stück Inhalt
30. kg

Granat Patrone
25 kg.

Das Geschoß durchschlägt auf ca. 5000 m. einen Stahlpanzer von 12 cm. dick
Tragweite des Geschosses etwa 11 000 m.

Tafel 35

# 8,8 cm. Schnellade-Kanonen L/30 in Mittelpivot-Laffete

Gewicht des Rohres — 650 kg
Laffete mit Pivotirung — 1150 "

**Runder Schild** 12 m/m dick 340 kg. **Ovaler Schild** 12 m/m dick 580 kg.

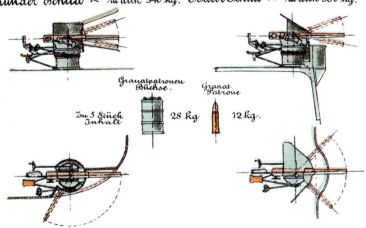

Granatpatronen Büchse. — Zu 5 Stück Inhalt — 28 kg.
Granat Patrone — 12 kg.

# 5 cm. Schnellade-Kanone L/40 in Mittelpivot-Laffete

Gewicht des Rohres — 240 kg.
Laffete mit Pivotirung — 550 "
Schild 12 m/m dick — 300 "

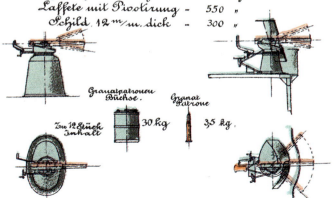

Granatpatronen Büchse. — Zu 12 Stück Inhalt — 30 kg.
Granat Patrone — 3.5 kg.

8,8 cm. Geschoss durchschlägt auf ca. 3.000 m, einen Stahlpanzer von 20 m/m
Tragweite des Geschosses etwa 6500 m.
5 cm. Geschoss durchschlägt auf ca. 2500 m, einen Stahlpanzer von 15. m/m
Tragweite des Geschosses etwa 6000 m.

3.7 cm Maschinen-Kanone.
Gewicht des Rohres = 190 kg
Laffete mit Zubehör = 260 "

8 m/m Maschinen-Gewehre  Tafel 36
Gewicht des Rohres = 27 kg.
Rohrträger mit Zubehör 25 "

8 m/m Maschinen-Gewehre in Mars Aufstellung

3.7 cm Maschinen-Kanonen und 8 m/m " Gewehre in Mars-Aufstellung

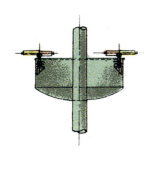

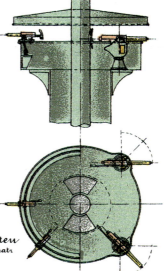

Munitionskasten für 8 m/m Patronen
600 Stück Inhalt
60 kg gefüllt

Munitionskasten für 3.7 cm Granatpatr.
60 Stück Inhalt
50 kg gefüllt

3.7 cm Granate durchschlägt auf ca. 2000 m  ca 15 m/m Stahlblech
8 m/m Geschoss durchschlägt auf ca. 500 "  " 6 m/m  " "
Tragweite des Geschosses etwa 3000 m

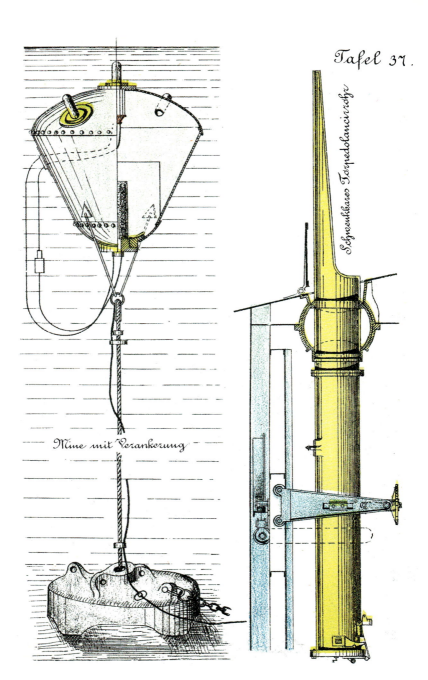

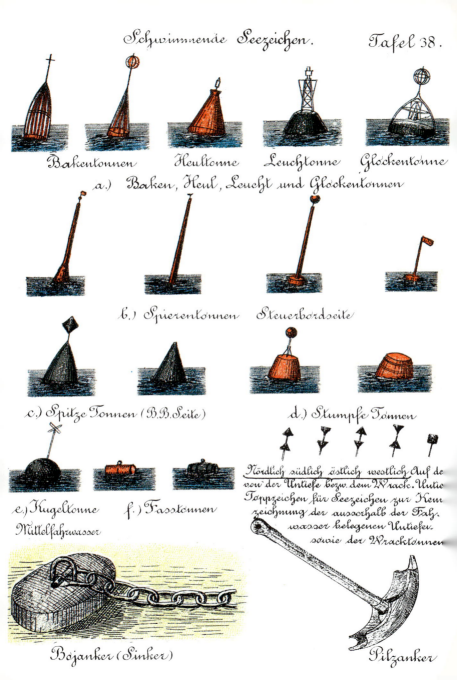

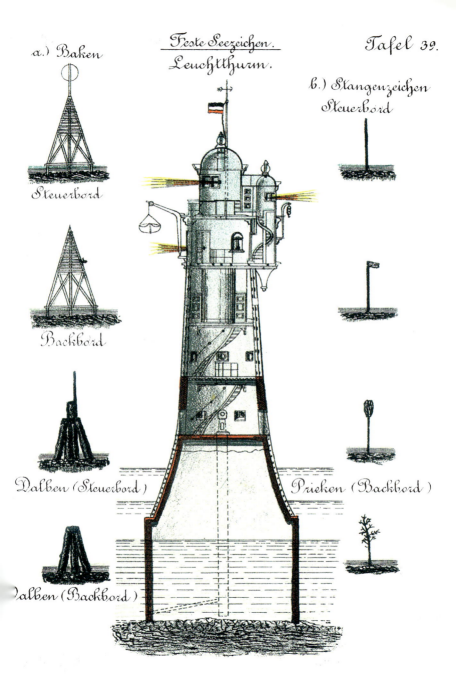

Tafel 40.

Kapitänleutnant     Admiral     Matrose in     Leutnant
Grosse Uniform            weissem Hemd
                                      Kleine Uniform
Flagge der Kais. Kriegsmarine

— 147 —

kräfte entwickeln und dem Fahrzeug eine Geschwindigkeit von 27 See=
meilen in der Stunde sichern.

Die Kohlenbunker fassen 95 Tonnen und kann außerdem noch
der Kohlenvorrat durch eine Zuladung bis erheblich über 100 Tonnen
vermehrt werden.

Das Material des Bootes ist weicher Stahl von einer Be=
schaffenheit, deren Vorzüglichkeit sich auch schon früher bei sämtlichen
Schichau'schen Booten in hervorragender Weise bewährt hat. Durch
eine sorgfältige Schotteneinteilung sind dieselben in eine verhältnis=
mäßig große Anzahl wasserdichter Abteilungen zerlegt worden. In
zwei Heizräumen sind die Kessel — dem System nach sämtlich Wasser=
rohrkessel — aufgestellt worden.

## Die Artilleriearmierung

besteht aus drei 5 cm Schnellladekanonen, deren 2 auf dem Oberdeck
zu beiden Seiten der Brücke, die dritte auf dem hinteren Turme
aufgestellt sind.

## Die Torpedoausrüstung

besteht aus drei schwenkbaren Ueberwasserbreitseitrohren, Kaliber 45,
welche gleichfalls auf dem Oberdeck stehen.

Die Besatzung beläuft sich auf 2 Offiziere, 4 Deckoffiziere, 43
Unteroffiziere und Mannschaften.

Das äußere Aussehen der Boote unterscheidet sich ebenfalls
wesentlich von den früheren Torpedobooten, den sogenannten S=Booten.
Wie die neuesten derselben, so haben auch diese Hochseeboote, deren
Reihe bei dem 1899 vom Stapel gelaufenen S 90 beginnt, zwei
Schornsteine. Außerdem besitzen sie eine hohe Back, welche die
Seefähigkeit derselben außerordentlich erhöht und auf der auch ein
Wellenbrecher angebracht ist, der verhindern soll, daß vorn über=
kommende Seen an Deck schlagen. Vor dem vorderen Schornsteine
befindet sich die hohe Kommandobrücke, welche ebenfalls gegen früher
einen großen Fortschritt darstellt, indem sie dem Kommandanten mit
seinem Personal einen verhältnismäßig großen Gesichtskreis gewährt,
und ihn gegen Sturzseen und Spritzer erheblich mehr sichert, als es
bei der niedrigen Stellung auf den früheren Booten hinter dem vor=
deren Turm möglich war.

Die praktische Probe der Tüchtigkeit dieser Fahrzeuge ist bereits

10*

im Sommer 1900 geliefert worden, als drei derselben die Reise in die ostasiatischen Gewässer ohne jeden Unfall zurücklegten und jetzt dort auch zur gegenwärtigen Zeit noch als Depeschenboote zwischen den Schiffen des Kreuzergeschwaders thätig sind.

### Torpedodivisionsboote. (Tafel 23 und 24.)

Die Torpedodivisionsboote entstammen ebenfalls jener Zeit, wo man noch den kleineren Typ der S=Boote allein baute. Dieselben fuhren im Verbande zu sechs unter Führung eines siebenten, des Divisionsbootes zusammen und wurde dieser Verband eine Division genannt.

Das Divisionsboot sollte in sich die Eigenschaften vereinigen, welche den kleinen S=Booten fehlen und mußten infolgedessen größer und höher sein, so daß es mit einem weiten Gesichtsfeld zur Sichtung des Feindes auch die so wichtige Navigation in sicherer Weise aus= üben konnte.

Es sind im Ganzen 10 Divisionsboote vorhanden, welche sie die Torpedobooten durch Nummern unterschieden und als D 1—D 10 bezeichnet werden. Dieselben haben sich zu den verschiedenen Zeiten ihrer Entstehung in demselben Typ gehalten, jedoch hat deren Größe stets zugenommen.

| | D 1 | D 2 | D 3 | D 4 | D 7 | D 8 | D 9 | D 10 |
|---|---|---|---|---|---|---|---|---|
| Deplacement: | 250 | 250 | | 300 | 390 | 420 | 480 | 500 T |
| Länge: | | 54 | | 56 | 59 | 60 | 60 | 64 m |
| Breite: | | 6,5 | | 6,6 | 7,4 | 7,7 | 7,7 | 5,9 m |
| Tiefgang | | 3,0 | | 3,0 | 3,0 | 3,5 | 3,5 | 2,3 m |
| | | | | (Eine Maschine) | | | | (Zwei Maschinen) |
| Pferdekräfte: | 1600 | | | 2200 | 3200 | 4000 | 4043 | 5500 |
| Schnelligkeit: | 20 | | | 21 | 22,5 | 22,5 | 24 | 26 Seem. |

### Die Artilleriearmierung

sämtlicher D=Boote, außer D 10, setzt sich aus drei 5 cm Schnell= ladekanonen zusammen. D 10 wurde seiner Zeit in England gebaut, was sich mit den Probefahrten durch zwei Jahre hinzog, weil den deutschen Abnahmebedingungen bis dahin nicht genügt werden konnte.

Dieses Boot besitzt 5,0 cm Schnellladekanonen.

Die Torpedoausrüstung besteht bei allen Booten aus 3 Ausstoßrohren.

Die äußere Form der D=Boote ist beinahe dieselbe wie die der neuesten S=Boote. Dieselben haben sich in jeder Beziehung bis jetzt vorzüglich bewährt, und das einzigste, was an ihnen auszusetzen, ist, daß eine höhere Geschwindigkeit bei Vorhandensein nur einer Maschine, nicht erreicht werden konnte. Infolgedessen ist aus dem alten S=Boot und dem D=Boot zusammen nunmehr das neue S=Boot hervorgegangen, welches von nun an das alleinige deutsche Torpedofahrzeug sein wird.

---

## Die deutschen Flottenstationen und ihre Besetzung, Januar 1901.

1. In Deutschland:

Das I. Geschwader: I. Division:
Linienschiffe: Kaiser Wilhelm II.,
Kaiser Friedrich III.
Kreuzer: Freya,
Jagd.

Als zweite Division war eigentlich die nach Ostasien entsandte Brandenburgklasse bestimmt und wird dieselbe jetzt durch die Reservedivision der Nordsee: Baden,
Sachsen,
Württemberg ersetzt.

2. In Westafrika:

Die Kanonenboote: Habicht,
Wolf.

3. In Ostafrika:

Kleiner Kreuzer: Condor.

4. In Westindien und an der Ostamerikanischen Küste:

Großer Kreuzer: Vineta.

5. In der Südsee:

Kleiner Kreuzer: Cormoran,
Vermessungsfahrzeug: Möwe.

6. In den ostasiatischen Gewässern:

Linienschiffe: Kurfürst Friedrich Wilhelm,
Brandenburg,
Weißenburg,
Wörth.

Große Kreuzer: Fürst Bismarck,
Hansa,
Hertha,
Kaiserin Augusta.

Kleine Kreuzer: Hela,
Gefion,
Irene,
Geier,
Bussard,
Seeadler,
Schwalbe.

Kanonenboote: Iltis,
Tiger,
Luchs,
Jaguar.

Torpedoboote: S 90,
„ 91,
„ 92,
Taku (das genommene
chinesische Torpedoboot, früher „Haitsching").

# Das Leben und der Dienst an Bord.

Wie bekannt unterscheidet man Schiffe außer Dienst und Schiffe im Dienst. Erst mit dem Augenblick der Indienststellung beginnt das Schiff durch das Anbordkommen der Besatzung ein belebtes Wesen zu werden, und wollen wir deswegen in folgendem, um ein möglichst der Wirklichkeit entsprechendes Bild von der inneren Thätigkeit und dem Leben unsrer Kriegsflotte zu gewinnen, bei diesem entscheidenden Momente beginnen.

Wenn gleich die Zusammensetzung der Besatzung und deren Dienst im großen und ganzen auf allen Schiffen der deutschen Flotte ähnlich oder gleichartig sind, so finden sich naturgemäß trotzdem Unterschiede, welche durch die größere oder geringere Zahl der Besatzung, die Mannigfaltigkeit der auf dem Schiffe vorhandenen Waffen u. s. w. hervorgerufen werden und das Bild jedesmal in seinen Einzelheiten verändern. Um ein Beispiel zu wählen, welches die größte Mannigfaltigkeit mit höchster Modernität vereinigt, diene den folgenden Erklärungen und Beschreibungen ein Linienschiff als Grundlage.

Am Tage der Indienststellung liegt das Schiff in einem Bassin der kaiserlichen Werft, welche es während der Zeit des Außerdienstseins in allen Teilen in Stand gesetzt, gemalt und gereinigt hat. Alle, um sich so auszudrücken, Immobilien, sind vollzählig vorhanden, während dagegen Kohlen, Munition, Materialien, wie Oel für die Maschine, Farbe, Reserve-Tauwerk u. s. w., sowie sämtliche Inventarien, nautische Instrumente, Seekarten, alle beweglichen Zubehörstücke der Geschütze u. s. w., noch in den Magazinen der Werft untergebracht sind. Zu einer bestimmten festgesetzten Zeit am Indienststellungstage werden die vorher designierten, bis dahin bei den

— 152 —

Werft=Divisionen, Matrosen=Divisionen und den Torpedo=Abteilungen befindlichen Mannschaften, von diesen Behörden an Bord geschickt, auch die durch Allerhöchste Kabinets=Ordre zum Stabe des Schiffes kommandierten Offiziere und Beamten finden sich ein und melden sich bei den Kommandanten. Nachdem an der Hand der Designie= rungslisten die Mannschaft auf Vollzähligkeit gemustert worden ist, stellt der Kommandant mit einer Ansprache, welche in drei Hurras auf den Kaiser gipfelt, das Schiff in Dienst, indem er zugleich den Befehl giebt, Flagge und Wimpel zu heißen. Das nunmehr im aktiven Dienst befindliche Schiff erfordert in der ersten Zeit eine anstrengende Thätigkeit der ganzen Besatzung, um see= und kriegs= fertig zu sein.

Das fehlende Inventar und Material wird an Bord genommen. Die Munitionskammern werden mit Munition gefüllt, die Maschine nimmt ihre umfangreichen Vorräte ein. Große Mengen von frischem und von Dauer=Proviant werden von den Lieferanten und vom Proviantamte an Bord gebracht. Alle Einrichtungen und Mechanismen des Schiffes werden probiert und auf Gangbarkeit untersucht. Sind diese Arbeiten beendet, so werden die Kohlenbunker aufgefüllt und danach eine kurze Probefahrt vorgenommen, um sicher zu stellen, daß Maschinen und Kessel tadellos funktionieren. Die nächste Sorge ist nun, die Offiziere und die Mannschaft mit den Einrichtungen des Schiffes vertraut zu machen und in allen denjenigen Verrichtungen und Dienstzweigen auszubilden, welche erforderlich sind, um einerseits allen Arten von Unglücksfällen in wirksamer Weise entgegentreten zu können, andrerseits um die gewaltige und komplizierte Kriegswaffe, welche das Schiff mit seinen Einrichtungen darstellt, sicher und gut in diesem Sinne handhaben zu können. Außer anderen besonderen Vorfällen ist es naturgemäß erforderlich, daß immer ein Teil der Mannschaft mit der Ausübung bestimmter Verrichtungen beschäftigt sein muß, welche zum gewöhnlichen, inneren und äußeren Dienst gehören. Damit hierin regelmäßige Ablösung eintritt, wird folgende Einteilung der Besatzung sofort nach dem Anbordkommen derselben vorgenommen. Jedermann erhält zunächst eine bestimmte Nummer, welche nicht nur im allgemeinen zu seiner Kennzeichnung dient, sondern auch dadurch, daß jede dieser Nummern mit bestimmten Verrichtungen in allen Dienstzweigen verbunden ist, für die Vorgesetzten und den Mann selbst ein wichtiges und unentbehrliches Orientierungsmittel darstellt; so würde z. B. um eine beliebige Zahl herauszugreifen, ein Matrose, welcher die Nummer 550 hat, durch diese gleichzeitig wissen, zu welcher Division er gehört, in welchem der Schiffsboote sein Platz ist, an welchem Geschütz er exerzieren muß u. a. m., worüber unten ausführlich gesprochen werden wird. Demnach wird die Mannschaft zunächst in zwei Hauptklassen eingeteilt: nämlich in die Freiwächter und den wachegehenden Teil. Die Freiwächter beteiligen sich nicht am Wachtdienste und ebenso wenig an dem übrigen Dienste der Mannschaft; sie setzen sich zusammen aus den Köchen, Stewards, Bäckern, Schneidern, Schustern, dem Verwalterpersonal und einigen andern in ähnlicher Weise verwendeten Leuten. Die übrige Mannschaft wird zunächst in zwei gleich große Hälften gegliedert, deren jede mit „Wache" bezeichnet wird, und zwar gehören alle diejenigen Leute, welche als Schiffsnummer eine ungrade Zahl haben, zu der Steuerbordwache, diejenigen, welche als Schiffsnummer eine gerade Zahl haben, zu der Backbordwache. Diese beiden Wachen lösen einander im Hafen alle 24 Stunden ab, in See alle 4 Stunden. Die Obliegenheiten der Wache sind im Hafen unter gewöhnlichen Umständen, im großen angegeben, die folgenden: die Wache hat

89. **Mattenflechten der Seekadetten.**

sich stets vollzählig an Bord zu befinden. Sie stellt die notwendigen Posten, sie bemannt die in Gebrauch befindlichen Boote. Die Heizer der Wache halten die für die elektrische Beleuchtung notwendigen Kessel und Maschinen in Betrieb. Ebenso hat die Wache Boote zu heißen, kurz alle durch den täglichen Schiffsdienst erforderlich gemachten Verrichtungen zu besorgen. Da im Hafen und überhaupt unter normalen Verhältnissen es nicht immer notwendig ist, die ganze Wache in Thätigkeit zu setzen, und überhaupt in allem der Grundsatz befolgt wird, die Leute möglichst zu entlasten und nur wo es wirklich von den Umständen geboten ist, zum Dienst und zur Arbeit heranzuziehen, so ist wiederum jede Wache in zwei Teile geteilt, welche als erste und zweite Hälfte der Wache bezeichnet werden und jede Hälfte wiederum in zwei gleiche Teile, welche Quartiere heißen. So läßt man z. B., wenn während der freien Zeit das Deck gefegt werden muß, nur das Quartier, wenn ein kleines Boot zu heißen ist, nur die Hälfte der Wache antreten. Gleichermaßen werden die Wachposten immer von einem Quartier gestellt, so daß eine häufige und dadurch das Personal nicht zu sehr anstrengende Ablösung derselben eintreten kann. In See wird derselbe Grundsatz durchgeführt, allerdings wie erwähnt mit dem Unterschiede, daß alle 4 Stunden der Wachwechsel eintritt; aber auch hier genügt im allgemeinen trotz der bedeutend zahlreicheren und stündlich einander ablösenden Posten, auf die wir später zurückkommen werden, die in Anspruchnahme der Hälfte der Wache. Die nicht in Dienst befindliche Wache führt während dieser Zeit die Bezeichnung „Freiwache", ist jedoch nur von den eben erwähnten Verrichtungen entbunden, während sie den Exerzier= oder anderen Schiffsdienst in derselben Weise mitzumachen hat wie die Wache; auch kann die Freiwache im Hafen nach beendetem Dienst auf Urlaub gehen. Unter dem Gesichtspunkt ihrer militärischen, technischen und seemännischen Ausbildung wird die gesamte Besatzung in Divisionen eingeteilt,

90. **Unterricht der Seekadetten in ihrer Messe.**

deren Zahl an Bord eines Linienschiffes sich auf ca. sechs beläuft. Der Begriff der Division ähnelt am meisten dem einer Kompagnie am Lande. Die Divisionen gliedern sich in die seemännischen Divisionen und die des Heizer=Personals. An ersteren sind im allgemeinen vier vorhanden und zwar hat man die Zusammensetzung derselben der Uebersichtlichkeit und Einfachheit halber in der Weise angeordnet, daß jede Division sich aus Leuten derselben Hälfte zusammensetzt. Es gehört also z. B. die erste Division zur ersten Hälfte der Steuer= bordwache. Die zweite Division zur ersten Hälfte der Backbordwache u. s. w. Ein Divisions=Offizier im Range eines Kapitän=Leutnants oder Oberleutnants zur See befehligt dieselbe und ist zugleich der=

jenige Offizier, welchem sie im Wachdienst unterstellt ist, so daß er bei allem Dienst immer mit denselben Leuten zu thun hat, was für die Ausbildung der Leute natürlich von außerordentlichem Nutzen ist. Die Divisionen des Maschinen- und Heizerpersonals unterstehen den Ingenieuren sowohl in Bezug auf den Divisions- als auch auf den Wachdienst. Der Wachdienst des Maschinen- und Heizerpersonals ist anders geregelt als der des seemännischen Personals insofern, als in See meistens die ganze Wache den Dienst vor den Kesseln verrichten muß, während dagegen im Hafen ein eigentlicher Wachdienst, wie bereits oben erwähnt, nur von einer sehr geringen Zahl dieses Personals ausgeübt zu werden braucht.

91. **Instruktionsübungen der Seekadetten auf dem Achterdeck.**

Was nun die Art des Dienstes der Mannschaft im allgemeinen anlangt, so kann man in denselben zwei Hauptklassen unterscheiden, nämlich den sogenannten Allemannsdienst und den Divisionsdienst. Bei den verschiedenen Zweigen des ersteren ist jedem Mann nach einer feststehenden Einteilung ein bestimmter Posten und eine besondere Thätigkeit angewiesen. Die verschiedenen dieser Einteilungen werden Rollen genannt, von denen die wichtigsten kurz aufgeführt sein mögen:

1. die Feuerrolle,
2. die Verschlußrolle,
3. die Bergerolle,
4. die Klarschiffsrolle,
5. die Torpedo-Wachrolle,
6. die Paradierrolle.

Außer diesen Rollen, welche die Ausführung der entsprechenden Exercitien festlegen, ist die Divisionsrolle zu nennen, welche nur das Antreten der Mannschaft in Divisionen z. B. bei Musterungen begreift, ferner die Reinschiffrolle, unter welcher die Verteilung der

Mannschaft zur Reinigung des Schiffes begriffen wird, die Backsrolle, welche die Leute an die Backen (Tische) zum Einnehmen ihrer Mahlzeiten verteilt u. a. m.

Für jedes neu in Dienst gestellte Schiff ist eine sofortige Einübung der Feuer-, Verschluß- und Bergerolle von absoluter Notwendigkeit und wird bereits am ersten Tage ausgeführt.

Die Feuerrolle weist jedem der Mannschaft seinen Posten beim Ausbruche von Feuer im Schiffe an. Das Signal „Feuer" wird durch fortgesetzte Schläge mit der Schiffsglocke gegeben und zwar bedeuten fortgesetzte Einzelschläge: Feuer vorne; Doppelschläge: Feuer in der Mitte des Schiffes und dreifache Schläge: Feuer im Hinterschiffe. Sowie dieses Signal ertönt, begiebt sich jeder so schnell wie möglich auf seinen Platz und führt, ohne weiteren Befehl abzuwarten, die ihm zugewiesenen Verrichtungen aus, was während der ersten Male, wo diese Rolle geübt wird, natürlich nur langsam und instruktionsmäßig unter gleichzeitiger eingehender Erklärung, aus welchem Grunde man nun die Sache so oder so machen müßte, durchgenommen wird. Die Hauptsachen sind hierbei in kurzem folgende: Sämtliche Pumpen müssen so schnell

92. Gewehrexerzieren der Seekadetten „Einzelgriffe".

wie möglich fertig zum Gebrauch gemacht werden, wozu hauptsächlich das Anschrauben der Schläuche an dieselben gehört. Es werden außerdem alle Luken und Seitenfenster fest geschlossen, um einen Luftzug zu vermeiden, welcher das Feuer noch mehr anfachen könnte. Befindet sich in Wirklichkeit Feuer im Schiffe und zwar in gefahrdrohender Nähe der Munitionskammern oder solcher Räume, in denen feuergefährliche Stoffe wie z. B. Farbe, Terpentin u. s. w. befinden, so wird vermittels eines eigens hierzu vorhandenen Ventils der betreffende Raum voll Wasser gelassen. Von hauptsächlicher Wichtigkeit ist es, so schnell wie möglich den genauen Ort des Feuers zu wissen, was, wie bekannt, grade in großen Schiffen bei den vielen kleinen zum großen Teil vollgestopften Räumen zuweilen sehr schwer auszufinden ist. Um jede unnötige und schädliche Panik und Aufregung zu vermeiden, ist es strenger Befehl, daß, wenn ein Mann der Besatzung irgend wie Feuer im Schiffe bemerkt, er sich sofort zum wachhabenden oder ersten Offizier begiebt und diesem Meldung macht, jedoch unter keinen Umständen Unruhe durch den Ruf „Feuer", eine plan= und zwecklose Aufregung unter der übrigen Mannschaft verursacht.

Die Verschlußrolle tritt in Kraft, wenn das Schiff ein Leck erhalten hat oder dringende Gefahr dieser Art vorliegt, wie z. B. wenn man sieht, daß der Zusammenstoß mit einem andren Schiff unvermeidlich ist und ihm dadurch eine derartige Beschädigung bevorsteht. Da es auch hier auf die größte Schnelligkeit ankommt, so wird das Signal zum in Krafttreten der Verschluß= rolle zunächst durch die im ganzen Schiffe deut= lich hörbare Schiffsglocke und zwar fünf kurz auf= einander folgende Schläge mit derselben ge= geben. Sowie dieses Signal ertönt, läuft jeder Mann mit größter Schnelligkeit auf den ihm zugewiesenen Posten. Die sämtlichen Luken und wasserdicht schließbaren

93. Turnen: Der Hochstand auf dem Deck.

Thüren und alle Seitenfenster werden fest geschlossen, damit das durch das Leck eindringende Wasser nicht den ganzen Schiffs= raum füllen kann, sondern auf diejenigen Abteilungen oder Zellen beschränkt bleibt, in deren Bereich sich das Leck im Schiffsboden befindet. Sämtliche Pumpen, welche dieselben sind, wie die, welche zum Feuerlöschen dienen, werden derart vermöge eines einfachen Mechanismus umgestellt, daß sie nicht mehr Wasser aus dem Meere, sondern aus den unteren Schiffsräumen saugen, wo solches in demselben vorhanden ist. Es ist in diesem Falle noch schwerer wie beim Ausbruch von Feuer, den genauen Ort des Lecks ausfindig zu machen, was auch leicht einleuchtet, da wie bekannt, infolge der überaus sorgfältig durchgeführten wasserdichten Teilung unsrer modernen Kriegsschiffe sich eine große Menge besonders kleinere Abteilungen und Zellen im Schiffe befinden. Es bildet daher eine Hauptaufgabe einer bestimmten Anzahl von Leuten, das Leck zu suchen. Ist dasselbe gefunden, so kann man bei der Sorgfältigkeit der Schotten-Einteilung, sowie der großen Leistungsfähigkeit der modernen Dampfpumpen in den meisten Fällen sicher sein, des Wassers bis zu einem solchen Grade Herr zu werden, daß die Schwimmfähigkeit dem Schiffe erhalten bleibt. Es mag hier zugleich erwähnt werden, daß nach den schweren verschiedenen Unglücksfällen, welche des öfteren infolge von Zusammenstößen vorgekommen sind — erwähnt sei hier nur der Untergang des „Großer Kurfürst" und des englischen Schlachtschiffes „Viktoria" — diesem Punkte eine immer mehr gesteigerte Sorgfalt gewidmet wird, und weil grade bei solchen Fällen es mit einer derartigen Schnelligkeit zur Katastrophe gekommen ist, daß die Schiffe sanken, ehe auch nur die Schotten geschlossen werden konnten, nunmehr streng durchgeführt wird, daß, sowie das Schiff auf der Fahrt ist, alle unter Wasser liegenden wasserdichten Abteilungen dauernd geschlossen gehalten werden,

94. Kontrefechten der Fähnriche.

oder aber, wenn es nötig ist, die betreffenden Räume zu betreten, dieselben sofort nach Gebrauch wieder wasserdicht zu verschließen. Speziell bei neuen Schiffen erprobt man auch bisweilen dadurch, daß man mit Absicht durch Pumpen und Ventile eine Abteilung voll Wasser laufen läßt, die Wirkung hiervon auf die Schwimmlage des Schiffes und um zugleich festzustellen, daß die die Abteilung einschließenden Wände mit ihren Thüren gänzlich wasserdicht und stark genug sind, um dem Drucke des Wassers zu widerstehen.

Die Bergerolle ist für den Fall berechnet, daß das Schiff dem Untergange geweiht ist und die Mannschaft dasselbe so schnell wie möglich verlassen muß. Sie weist jedem Mann in einem bestimmten Boote einen bestimmten Platz an und regelt ebenfalls die Reihenfolge der Leute beim Besteigen der Boote. Auf das betreffende Signal, welches mit dem Horn gegeben wird, werden zunächst die Boote so schnell wie möglich zu Wasser gebracht, worauf sich die zu jedem Boote gehörige Besatzung, welche dasselbe rudern soll, hinein und auf die bestimmten Plätze begiebt. Für besondere Fälle, z. B. bei einem Unglück auf hoher See, werden auch Proviant, Kompaß, nautische Instrumente, Seekarten u. s. w. in die Boote hineinbesorgt, um für eine längere Seefahrt gerüstet zu sein. Wenn die Boote soweit ausgerüstet und bemannt sind, so begeben sich die andern Leute auf Befehl des betreffenden Offiziers hinein. Jedesmal, wo derartige Fälle vorgekommen sind, ist die Erfahrung gemacht worden, daß Angst und Aufregung und meistens der Mangel an einer energischen Leitung, die Leute ziellos sich in Massen in das nächstliegende Boot hineingestürzt haben und dasselbe so überfüllten, daß das Boot sinken mußte; deswegen muß hier häufiges Exercieren die Ruhe, das mechanische Einhalten der befohlenen Reihenfolge der Besatzung zur zweiten Natur machen.

95. Seekadett am Peilkompaß.

Die Klarschiffsrolle. Die Klarschiffsrolle verteilt die Mannschaft auf ihre Posten im Gefecht, für die Bedienung der Geschütze, der Torpedo-Ausstoßrohre, der Maschinen, zum Transport der Verwundeten zum Verbandplatz u. s. w. Das Signal, die Klarschiffstation einzunehmen, wird mit Trommel und Horn gegeben, jedoch in den Fällen, wo es zur Uebung geschieht, nur mit der Trommel. Die Klarschiffsrolle, verbunden mit den entsprechenden Exercitien, stellt genau genommen den gesamten Inhalt der Ausbildung der Besatzung für den Krieg dar. Das Einnehmen der Stationen ohne das Exercitium muß natürlich vorhergehen und zwar in der ersten Zeit, um die Leute nur im großen zu orientieren, welche Beschäftigung und Thätigkeit ihnen im Ernstfalle dort obliegen würden.

Um aber das Schiff als wirklich gefechtsklar für den Krieg betrachten zu können, vergeht, wenn es neu in Dienst gestellt ist, eine lange Zeit, welche durch fortwährende und gründliche Exercitien und damit Hand in Hand gehenden Unterricht ausgefüllt werden muß. Dieses gilt ebenso wie für die Mannschaft auch für die Unteroffiziere und Offiziere, da man für deren Thätigkeit zwar wohl auch allgemeine Regeln aufstellen kann, im einzelnen jedoch auf jedem neuen Schiff eine Menge Gesichtspunkte neu hinzukommen, welche eben nur durch solche Uebung gelernt werden können. Ein wichtiger nicht außer Acht zu lassender Punkt ist, wie hier gleich hervorgehoben werden mag, daß eben Vorgesetzte und Untergebene einander kennen lernen und sich aufeinander einarbeiten, so daß später ein unmittelbares gegenseitiges Verständnis vorhanden ist. Auch dieses kann nur durch Zeit und Uebung erzielt werden.

96. **Seekadett am Dampfruder.**

Alle an Bord betriebene Detailausbildung, welche, wie später erörtert, den Divisionsoffizieren in ihrer Division obliegt, verfolgt als letztes Ziel die Kriegsbereitschaft des Schiffes, welche durch das Klarschiff-Exercitium und die später damit verbundenen scharfen Schießübungen erreicht wird. Die Geschützmannschaften werden in der Bedienung der Geschütze, im Schießen mit denselben, in der Behandlung des Geschützmaterials vor, während und nach dem Schießen, vertraut gemacht und eingehend über die einzelnen Teile u. s. w. unterrichtet. Die Torpedomannschaften vervollkommnen sich dauernd in der Behandlung ihrer kunstreichen, komplicierten Waffe und im Schießen mit derselben. Den Munitionsmannern, welchen der Munitionstransport obliegt, wird beständige Uebung verschafft, diesen möglichst schnell und sachgemäß auszuführen, was ebenfalls im Ernstfalle von großer Bedeutung ist. Wichtig ist auch, die Krankenträger im Frieden für den Transport der Verwundeten einzuüben. Ist die Ausbildung der

Mannschaft so weit gediehen, daß die großen Schießübungen mit scharfer Munition abgehalten werden können, so erwächst darin den Offizieren, den Stückmeistern und Geschützführern eine Aufgabe von großer Wichtigkeit; der Kommandant muß das Schiff in kriegsmäßiger Weise manövrieren und leiten, der Batterieoffizier und die einzelnen Turmkommandeure leiten selbständig das Feuer ihrer Bereiche und müssen sich beständig klar sein, daß hiervon in der Schlacht in vielen Fällen der Ausgang derselben abhängen wird. Von den Geschützführern und Stückmeistern, welche zielen und abfeuern, wird ebenfalls bei einer solchen Schießübung die höchste Anspannung aller Kräfte verlangt und bei allen, sei es nun Mannschaft oder Offiziere, zeigen sich bei diesen abschließenden, um sich so auszudrücken, Generalprüfungen, die in der langen Ausbildungszeit erlangten Fähigkeiten.

Was nun den äußeren Zustand des Schiffes selbst bei der Klarschiffübung sowie dem kriegsmäßigen Klarschiff von dem gewöhnlichen Geschütz-Exercitium unterscheidet, besteht vorwiegend in Folgendem: Um dem Ernstfalle auch äußerlich möglichst nahe zu kommen, werden vor dem Signal zu Klarschiff ebenfalls von der ganzen Mannschaft die sogenannten Vorbereitungen zu Klarschiff ausgeführt. Diese Vorbereitungen bestehen im wesentlichen darin, daß alle Gegenstände, welche dem Feuer der Geschütze an Deck im Wege stehen würden, wie z. B. die Reeling oder Seitenboote, aus dem Wege geräumt werden; transportable Gegenstände bringt man in die unter der Wasserlinie befindlichen Schiffsräume hinunter, wo sie verstaut werden. Ueberhaupt werden alle losen Gegenstände, welche sich auf dem Oberdeck oder über der Wasserlinie befinden, beseitigt und nach unten gebracht, um nicht durch einschlagende Geschosse durch die Schiffsräume geschleudert zu werden, und infolgedessen selbst geschoßartig wirkend die Verheerungen noch zu vergrößern. Die Geschütze selbst und die Torpedoausstoßrohre werden fertig zum Gebrauch gemacht. Bisweilen wird auch zur Uebung der Munitionstransport dabei in Bewegung gesetzt. Auch mit weit sichtbaren Zeichen schmückt sich das gefechtsbereite Schiff, indem die Topsflaggen geheißt werden. Sämtliche wasserdichten Schotten werden geschlossen, und die Pumpen klar zum Gebrauch gemacht; die Maschinen und die Kessel müssen so bereit sein, daß sie in jedem Augenblick auf Befehl ihre ganze Leistungsfähigkeit entwickeln können. Die Mannschaften nehmen ihre Handwaffen zur Hand und empfangen scharfe Patronen, während die Offiziere Dienstanzug (Säbel und Schärpe) anlegen.

Reventlow, Die deutsche Flotte. 11

Die Torpedowachtrolle verteilt die Mannschaft für den Fall, daß nachts Angriffe feindlicher Torpedoboote zu erwarten sind, und zwar wird mit Rücksicht auf die Nachtzeit dieser Dienst im allgemeinen nur von einer Wache versehen. Es handelt sich dabei in erster Linie darum, einen möglichst sorgfältigen Ausguck zu halten, um die unheimlichen pfeilschnellen Feinde rechtzeitig zu entdecken. An den Scheinwerfern, sowie an den leichten Geschützen und Maschinenwaffen stehen die Bedienungsmannschaften bereit, sofort nach Sichtung der Torpedoboote dieselben zu beleuchten und zu beschießen.

97  **Observationsübung der Seekadetten.**

Die Paradierrolle dient für den ganz bestimmten Fall, daß die Mannschaft in Paradeaufstellung, z. B. für die Anwesenheit Seiner Majestät des Kaisers, antreten soll. Auf Segelschiffen werden die Matrosen hierzu auf den Raaen aufgestellt, während auf ungetakelten Schiffen die gesamte Mannschaft sich an die Reeling rings um das Schiff herum nebeneinander aufstellt. Die Offiziere haben im allgemeinen hierbei ihren Platz auf der Kommandobrücke.

## Der Divisionsdienst.

Wie schon oben angedeutet, erhalten die Mannschaften in der Division die Einzelausbildung, welche jeder nachher als Glied des kämpfenden Schiffes in den Dienst des Ganzen zu stellen hat. Jede Division steht unter Leitung eines Divisionsoffiziers, welchem meistens ein oder zwei jüngere Leutnants zur Unterstützung beigegeben sind. Sie ist je nach ihrer Größe in eine verschiedene Zahl von Korporalschaften, welche von Unteroffizieren oder Fähnrichen zur See kommandiert werden, eingeteilt. Der Divisionsoffizier ist nicht nur für die

Ausbildung seiner Leute verantwortlich, sondern auch für Ordnung und Reinlichkeit, guten Kleiderzustand, ordentliche Führung in und außer Dienst. Der Dienst besteht in sich ablösenden Exercitien und Unterricht der einzelnen Korporalschaften, je nach den Posten, welche die verschiedenen Rollen für sie vorsehen. So wird z. B. die Korporal= schaft, welche die rollenmäßigen Geschützmannschaften aufweist, vor= wiegend artilleristische Uebungen vornehmen. Das Signalpersonal wird in erster Linie sich mit Signalisieren beschäftigen u. s. w., jedoch besteht der allgemein durchgeführte Grundsatz, daß alle Leute auch für diejenigen Rollen und Posten, welche ihnen nach ihren augenblicklichen Dienststellen nicht am nächsten liegen, auch so weit ausgebildet werden, daß sie, wie es z. B. im Gefecht leicht passieren kann, wenn Tote oder Verwundete ausfallen, überall als Ersatz eintreten können. Als besonders auffälliges Beispiel dieser umfassenden und gründlichen Ausbildung der Besatzungen unsrer Kriegsschiffe mag angeführt werden, daß sogar die Heizer gelegentlich an den Geschützen exerzieren.

Eine Hauptaufgabe der Divisionen, besonders in der ersten Zeit, liegt darin, dem Teil der Mannschaft — und derselbe ist heute schon sehr beträchtlich und wird noch mehr wachsen — welcher nicht aus Seeleuten von Beruf besteht, die seemännischen Grundbegriffe in Theorie und Praxis beizubringen. Hierzu gehört in erster Linie. daß sich die Leute auf dem Schiff, und besonders in der ersten Zeit ist dies keine Kleinigkeit für dieselben, gut zurecht finden können, sowie die gewöhnlichen Bezeichnungen der einzelnen Räume und Teile desselben kennen lernen; ferner Rudern und Segeln in den Booten, Splissen und Knoten, Ausbessern und Waschen ihrer Kleidungsstücke, Kenntnis des Kompasses und Steuern und vieles Andere mehr. Speziell für die ebengenannten Kenntnisse zeigt es sich von außer= ordentlichem Nutzen, daß, wie oben erwähnt, der Divisionsoffizier, wenn er die Thätigkeit des wachthabenden Offiziers versieht, immer seine eigene Division als Wachtpersonal um sich hat. Er ist hierdurch in den Stand gesetzt, zu kontrollieren, welche Resultate die schulgemäße Ausbildung seiner Divisionen zeitigt, und wo es noch am meisten der Aushilfe bedarf. In allen Einzelheiten der Ausbildung ist dem Divisionsoffizier daher eine große Selbständigkeit gelassen.

Während man auf den alten Segelschiffen eine große Anzahl sogenannter Allemannmanöver hatte, wie z. B. das Ankerlichten und Ankern und auch das Einsetzen der schweren Decksboote, sowie die Segelexercitien, so sind diese auf den neuen Linienschiffen infolge des

Wegfalls der Takelage teilweise ganz verschwunden, teils werden sie mittels Dampf= oder elektrischer Maschinen bewerkstelligt, so daß nur wenige Leute dazu erforderlich sind. Mancher, der sich noch von seiner Dienstzeit in der Marine her der Segelexercitien und deren Aufregungen erinnert, würde sich jetzt wundern über die Ruhe und Stille, welche an Bord unserer modernen Linienschiffe herrscht. Wo früher hunderte von Menschen alle ihre Kräfte aufbieten mußten, um eine Dampfbarkasse aus dem Wasser zu heißen und an Bord zu nehmen, da steht jetzt an einer kleinen Maschine ein Maschinistenmaat, welcher durch Oeffnen und Schließen eines Ventils die gewaltige Last mit Leichtigkeit hebt. Die schwere Ankerkette mit dem mächtigen Anker wird rasch und gleichmäßig durch eine kleine Ankerlichtmaschine emporgewunden, wo früher manchmal stundenlang „alle Mann" schwitzend das Gangspill drehen mußten. Es unterliegt keinem Zweifel, daß die Exercitien auf den Segelschiffen geeignet waren, den Matrosen einen weit höheren Grad von körperlicher Gewandtheit und schneller Entschlußfähigkeit zu geben als es jetzt auf den Kriegsschiffen möglich ist, jedoch versucht man mit Erfolg diesen Mangel zu ersetzen durch fleißigen Turnunterricht — und Turngeräte sind auf allen unsern Schiffen in größerer Anzahl vorhanden — und wie erwähnt durch Bootsdienst und Geschützexerzieren zu beseitigen. Wenn das Wetter und die See es gestatten, werden auch fleißig Freiübungen und Gewehrexercitien, Zielübungen u. s. w. vorgenommen, sowohl um die erste infanteristische Ausbildung nicht in Vergessenheit geraten zu lassen, als auch um eine Vorbereitung für die Gewehrschießübung an Bord zu bilden.

## Der Stab des Schiffes.

Der Stab des Schiffes setzt sich aus den Offizieren und Beamten auf einem Linienschiff in folgender Weise zusammen.

Das Kommando und die Führung des Schiffes liegt dem Kommandanten ob, welcher im Range eines Kapitäns zur See steht. Er ist für das Schiff selbst, die Führung desselben, die Ausbildung der gesamten Besatzung einschließlich Offiziere, seinen Vorgesetzten in vollstem Maße verantwortlich. Er besitzt die niedere Gerichtsbarkeit und die Disziplinarstrafgewalt und kann Offiziere und Mannschaften auf kürzeren Zeitraum beurlauben.

Der erste Offizier steht im Range eines Korvetten= oder Kapitänleutnants und ist der nächste Stellvertreter des Kommandanten. Er ist dem Kommandanten unmittelbar dafür verantwortlich, daß der Schiffskörper innen und außen in tadellosem Zustande sich befindet, ferner in Bezug auf Reinlichkeit, als auch Funktionieren sämtlicher Einrichtungen desselben. Der erste Offizier regelt nach den ihm bekannten Grundsätzen und Absichten des Kommandanten die täglichen Beurlaubungen der Mannschaft und ist mit dem Kommandanten für gute Führung der Mannschaft verantwortlich. Während der Kommandant in seinen Räumen getrennt von dem übrigen Offizierkorps wohnt, nimmt der erste Offizier an den Mahlzeiten desselben in der Offiziermesse teil und bildet das Haupt derselben. Er regelt außerdem den Wachtdienst der Offiziere, Unteroffiziere und Mannschaften, sowie die Rollenverteilung derselben; bei allen Manövern und Exercitien, welche durch „alle Mann" oder beide Wachen ausgeführt werden, führt er das Kommando und ist dem Kommandanten somit für die Gesamtausbildung der Besatzung verantwortlich.

Der Artillerie=Offizier steht im Range eines Kapitän=Leutnants und hat die ganze Artillerie des Schiffes unter sich. Ihm liegt im Gefecht die Leitung des Feuers ob und unterstehen ihm in artilleristischer Beziehung die einzelnen Turm= und Kasematt=Kommandeure, welche ihm für die Ausbildung ihrer Geschützmannschaft verantwortlich sind. Zu den Pflichten des Artillerie=Offiziers gehört es dagegen, dafür Sorge zu tragen, daß sämtliche mit der Führung von Türmen oder Batterien betrauten Offiziere sich die nötigen Kenntnisse und praktischen Fähigkeiten aneignen, um ihrer Aufgabe, das ihnen unterstehende Personal auszubilden und selbst im Gefecht das Feuer sachgemäß zu leiten, genügen können. Der Artillerie=Offizier muß ferner dafür sorgen, daß das sämtliche Artilleriematerial, also die Geschütze, Munition, alle Mechanismen, wie Drehvorrichtungen, Geschoßhebewerke u. s. w. dauernd im guten Stand gehalten werden, um stets kriegsbrauchbar zu sein.

Der Navigations=Offizier ist ebenfalls ein Kapitän=Leutnant und hat die Aufgabe, nach den ihm vom Kommandanten erteilten Anweisungen die Navigation des Schiffes auszuüben, d. h. das Schiff sicher und auf dem kürzesten Wege von einem Ort zum andern zu bringen. Er bestimmt, welche Kurse gesteuert werden sollen und berechnet in bestimmten Zeiträumen durch astronomische oder terrestrische Beobachtungen, an welchem Ort sich das Schiff

befindet, so daß er jeder Zeit in der Lage ist, diesen angeben zu
können. Der Navigations=Offizier ist ebenso wie die beiden vor ihm
genannten Offiziere vom Wacht=Dienst entbunden und sind ihm in
Bezug auf die Navigation des Schiffes die wachthabenden Offiziere
unterstellt und verpflichtet, sich seinen Anordnungen zu fügen. Als
Unterstützung ist ihm der Steuermann beigegeben, und untersteht
ihm das gesamte Steuermanns=Personal, bestehend aus Unteroffizieren
und Mannschaften, welche zugleich den Signaldienst versehen. Der
Navigations=Offizier ist dem Kommandanten für eine richtige und
sachgemäße Navigation, für die Ausbildung des Steuermanns= und
Signalpersonals, sowie Instandhaltung aller nautischen Instrumente
verantwortlich.

Die Wacht=Offiziere. Die Zahl der Wacht=Offiziere auf
einem modernen Linienschiff beläuft sich im allgemeinen auf vier
sogenannte erste Wacht=Offiziere, während jedem derselben ein jüngerer
Offizier zur Unterstützung beigegeben ist. Die Wacht=Offiziere stehen
im Range eines Kapitän=Leutnants oder eines älteren Oberleutnants
zur See und ist ihre Aufgabe, den Wachtdienst in See zu versehen
und im Hafen, wo derselbe von den jüngeren Offizieren gethan wird,
deren Thätigkeit verantwortlich zu überwachen. Wie bereits aus dem
oben über den Wachtdienst der Mannschaft Gesagten hervorgehen dürfte,
wechseln sich die Wachtoffiziere vierstündlich ab, ausgenommen die sogenannte Nachmittagswache von 4—8 Uhr, welche zweistündig gegangen
wird, um eine Ablösung zum Einnehmen des Abendessens zu ermöglichen.
Auf diese Weise hat jeder Wachtoffizier jede vierte Nacht frei, während
er in den andren Nächten immer 4 Stunden lang den Wachtdienst
zu versehen hat. Auf kleineren Schiffen, wo weniger Offiziere sind,
und meistens nur drei Wachtoffiziere, müssen diese infolgedessen jede
Nacht vier Stunden Wachtdienst thun. In See ist der Platz des
Wachtoffiziers auf der Kommandobrücke; er hat während dieser Zeit
die Verantwortung für die Sicherheit des Schiffes und der Mannschaft,
wenn nicht ausdrücklich der Navigationsoffizier oder der Kommandant
das Kommando übernommen hat. Bezüglich der Navigation muß
er den Anordnungen des Navigations=Offiziers Folge leisten, ist aber
für richtige Ausführung derselben selbst verantwortlich. Er kommandiert das Ruder und die Maschinen und untersteht ihm das
gesamte Wachtpersonal unmittelbar. Im Geschwader hat er außerdem
ferner noch das Signalwesen und dessen richtiges Funktionieren zu
betreiben. Wenn irgend welche außergewöhnliche Ereignisse eintreten,

z. B. das, daß ein Mann über Bord fällt, eine Kollision eintritt, oder etwas Aehnliches, so hat er sofort dem Kommandanten, dem ersten Offizier und dem Navigationsoffizier davon Meldung machen zu lassen, muß jedoch, bis einer von diesen ihm das Kommando abgenommen hat, selbständig und auf eigene Verantwortung handeln.

Man sieht, daß die Thätigkeit des Wachtoffiziers außerordentlich verantwortungsreich ist und sich vorzüglich dazu eignet, kaltblütiges Handeln und schnelle Entschlossenheit bei den jüngeren Seeoffizieren auszubilden, und, daß sie andrerseits, vermöge ihrer Viel=

98. **Offiziersmesse.**

seitigkeit, fortgesetzt angestrengteste Thätigkeit bei Tag und Nacht, kurz einen ganzen Mann erfordert. Infolgedessen ist es dem Wachtoffizier nicht möglich, sich um den inneren Dienst, d. h. ein richtiges Einhalten der Tageseinteilung, Routine genannt, pünktliches Ablösen der Posten u. s. w. zu kümmern, und liegt diese Thätigkeit dem ihm beigegebenen jüngeren Offizier, einem Leutnant zur See, ob. Dieser hat den Wachtoffizier als seinen direkten Vorgesetzten zu betrachten und demselben über alles Meldung zu machen. Er sorgt dafür, daß die Decks rechtzeitig gefegt werden, daß die Posten pünktlich ablösen

und über ihre Thätigkeit instruiert sind, daß die Rettungsboote klar
zum Gebrauch sind, die Schotten vorschriftsmäßig geschlossen sind u. s. w.
Bei Eintreten von Nebel beteiligt er sich persönlich am Ausguck.
Nachts geht er auf jeder Wache mehrere Male Ronde durch alle
Schiffsräume, um sich zu überzeugen, daß die wachthabenden Unter=
offiziere in den Decks auf ihrem Posten sind, die Leute in den
Hängematten liegen und nur die vorschriftsmäßigen Lichter brennen.

Der Adjutant ist ein Oberleutnant zur See oder Leutnant
zur See, welcher dem Kommandanten zur Unterstützung beigegeben ist,
und dessen Thätigkeit in erster Linie in der Erledigung des dienst=
lichen Schriftverkehrs nach Anordnung des Kommandanten besteht.
Der Adjutant ist in der Regel wachtfrei und wird meist als Signal=
offizier verwandt, indem ihm die Ausbildung des Signalpersonals
obliegt und das Signalisieren, wenn das Schiff im Geschwader fährt.
Außerdem pflegt er die Wache zu übernehmen, wenn der Wachtoffizier
durch Divisions= oder Allemanndienst anderweitig schon in Anspruch
genommen ist.

Der Schiffsarzt steht im Range eines Marinestabsarztes oder
Marineoberstabsarztes und ist ihm zur Unterstützung ein Assistenzarzt
beigegeben. Seine Thätigkeit besteht in der Behandlung der Kranken,
außerdem hat er seine Aufmerksamkeit den hygienischen Verhältnissen
an Bord, sowie in denjenigen Häfen, welche das Schiff anläuft, zu
widmen, so z. B. zu untersuchen, ob das Wasser ohne Schaden für
die Gesundheit trinkbar ist, ob Epidemien an Land herrschen u. s. w.

Die Maschineningenieure. Auf Schiffen, welche wie unsere
modernen Linienschiffe 3 Schiffsmaschinen besitzen, ist für jede derselben
ein Ingenieur vorhanden und außerdem ein Oberingenieur, welcher
die Leitung des Ganzen hat; der Ingenieur ist für alle Vorkommnisse
an Maschinen und Kesseln, für das Funktionieren derselben, sowie
für das ihm unterstellte Personal direkt verantwortlich. Er kontrolliert
die wachegehenden Maschinisten und Feuermeister und muß, sowie
das Schiff manövriert, selbst bei seiner Maschine zugegen sein.
Militärisch untersteht der Ingenieur dem ersten Offizier und dem
Kommandanten.

Der Zahlmeister. Die Thätigkeit des Zahlmeisters an Bord
besteht in der Regelung des ganzen Zahl= und Rechnungswesens der
Schiffe; außerdem hat er den Proviant zu beschaffen und ist für die
Qualität desselben verantwortlich.

Außer dem hier angeführten Stabe können auch noch Marinebau=
meister oder Bauführer an Bord kommandiert werden, was meistens
den Zweck hat, daß sie sich über Zweckmäßigkeit von baulichen Ein=
richtungen an Bord durch die Praxis orientieren sollen, während dieses
bei theoretischer Beschäftigung mit Konstruktionszeichnungen nicht mög=
lich ist.

Fahren Linienschiffe im Verbande, so ist für je eine Division
(4 Schiffe) meistens ein Pfarrer vorhanden, welchem die Seelsorge
obliegt.

Vielfach sind auf den Linienschiffen 10—15 Fähnriche zur
See zur Ausbildung kommandiert. Dieselben stehen im Range eines
Portepee=Unteroffiziers und erstreckt sich ihre praktische Ausbildung auf
Ausübung des Wachtdienstes unter Aufsicht des Wachtoffiziers, indem
sie gleichmäßig auf die verschiedenen Wachen verteilt werden. Des
Weiteren versehen sie den Dienst als Korporalschaftsführer bei den
einzelnen Divisionen als Signalkadetten, während des Signalisierens
und als Bootssteurer in den Schiffsbooten. Nebenher läuft eine
theoretische Ausbildung, welche sich auf Navigation, Artillerie, See=
mannschaft, Dienstkenntnis, Torpedolehre, Maschinenkunde, sowie die
englische und französische Sprache erstreckt. Als Lehrer fungieren See=
offiziere und Ingenieure.

Die Deckoffiziere. Auf einem modernen Linienschiff sind
im allgemeinen gegen 20 Deckoffiziere vorhanden und zwar für die
folgenden Ressorts:

1. Die Maschinisten oder Obermaschinisten; dieselben
versehen an der Maschine den Wachtdienst und sind während dieser Zeit
für dieselbe verantwortlich.

2. Der Torpedomaschinist ist für die Torpedo, Lancier=
apparate und sämtliche dazu gehörige Luftpumpen und andere Mechanis=
men und Hilfsmaschinen verantwortlich. Die übrigen Hilfsmaschinen,
welche auf einem modernen Linienschiff in großer Menge vertreten
sind, unterstehen ebenfalls einem Maschinisten.

3. Die Feuermeister bekleiden eine den Maschinisten ent=
sprechende Stellung im Heizraume, wo sie gleichermaßen vierstündlich
Wache gehen.

4. Der Oberbootsmann ist speziell dem ersten Offizier
unterstellt und für das gesamte seemännische Ressort verantwortlich.
Hierzu gehört alles auf die Takelage bezügliche, die Boote und deren
Heißvorrichtungen, soweit sie nicht mit Dampf betrieben werden, Anker

und Ketten, ferner Instandhaltung und Reinigung des Oberdecks und anderes mehr.

5. Der Oberfeuerwerker ist dem Artillerieoffizier bei= gegeben und ist für die kriegsmäßige Instandhaltung des sämtlichen Artillerieinventars und Materials demselben verantwortlich.

6. Der Verwalter. Diesem liegt die Regelung sämtlicher Requisitionen für Material und Inventar, soweit es nicht Sache des Oberfeuerwerkers oder des Torpedomaschinisten ist, von der Werft, ob, und giebt er von den diesbezüglichen Vorräten des Schiffs wiederum auf Requisition der betreffenden andern Deckoffiziere den für die Instandhaltung des Schiffs nötigen Bedarf aus.

7. Der Obersteuermann. Der Obersteuermann ist dem Navigationsoffizier zur Unterstützung beigegeben. Derselbe beteiligt sich nach den Anordnungen des letzteren an der Navigation des Schiffes, indem er Peilungen nimmt, Observationen macht und dieselben aus= rechnet, sowie Eintragungen in die Seekarte macht. Im übrigen unter= steht ihm das sogenannte Steuermannsdetail, dazu gehören alle nau= tischen Instrumente, wie Kompaß, Sextanten, Lotmaschinen, Logg= apparate, Signalflaggen u. s. w.

8. Der Obermeister ist, was auf Handelsschiffen als Schiffs= zimmermann bezeichnet wird, nur in größerem Maßstabe. Außerdem ist er im Taucherdienst ausgebildet, und untersteht ihm das gesamte Zimmermannspersonal.

Die Unteroffiziere gliedern sich kurz gefaßt in die seemännischen und technischen Unteroffiziere, sowie diejenigen, welche zu den Hand= werkern gehören.

An seemännischen Unteroffizieren sind vorhanden:

Oberbootsmanns=Maat
Bootsmanns=Maat
Torpedo=Oberbootsmanns=Maat
Torpedobootsmanns=Maat
Oberfeuerwerks=Maat
Feuerwerks=Maat
Obersteuermanns=Maat
Steuermanns=Maat
Obersignal=Maat
Signal=Maat

Die technischen Unteroffiziere:

> Obermaschinisten-Maat
> Maschinisten-Maat
> Torpedo-Obermaschinisten-Maat
> Torpedo-Maschinisten-Maat
> Oberfeuermeisters-Maat
> Feuermeisters-Maat
> Torpedo-Oberfeuermeisters-Maat
> Torpedo-Feuermeisters-Maat.

Handwerker u. s. w. Obermeisters-Maat, Meisters-Maat. Dieses sind gelernte Schiffszimmerleute, welche alle Zimmermanns=arbeiten zu machen und zu beaufsichtigen haben, ihnen sind die im Range von Matrosen stehenden Zimmermanns-Gasten beigegeben.

> Ober-Verwalters-Maat
> Verwalters-Maat
> Oberlazaret-Gehilfe
> Lazaret-Gehilfe.

Ferner die im Range von Unteroffizieren stehenden Köche, Bäcker, Schneider, Schuster u. s. w.

---

## Die Zeiteinteilung an Bord.

Die Zeiteinteilung an Bord unterscheidet sich infolge der Eigen=artigkeit des Schiffsdienstes wesentlich von der bürgerlichen. Die 24 Stunden des Tages werden in Gruppen von je 4 Stunden geteilt und fängt nach Ablauf dieses Zeitraumes die Stundenzählung von neuem an und wird durch Schläge der Schiffsglocke bezeichnet. Um ein Beispiel herauszugreifen, bedeutet ein Schlag mit der Schiffsglocke $\frac{1}{2}5$ Uhr, ein Doppelschlag 5 Uhr, ein Doppelschlag und ein einzelner $\frac{1}{2}6$ Uhr u. s. w. bis 4 Doppelschläge 8 Uhr bezeichnen, worauf dann die Rechnung wieder von vorne anfängt. Dies ist eine alte, historisch überlieferte und internationale Sitte. Man bezeichnet die Schläge der Glocken mit „Glasen" und sagt demnach es ist 4 Glas, 5 Glas, 8 Glas u. s. w. Der Ursprung dieser Sitte beruht auf dem vierstündlich eintretenden Wachtwechsel und überhaupt der Rege=lung des Wachtdienstes, welcher den ganzen Dienstbetrieb und das Leben an Bord bestimmt.

Der maßgebende wirkliche Zeitanzeiger ist die Schiffsuhr, welche in Deutschland nach mitteleuropäischer Zeit, in andern Häfen nach der dort üblichen Zeit gestellt wird, und ein besonders hierzu abgeteilter Mann von der Wache ist verpflichtet, genau und pünktlich zu glasen und dadurch, ohne sonst die Aufstellung von Uhren im Schiffe erforderlich zu machen, die Zeit bekannt zu geben.

Das Leben, der Dienst, sowie jede Beschäftigung der Mannschaft regeln sich nach einem bestimmten Plan, welcher einheitlich in der ganzen Marine durchgeführt worden ist und mit „Routine" oder Tageseinteilung (Wocheneinteilung u. s. w.) bezeichnet wird. Bezüglich der Tagesroutine ist die im Hafen und diejenige in See zu unterscheiden.

99. In der Kombüse (Küche).

Im Hafen beginnt sie morgens kurz vor dem Wecken der Mannschaft, also im Sommer gegen $^1/_2 5$, im Winter gegen 5 Uhr oder etwas später. Um diese Zeit bereitet das Quartier der Mannschaft, welches den Wachtdienst der betreffenden Nacht gehabt hat, das Nötige für das demnächst folgende Wecken vor. Die Behälter, welche die Hängematten während des Tages aufnehmen — die Hängemattestasten — werden geöffnet und gereinigt, sowie Waschwasser in genügender Menge auf Deck oder in sonst zum Waschen der Leute bestimmten Räumen aufgestellt. Es erfolgt dann die Reveille oder

Wecken auf Befehl des wachthabenden Offiziers zur festgesetzten Zeit, indem der Tambour und der Hornist die Reveille blasen und die Unteroffiziere in allen Decks die Leute wecken oder wie der technische Ausdruck lautet „Aufpurren". Innerhalb zehn Minuten muß jeder mit der zusammengerollten und zusammengebundenen (gezurrten) Hängematte an Deck erscheinen, wo dieselben dann in den bereits oben erwähnten Hängemattskasten durch abgeteilte Leute, die Hängemattsstauer, zusammengepackt werden. Hierauf waschen sich die Leute und beendigen ihren Anzug, wozu in der Regel ungefähr vierzig Minuten Zeit gelassen werden. Es ist dann ungefähr

100. Die „Bumbootsfrau" an Bord.

6 Uhr geworden, und treten hierauf beide Wachen zum Deckwaschen an, welches ungefähr bis $^3/_4 7$ Uhr dauert, wo durch das Signal „Backen und Banken" die Vorbereitungen zum Frühstück befohlen werden. Dieses den Laien unverständliche Wort erklärt sich folgendermaßen: Back heißt in der Seemannssprache ein Tisch, und zwar werden die Tische, an denen die Mannschaft ihre Mahlzeiten einnimmt, während der Dienstzeit zusammengeklappt und aus dem Wege geräumt, ebenso wie die dazu gehörigen Bänke. So will das Kommando „Backen und Banken" sagen, daß die Backen und Bänke aufgeschlagen werden, womit zugleich angekündigt wird, daß die Freizeit beginnt, und die Vorbereitungen zur Mahlzeit getroffen werden sollen.

An jeder Back sitzen ungefähr 8—15 Leute, welche als eine Backs=
mannschaft bezeichnet werden und gewöhnlich sich aus derselben
Korporalschaft zusammensetzen. Der sogenannte Backsälteste (Tisch=

101. **Reinschiff an Bord.**

älteste) pflegt demgemäß der Korporalschaftsführer, jedenfalls aber ein
Unteroffizier oder ein älterer Obermatrose oder Matrose zu sein,
welcher geeignet ist, ein gewisses Maß von Autorität zu besitzen und

den Leuten auch außerdienstlich mit gutem Beispiel voranzugehen. Die Geschäfte des Aufschlagens und Zusammenklappens der Backen und Banken, das Holen des Essens von der Kombüse (Schiffsküche), sowie das Waschen des Geschirrs nach der Mahlzeit wird von den Backschaften besorgt. Jede Backschaft besteht im allgemeinen aus zwei Leuten, welche 24stündlich wechseln. Auf das Signal „Backen und Banken" begeben sich sämtliche Backschaften in einer bestimmten durch einen Unteroffizier geregelten Reihenfolge an die

102. Der Bootsmannsmaat der Wache pfeift zur „Musterung in Divisionen" auf.

Kombüse, und erhalten dort von dem Koch das Essen für die ganze Backsmannschaft. Das Austeilen des Essens, sowie das Bereitstellen der „Backen und Banken" nimmt ca. 10—15 Minuten in Anspruch, worauf dann das Signal zum Frühstück gegeben wird, für welches 20 Minuten angesetzt sind. Nach Ablauf dieser Zeit werden die augenblicklich stehenden Posten des Schiffes abgelöst, um auch frühstücken und sich dem Tagesanzug entsprechend umziehen zu können. Die freie Zeit dauert dann noch bis 7 Uhr 40 Minuten, worauf ca. 1 1/2 Stunde Reinigungsdienst erfolgt, welcher sich auf Säuberung des

103. Der Quartierälteste der Seekadetten meldet sein Quartier „zur Stelle".
(Musterung in Divisionen am Wochentage).

Decks, Putzen der Geschütze und Handwaffen erstreckt. Zwischen 9 und 10 Uhr treten auf ein bezügliches Signal sämtliche Divisionen zur

Musterung an. Diese hat zunächst den Zweck, Befehle und Anordnungen aller Art der Mannschaft bekannt zu geben, außerdem aber auch, wie der Name sagt, die Leute zu mustern und zwar auf Reinlichkeit des Körpers und des Anzuges, sowie ferner auf ordnungsmäßige Beschaffenheit der verschiedensten Gegenstände, der Kleidung und Ausrüstung, welche jedesmal nach Befehl zur Musterung mitgebracht werden müssen, so z. B. der Handwaffen, Seestiefel, Utensilienkasten u. s. w.

104. Der „Erste Offizier" meldet dem Kommandanten die Mannschaften gemustert.

Außerdem wird jede Division auf Vollzähligkeit gemustert und streng darauf gehalten, daß alle Leute erschienen sind. Die Divisions=Offiziere machen hierauf dem ersten Offizier über Vollzähligkeit und Zustand der Divisionen Meldung, worauf dieser dem Kommandanten meldet, daß die Mannschaft zur Musterung angetreten ist und von ihm die Befehle bezüglich des nachherigen Dienstes in Empfang nimmt. Von $1/2 10 - 1/2 12$ Uhr findet Exerzierdienst statt und zwar je nach Befehl divisionsweise unter der Leitung der einzelnen Divisionsoffiziere oder „Alle=Mann=Dienst" nach dem Kommando des ersten Offiziers. Die Beendigung des Dienstes wird durch das Signal „Klar Deck überall" gegeben, worauf die Decks durch Fegen

105. Musterung mit Handwaffen.

gereinigt werden, und nunmehr die Mittags=Freizeit beginnt, welche im allgemeinen bis 2 Uhr dauert. Um 12 Uhr wird das Signal

„Alle Mann Mittag" gegeben, und stehen zu dieser Mahlzeit den Leuten 30 Minuten zur Verfügung. Der Dienst beginnt um 2 Uhr, nachdem kurz vorher das Signal „Pfeifen und Lunten aus" gegeben worden ist, mit der Bedeutung, daß nunmehr nicht mehr geraucht werden darf. Der Gebrauch von Streichhölzern an Bord ist nämlich in Anbetracht der Feuersgefahr streng untersagt und dienen zum Anzünden von Pfeifen und Cigarren brennende Lunten, welche an verschiedenen Orten des Schiffes in eisernen Gehäusen aufgehängt sind. Der Exerzierdienst nachmittags ist um 4 Uhr zu Ende und schließt sich an ihn nach einer halbstündigen Pause um $^1/_2 5$ Uhr entweder Unterricht der Mannschaft oder „Alle-Mann-Dienst", und zwar meistens dann Rollen-Exerzieren; um $^1/_2 6$ Uhr ist auch dieser Dienst zu Ende.

106. **Musterung mit kleinen Utensilien.**

Es folgt um 6 Uhr das Abendessen und danach Freizeit, welche bis kurz vor 8 Uhr dauert. Um 8 oder $^3/_4 8$ Uhr wird das Signal zum Empfange der Hängematten gegeben, worauf jeder Mann seine Hängematte, welche mit seiner Schiffsnummer bezeichnet ist, an den für ihn bestimmten Platz in den unteren Decks des Schiffes an zwei eisernen Haken aufhängt. Es ist jedoch auch gestattet, sich nicht gleich in die Hängematten zu legen, sondern sich nach Aufhängen derselben am Deck aufzuhalten. Um 9 Uhr ertönt das Kommando „Ruhe im Schiffe" und kurz vorher „Pfeifen und Lunten aus", worauf in allen unteren Schiffsräumen jedes laute Gespräch zu verstummen hat, und jeder, der nicht schlafen gehen will, sich auf das Oberdeck hinauf zu verfügen hat. Zehn Minuten nach 9 Uhr wird das Signal „Ronde" gegeben, auf welches der erste Offizier mit dem Ingenieur, dem Bootsmann, Feuerwerker und den übrigen Details-Deckoffizieren durch sämtliche Räume des Schiffes geht, um sich zu überzeugen, daß überall Ruhe und Ordnung herrschen, das Feuer in den Kombüsen gelöscht ist und die Munitionskammern und Vorratsräume geschlossen sind.

Wenn der Rondegang beendet ist, meldet der Pumpenmeister dem ersten Offizier, wie der Wasserstand bei den Pumpen ist (auf jedem großen Schiffe befindet sich immer etwas Wasser in den untersten Räumen), und diktiert dieser dann die Befehle für den nächsten Morgen und begiebt sich zum Kommandanten, um ihm zu melden, daß die Ronde gegangen ist und sich alles in Ordnung befindet. Die Zeit zwischen der Ronde und dem nächsten Morgen nimmt nur die Thätigkeit des Quartiers der Wache in Anspruch, welches die Posten stellt, die sich alle Stunden oder zwei Stunden ablösen.

107. **Zeugflicken der Schiffsjungen.**

Wie aus dem obenstehenden hervorgeht, sind Signale nötig, um einen Befehl durch das ganze Schiff in möglichst kurzer Zeit bekannt zu machen, weil dazu die menschliche Stimme nicht ausreicht, besonders bei einer über 500 Mann betragenden Besatzung, wo eine vollständige Ruhe niemals herrscht. Es werden daher Pfeifensignale von dem an Oberdeck befindlichen Bootsmannsmaaten der Wache gegeben, welche durch das ganze Schiff hörbar sind und jeden Mann der Besatzung zur absolutesten Ruhe verpflichten. Um das nachfolgend mit der Stimme hinuntergerufene Kommando oder Befehl verstehen zu können, sowie ein solcher Befehl von oben in die unteren Decks gerufen wird, wiederholen ihn die wachthabenden Unteroffiziere in dem betreffenden Deck und sind dazu verpflichtet, für die Beachtung und Ausführung zu sorgen, daß sie dabei manchmal einen schweren Stand haben, ist begreiflich und menschlich, und jeder wird uns glauben, wenn wir behaupten, daß das Signal zu den Mahlzeiten niemals mißverstanden und mit größter Geschwindigkeit befolgt wird, während das Antreten zum Dienste manchmal unbegreiflicherweise ganz überhört wird. Für die hauptsächlichsten und sich regelmäßig wiederholenden, auf diese Weise bekannt gemachten Befehle sind auch besondere Pfeifensignale vorhanden, so wird bei allen „Alle Mann" versammelnden Signalen von sämtlichen Unteroffizieren gepfiffen, ebenso sind die Signale: „Pfeifen und Lunten aus", „Backen und Banken", Ronde usw. für jeden so kenntlich, daß es keiner Erklärung des durch den nachträglich mit der Stimme gegebenen Befehls bedarf.

108. Zeugwäsche der Seekadetten.

Infolge der Vielseitigkeit der Ausbildung einer so zahlreichen Mannschaft, wie sie ein modernes Linienschiff aufweist, sowie des Schiffsdienstes überhaupt, kann nicht an jedem Tage das ganze erforderliche Pensum durchgeführt werden, sondern muß auf die Woche verteilt werden. Die dementsprechende Einteilung nennt man „Wochenroutine", in welcher für jeden Tag ein bestimmter Dienstplan festgesetzt ist; selbstverständlich ist es nicht möglich, infolge von Witterungsverhältnissen, Inseegehen, oder andern manchmal nicht vorherzusehenden Ereignissen, diesen Wochenplan genau innehalten zu können. Er wird jedoch soweit wie möglich befolgt und bildet immer einen unentbehrlichen Anhalt. Der Sonnabend ist durchweg im Hafen und in See einer gründlichen Schiffsreinigung, dem sogenannten „Reinschiff" oder wie man in Berlin sagen würde „großes Reinemachen" geweiht, welches von früh morgens bis mittags dauert. Der Nachmittag wird der Mannschaft zur Verfügung gestellt, um sich zu baden, sich die Haare schneiden zu lassen oder sich zu rasieren, sowie sich ihr Zeug für den kommenden Sonntag in tadellose Ordnung zu bringen. Am Sonntag findet morgens früh ein umfangreiches sogenanntes „Deckaufklaren" statt, welches, um sich so auszudrücken, das Anlegen der letzten Feile an die Resultate der Reinschiffs-

109. **Klarmachen der Seekadetten zur Sonntagsmusterung.**

arbeit bedeutet. Alle Messingteile werden geputzt, das Tauwerk geordnet, alle losen Gegenstände in Ordnung aufgestellt und vor allem in allen Materials-, Vorrats- und Inventarräumen, jeder Gegenstand genau auf seinen richtigen Platz gestellt, kurz Ordnung im weitesten Sinne des Wortes gemacht. Nachdem hierauf noch die Geschütze und Handwaffen gereinigt sind, legt die Mannschaft den befohlenen Sonntagsanzug an, wozu ungefähr 40 Minuten Zeit gegeben werden und versammelt sich darauf zur Musterung. Die Musterung erhält am Sonntag eine erhöhte Wichtigkeit für die Mannschaft, wie für die Offiziere dadurch, daß der Kommandant sich die Divisionen und die einzelnen Leute genau auf Sauberkeit, vorschriftsmäßigen Anzug und gute Haltung ansieht und

110. **Vormusterung der Seekadetten durch den Seekadetten-Offizier.**

außerdem sämtliche Räume des Schiffes auf Ordnung und Reinlichkeit besichtigt. Da ist natürlich jeder Divisionsoffizier bestrebt, seine Division als die beste genannt zu hören, und nicht weniger will jeder einzelne Mann durch tadelloses Aussehen der Division oder seiner Korporalschaft Ehre machen und sich nicht der Gefahr aussetzen, als „Schmutzfink" bezeichnet, von der Urlaubsliste gestrichen, oder gar nachher von seinen eigenen Kameraden einer energischen Reinigung unterzogen zu werden.

111. Sonntagsmusterung der Seekadetten „Augen rechts".

Dies ist, wie hier erwähnt sei, eine der aller wirksamsten Erziehungs-Methoden, einen Mann, welcher fortgesetzt eine unüberwindliche Scheu vor Wasser und Seife zeigt, gründlich zu bekehren. Wenn weder Ermahnung oder Zurechtweisung etwas gefruchtet haben, so ist's sicher, daß er sich gründlich ändert, sobald er ein einziges Mal „von der Korporalschaft gewaschen" worden ist.

112. Sonntagsmusterung der Seekadetten durch den Kommandanten.

Sowie sich der Kommandant die Leute angesehen hat, ertönt der Signalpfiff „zur Besichtigung" und nun begiebt sich jeder Unteroffizier und jeder Mann auf die Station, welchem ihm die Reinschiffs- oder die Putzrolle anweist und erwartet dort den Kommandanten, um sich ihm als für die Reinlichkeit des betreffenden Geschützes, Geländers oder Decks verantwortlich zu melden. Diese Besichtigung des Schiffes nimmt, wenn sie gründlich vorgenommen wird, wie man sich denken kann, bei den beinahe unzähligen Räumlichkeiten der modernen Linienschiffe eine lange Zeit in Anspruch, und ist infolgedessen bereits seit längerer Zeit die Sitte eingeführt worden, daß der Kommandant schon im Laufe der Woche periodisch bestimmte Schiffsräume besichtigt, um der Mannschaft nicht zu sehr ihren Sonntag zu verkürzen.

Wenn die Besichtigung beendet ist, wird mit der Schiffsglocke zum Gottesdienst geläutet. Die Mannschaft versammelt sich hierzu auf einem je nach der Art des Schiffes geeigneten Platze, der Kirchenwimpel wird über der Kriegsflagge geheißt und der Kommandant oder der Navigationsoffizier hält hierauf eine Andacht ab.

113. **Morgenandacht auf dem Oberdeck.**

Auf Schiffen, wo ein Geistlicher vorhanden ist, hält derselbe eine Predigt, und wird dann meist durch die Schiffskapelle ein Choral gespielt. Wenn auf einem Geschwader sich ein Geistlicher befindet, wechselt er meistens jeden Sonntag mit dem Schiffe ab, auf welchem er den Gottesdienst abhält.

Der übrige Teil des Tages ist der Mannschaft überlassen, es kann geraucht werden, die Backen und Banken können den ganzen Tag aufgeschlagen bleiben und die Leute sich auf oder unter Deck beschäftigen, wie sie wollen. Die beurlaubten Leute oder die Freiwache werden so früh wie möglich, meistens gegen halb zwei Uhr nachmittags an Land geschickt, während sie an Wochentagen erst gegen halb sieben Uhr abends das Schiff verlassen können.

Der Wachtdienst geht natürlich in derselben Weise Tag und Nacht weiter, ob Wochentag oder Sonntag, weil derselbe nicht ein Exercitium für die Leute darstellt, sondern für die Sicherheit und den ganzen Betrieb des Schiffes unumgänglich notwendig ist.

## Die Tageseinteilung im See.

Wann das Schiff unter Dampf auf der Fahrt ist, so ändert sich die Zeiteinteilung, sowie die Beschäftigung der Mannschaft in verschiedenen, freilich nicht grundsätzlichen Punkten. In erster Linie kommt dafür sowohl der vierstündliche Wechsel des Wachtpersonals, als auch die erheblichere Stärke desselben in Betracht. Für die planmäßige Ausbildung der Mannschaft ist, wie einleuchtet, günstiger, wenn das Schiff im Hafen liegt, denn zunächst wird da ein weit geringerer Teil der Mannschaft durch den Wachtdienst absorbiert, ferner sind die Divisionsoffiziere immer für ihre Divisionen verfügbar, da die Tageswache im Hafen durch jüngere Leutnants zur See gegangen wird, während der Divisions= offizier in See auf Wache unabkömmlich ist. Es kommt hinzu, daß der Geschwaderdienst durch Gefechtsübungen, welche manch= mal tagelang allgemeinen Klarschiffszustand erfordern, ferner durch häufiges Ankern, Ankerlichten, Bootsdienst und mancherlei andere häufige Ueberraschungen bringt. Des Nachts wird die Mannschaft durch den Wachtdienst erheb= lich mehr in Anspruch genom= men, indem alle vier Stunden eine Wache oder die Hälfte derselben geweckt wird, und während dieser Zeit, soweit sie nicht durch Postenstehen in Anspruch genommen wird, in dem Zwischendeck in einem Schlafsegel sich angekleidet niederlegt, um jeden Augen= blick für unvorhergesehene Zwischenfälle bereit zu sein.

114. Auf der Jakobsleiter
(Seekadetten beim Aufentern).

115. In den Wanten
(Seekadetten beim Aufentern).

Als abgeschlossene Ausbildungszeit sowohl für die Besatzung des einzelnen Schiffes, als auch des ganzen Geschwaders ist der Zeit= raum eines vollen Jahres festgesetzt.

Diese Periode beginnt für die Schiffe unseres heimischen Geschwaders mit dem Monat Oktober, und zwar bildet die Einzelausbildung der Besatzung und der Offiziere den Anfang derselben.

116. **In den Püttings** (Seekadetten beim Aufentern).

Die Schiffe üben, obgleich sie dem Geschwaderverbande angehören, meist einzeln, halten Geschütz=, Torpedo= und Gewehrschießübungen ab, die Rudersleute werden im Steuern, die Offiziere im Manövrieren ausgebildet u. s. w. Dieser Abschnitt erreicht gegen Ende November oder Anfang Dezember einen gewissen Abschluß durch die sogenannte Winterreise, welche 14 Tage bis drei Wochen in Anspruch nimmt und im Geschwaderverbande gemacht wird; gewöhnlich bilden die nordischen Gewässer das Ziel derselben.

Es folgt die Weihnachtszeit und das Neujahrsfest, wozu die Mannschaften einen längeren Urlaub erhalten. Während der ersten Monate des neuen Jahres führen die Schiffe die notwendigen großen Reparaturen auf den Werften aus, während die Ausbildung der Mannschaften ihren ununterbrochenen Fortgang nimmt. Mit dem 1. April beginnt eine Zeit ununterbrochener Geschwaderübungen in der Ost= und Nordsee, welche neben der Mannschaftsausbildung in erster Linie Manövrier= und Evolutionierübungen im Geschwader begreift. Im Juli treten die Torpedobootsdivisionen zum Geschwader und die Uebungen nehmen damit einen immer kriegsmäßigeren Charakter an:

117. **Die Toppsgäste,** Bram- und Oberbramraagäste im Mars.

Aufklärungsdienst, Gefechtsbilder, Vorpostenübungen und Torpedo=
bootsangriffe bei Tag und Nacht bilden den interessanten Inhalt dieser

118. Segelexerzieren. Schiffsjungen in den Raaen.

Periode, welche große Anforderungen an das gesamte Personal stellt.
Mitte August endlich tritt ein zweites neu gebildetes Geschwader hinzu,

— 186 —

die Manöver der Herbstflotte nehmen damit ihren Anfang und dauern bis Ende des Monats September. Der Befehlshaber der Herbstflotte wird in jedem Jahre vom Kaiser besonders ernannt, und zwar ist es während der letzten Jahre der Generalinspekteur der Marine, Admiral Köster, gewesen, welcher so Deutschlands schwimmende, heimische Streitkraft für den Krieg geschult hat.

119. **Auf der Raa ausgelegt.**

Die Herbstmanöver stellen die höchsten Ansprüche an alle, vom Admiral bis zum Matrosen, und die gewaltigen Leistungen, welche das Manöver verlangt, sind nur möglich auf einer festen Basis sorgfältigster Einzelausbildung. Oefters übernimmt Seine Majestät der Kaiser die Leitung der Manöver und hat stets seine größte Anerkennung über den Verlauf derselben ausgesprochen. Nichts könnte wohl mehr geeignet sein, unsere Marine zu immer erhöhten Anstrengungen und Leistungen anzuspornen, als der Lobspruch ihres allerhöchsten Kriegsherrn, welcher, wie alle wissen, mit dem wärmsten Interesse für „Seine Marine" die größte Sachkenntnis verbindet.

120. **Segel losmachen.**

Hiermit schließt das „Marinejahr", um einer folgenden gleichen Periode der Arbeit und des Schaffens Platz zu machen.

### Die Arbeitsrutine.

Oft macht es die ununterbrochene Thätigkeit unserer Schiffe nötig, während der Indiensthaltung den Schiffskörper äußerlich wieder gut in Stand zu setzen, zu malen, gründlich zu reinigen u. s. w., was ebenfalls von der Mannschaft ausgeführt wird. Dies geschieht vor Besichtigungen durch die höheren Vorgesetzten, sowie vor der Kieler Woche, zu deren Festlichkeiten sämtliche Schiffe sich im Kieler Hafen versammeln. Während einer solchen Periode hört jegliches Exerzieren auf, und die ganze Mannschaft arbeitet vormittags vom Frühstück bis mittags, nachmittags von 1½ Uhr bis zum Abendessen; die Musterung pflegt dann auszufallen.

121. Seekadetten liegen auf der Marsraa aus, um das Segel los zu machen.

Auch das häufig notwendige und wenig beliebte Kohlennehmen der Schiffe wird von der ganzen Mannschaft verrichtet. Es bildet ein Exercitium und den Gegenstand regsten Wetteifers zwischen den Schiffen des Geschwaders; denn das Schiff, welches am schnellsten „gekohlt" hat, wird besonders durch Tagesbefehl vom Admiral belobt. Die Kohlenübernahme beginnt meistens morgens mit dem frühesten und wird, durch eine kurze Frühstückspause unterbrochen, bis zu Ende fortgesetzt. Versüßt wird die schmutzige und anstrengende Arbeit den Matrosen durch die Aussicht auf den abendlichen Urlaub, auch spielt die Bordmusik den ganzen Tag ihre manchmal recht grellen Weisen, welche jedoch das wenig empfindliche Seemannsohr nicht weiter beleidigen.

122. Laß fallen.

123. „Heiß Bram und Oberbramraa."

124. „Segel fest" (Schiffsjungen).

125. Reff in das Marssegel „Enter auf".

126. Geschwader in Kiellinie.

## Der Postendienst an Bord.

Die Posten haben, speziell wenn das Schiff sich auf der Fahrt befindet, Aufgaben, welche für die Sicherheit des Schiffes notwendig

127. Bootsheissen „Heiß auf".

sind und mögen deswegen hier die wichtigen davon erwähnt sein.

Der Ausguckposten befindet sich entweder vorne auf der Back

oder in dem Mars des vorderen Mastes. Er muß beständig scharf auf alles aufpassen, was in seinen Gesichtskreis kommt, und hat derselbe durch lautes Rufen dem wachthabenden Offizier zu melden.

128. **Segelreffen bei Sturm.**
„Ein Reff ins Marssegel."

Hieher gehört das Insichtkommen von Land, Bojen, Baken, Schiffen, schwimmenden Wracks oder von Brandung. Des Nachts hauptsächlich ist es von höchster Wichtigkeit, daß er seinen Dienst mit größter Gewissenhaftigkeit versieht, denn wie oft kommen gerade nachts nur infolge von Unachtsamkeit Zusammenstöße von Schiffen auf See vor, die sonst leicht hätten vermieden werden können.

Wie bekannt muß jedes Schiff während der Dunkelheit bestimmte Lichter — die sogenannten Positionslichter — führen, an denen man sehen kann, ob es ein Dampf- oder ein Segelschiff ist und in welcher Richtung es sich bewegt. Da der Wachtoffizier auf der Brücke nicht immer ein genügend freies Gesichtsfeld besitzt, außerdem auch noch anderes zu thun hat, so muß er sich vorwiegend auf die Rechtzeitigkeit und Zuverlässigkeit der Meldungen dieses Postens verlassen, um derartige Unglücksfälle vermeiden zu können.

129. **S. M. Schulschiff „Charlotte"**
**während des Sturmes am 25. Februar 1898**
**in Nordatlantic.**
Nach einer Zeichnung des Leutnants Waldschmidt.

Der Ausguckposten steht auch im Hafen, und kommt dort zu seinen Obliegenheiten noch hinzu, daß er gut aufpassen muß, ob die Ankerkette nicht gebrochen ist, oder das Schiff vor seinem Anker treibt.

Der Posten an der elektrischen Rettungsboje steht nur des Nachts und tritt nur für den Fall, daß ein Mann der Besatzung über Bord fällt, in Thätigkeit. Dann läßt er durch einen Hebeldruck die Boje in das Wasser fallen, und entzündet sich ein 15 Minuten lang brennender Leuchtkörper, damit der schwimmende Mann sie auffinden kann.

Für den Fall, daß ein solches Unglück eintritt, befindet sich außerdem eine vollständige Bootsbesatzung, die „Rettungsboots-Mannschaft" in steter Bereitschaft.

Sie wechselt mit jeder Wache, ist vom Postendienst entbunden und wird von dem Bootssteurer, einem

130. Der Bootsmann beim Schraubenlichten.

Unteroffizier, auf Vollzähligkeit gemustert und dem wachthabenden Offizier zur Stelle gemeldet. Es ist vielleicht nicht uninteressant, bei dieser Gelegenheit kurz zu erörtern, was sonst auf einem Panzerschiffe geschieht, wenn ein Mann über Bord fällt: der erste, der es sieht, schreit so laut wie möglich „Mann über Bord", was von jedem, der den Ruf hört, wiederholt wird; der wachthabende Offizier läßt sogleich die Maschine stoppen und rückwärts gehen, sowie die beiden hiezu bestimmten Ruderboote, die Kutter, zu Wasser bringen, die alsdann sich so schnell wie möglich nach dem Orte, wo

131. Am Gangspill „hiev rund".

der Verunglückte zuletzt gesehen wurde, hinbegeben. Damit die Boote, welche wegen ihrer geringen Höhe nur ein kleines Gesichtsfeld haben, richtig fahren und den Mann nicht verfehlen, werden sie vom Mars aus durch einen dort befindlichen Unteroffizier mit Winkflaggen dirigiert.

Fährt das Schiff im Geschwader, so muß sofort ein bestimmtes

132. **Dampffahrübungen der Seekadetten.**

Signal gegeben werden, was besonders für die dahinter fahrenden Schiffe wichtig ist, damit keine Kollisionen entstehen und der schwimmende Mann nicht überfahren wird.

133. **Dampffahrübungen der Fähnriche zur See:**
**Ueber den Achtersteven ans Fallreep gehen.**

Der Posten am Ruder, oder Rudersmann, steuert das Schiff nach den Befehlen des wachthabenden Offiziers und ist diesem für richtige Ausführung derselben verantwortlich. Außer diesem befinden sich noch zwei Leute zum Bedienen der Maschinentelegraphen auf der Kommandobrücke.

In den Schiffsräumen finden wir Posten vor demjenigen Raum, welcher die Schiffskasse enthält, sowie vor der Arrestzelle und vor

134. Bootrudern der Seekadetten.

135. Kohlenübernahme eines Linienschiffes.
Nach einer Photographie von Fr. Kloppmann Nachf., Wilhelmshaven.

der Kajüte des Kommandanten oder des Admirals, wobei letzterer Posten zugleich Ordonnanzendienste für diese thut.

Im Hafen stehen Posten an den Fallreepstreppen, um den Verkehr zu überwachen; nachts rufen sie alle in Sicht kommenden Boote an und melden dann die Antworten mit lauter Stimme dem wachthabenden Offizier. Der Anruf ist: „Boot ahoi!" und die Antworten der Boote können die folgenden sein: „Nein! nein!" wenn Mannschaften oder keine Angehörigen der Marine darin sind; „ja, ja" zeigt an, daß sich ein Offizier im Boot befindet; wird der Name des Schiffes geantwortet, so ist es der Kommandant und die Antwort „Flagge" zeigt das Anbordkommen eines Admirals an.

136. **Seekadettensegeln im Hafen von Porto-Grande.**

Im übrigen können im Bedarfsfalle noch verschiedene andere Posten ausgestellt werden, so zum Beispiel in den Booten, wenn viele derselben, am Schiffe festgemacht, sich im Wasser befinden, damit sie sich nicht gegen einander stoßen und beschädigen.

137. **Wichtige Passage.**

## Die Schiffsetikette.

Auch dem Nichtfachmann leuchtet es ein, daß auf einem großen Kriegsschiff, welches mit seiner zahlreichen Besatzung einen ebenso umfangreichen, wie eng zusammengedrängten militärischen Körper darstellt, dieses enge Zusammenleben der Vorgesetzten

und Untergebenen durch ganz bestimmte Schranken und Formen ge=
regelt sein muß.

Den Aufenthaltsort der Mannschaft in ihren Freizeiten bilden

138. **Signalisieren an Bord S. M. S. Odin.**

die vordersten Räume des Schiffes, sowie das Verdeck und die Back.
Die Unteroffiziere pflegen sich dort ebenfalls aufzuhalten, haben jedoch
noch einen besonderen Raum zu ihrer ausschließlichen Verfügung.

139. Ueber die Backspier.

140. Beim Passieren des Aequators.
Erscheinen und Ansprache Neptuns bei der Linientaufe.

Die Deckoffiziere besitzen eigene Kammern und eine gemeinsame Messe und steht auf dem Oberdeck ihnen der mittlere Teil desselben zu ihrer Verfügung.

Das Achterdeck ist dem Aufenthalt der Offiziere vorbehalten.

Jedem Mann ist in und außer Dienst die größte Reinlichkeit zur Pflicht gemacht, was auch absolut erforderlich ist, wenn man bedenkt, daß beinahe über 600 Menschen dauernd auf so engem Raume bei einander wohnen; da muß eben jeder das Schiff wie sein Haus, seine Stube betrachten, deren Wohnlichkeit und schmuckes Aussehen ihm über alles geht.

Das Rauchen ist der Mannschaft nur in den Freizeiten gestattet, oder wenn ausdrückliche Erlaubnis dazu gegeben worden ist; eine Ausnahme bildet die Arbeit des Kohlennehmens, bei welcher ohne weiters ein für alle Mal die Leute rauchen dürfen.

Die Vorgesetzten werden an Bord nicht durch Handanlegen an die Kopfbedeckung begrüßt, sondern nur durch Einnehmen einer strammen Haltung. Betritt ein Offizier einen Raum, wo sich Mannschaften oder Unteroffiziere aufhalten, so ruft der ihn zuerst Sehende „Ordnung", und Alle erheben sich.

141. Essen-Probe.

Das Schiff darf nur mit ausdrücklicher Erlaubnis verlassen werden, heimliche und überhaupt unerlaubte Entfernung ist strafbar; ebenso muß sich auch jeder an Bord Kommende bei dem wachthabenden Unteroffizier melden.

Auf Geschützrohren, Lafetten, auf der Reeling und in Geschützpforten zu sitzen, ist verboten.

Dagegen kann in der Freizeit gespielt, gesungen und getanzt werden, wovon in ausgiebigster Weise Gebrauch gemacht wird, wie jedem bekannt ist, welcher ein Mal in einem unserer Kriegshäfen war und sich dort von dem frohen Mut und frischen Geist, welcher auf unsern Kriegsschiffen lebt, selbst überzeugen konnte.

---

## Die Verpflegung.

142. Der „Rinderhirte" an Bord.

Die Verpflegung der Unteroffiziere und Mannschaften an Bord ist frei und wird nicht auf die Löhnung angerechnet. Die Schiffe haben meist die sogenannte Selbstverpflegung, welche von einer zum Teil aus der Mannschaft hervorgegangenen Verpflegungskommission gebildet wird, die dem Kommandanten verantwortlich ist. Früher war allgemein die sogenannte Schiffsverpflegung üblich, welche eine bestimmte Speisenfolge für die ganze Woche vorschrieb, und die neue Aenderung liegt entschieden sehr im Interesse der Besatzung, da sie ihre Wünsche für irgend welche Aenderungen bezüglich der Speisen durch die Kommission verwirklichen können. Die Mannschaft erhält, ebenso wie die Offiziere und Deckoffiziere, drei Mahlzeiten am Tage, und zwar morgens um 7 Uhr das Frühstück, bestehend aus Kaffee mit Zucker, außerdem Brot und Butter, um 12 Uhr Mittagessen — Suppe und Fleisch, oder Fleisch und Gemüse — und um 6 Uhr nachmittags das Abendessen, bestehend aus Thee mit Zucker, Brot und Butter.

Die Schiffskost in unserer Marine ist sehr gut, und wird ihre Wirkung in jedem Jahre durch das Wägen der Mannschaft unmittelbar nach dem Anbordkommen und nachher in bestimmten Zeiträumen festgestellt, und zwar stets mit einer außerordentlich großen Gewichtszunahme während der ersten Monate des Anbordseins.

# Die Uniformen in der Marine.

(Tafel 40—48.)

---

## I. Das Seeoffizierkorps. (Tafel 40 und 46.)

### Beschreibung der einzelnen Bekleidungsstücke.

#### 1. Der Rock.

Der Galarock ist bis zum Halse geschlossen, besteht aus dunkel=
blauem Tuch und ist mit einem Stehkragen versehen, welcher mit einer
breiten Goldtresse besetzt ist. Die Admirale tragen anstatt dessen eine
goldene Eichenlaubstickerei. Auf der Brust, an den Enden der Aermel
und auf den Rockschößen sind Aufschläge aus weißem Tuch angebracht,
die mit einer schmalen Goldtresse eingefaßt sind. Vorn befinden sich
zwei Reihen von je sechs mattgoldenen Ankerknöpfen, von denen drei
zugeknöpft werden. Auf den Schultern befinden sich schwarz=rot=silberne
Bänder, welche zum Befestigen der Epauletten dienen und Epaulett=
halter genannt werden.

Der gewöhnliche Rock ist ebenfalls von dunkelblauem Tuch
und hat ungefähr die Form eines zweiknöpfigen Civilgehrocks mit
umgeschlagenem Kragen. An der Brust sitzen an jeder Seite sechs
Knöpfe, von denen vier zugeknöpft werden. Auf jedem Rockschoß sitzen
je drei Knöpfe. Am Halse ist ein Ausschnitt, welcher die Cravatte
und das Hemd sehen läßt. Auf dem Unterende der Aermel, oberhalb
der Aermeltressen (siehe unten) ist je eine Kaiserkrone aus vergoldetem
Messingblech angebracht.

#### 2. Das Jackett.

Ein Jackett aus blauem Tuch oder Serge kann an Bord und
im Bureaudienst getragen werden. Dasselbe ist von einfachem,
weitem Schnitt, trägt vorne zwei Knopfreihen vergoldeter Ankerknöpfe,

dagegen keine Epauletthalter. Auf den Aermeln befinden sich die Krone und Treffen wie beim Rock.

Das Tropenjackett ist von leichtem, weißem Stoff und wird in den Tropen oder auch im Sommer in heimischen Gewässern an Bord angelegt. Es ist vom selben Schnitt wie das blaue Jackett, mit Epauletthaltern versehen, jedoch ohne jede sonstige Abzeichen. Am Halse ist es geschlossen und trägt einen niedrigen Stehkragen.

### 3. Der Ueberzieher.

Der Ueberzieher ist von dunkelblauem Tuch und ungefähr demselben Schnitt wie der der Armeeoffiziere. Er trägt vorn zwei Reihen von je sechs großen vergoldeten Ankerknöpfen und wird hinten in der Taille durch einen Gurt zusammengefaßt. Auf den Schößen befinden sich ebenfalls je drei Knöpfe. Derselbe kann außer Dienst geöffnet getragen werden, jedoch muß er im Dienste stets vollständig zugeknöpft sein. Eine Ausnahme davon machen nur die Admirale, deren Ueberzieher vorn zwei hellblaue Aufschläge haben, welche sie von den übrigen Offizieren im Ueberzieher unterscheiden. Es ist außer= dem gestattet, einen Mantel mit Pelerine, den sogenannten Hohen= zollernmantel zu tragen.

### 4. Die Weste.

Es dürfen Westen von blauer und weißer Farbe getragen werden, welche jedoch nicht zum vorschriftsmäßigen Anzug gehören. Dieselben werden durch kleine, goldene Ankerknöpfe geschlossen und müssen am Halse einen größeren Ausschnitt haben als der Rock oder das Jackett zu dem sie getragen werden.

### 5. Die Beinkleider.

Diese bestehen je nach der Oberkleidung aus dunkelblauem Tuch, leichtem weißem Stoff oder blauer Serge. Sie sind von weitem Schnitt und tragen keine Bisen. Die Galabeinkleider sind an der äußeren Seitennaht mit einer breiten Goldtreffe versehen.

### 6. Der Messeanzug.

Die Messejacke ist von dunkelblauem Tuche und hat den Schnitt der Seekadettenjacke mit dem Unterschiede, daß sie weiter ausgeschnitten ist. Schulterabzeichen werden nicht dabei getragen und dienen nur die Aermeltreffen zur Kennzeichnung des Ranges.

Die Weste ist blau oder weiß und von entsprechendem Schnitt.

Das Beinkleid ist von blauem Satintuch, darf am Gesäß keine Falten werfen und hat hinten keine Schnalle.

## 7. Die Mütze.

Die Mütze ist aus blauem Tuch gefertigt, von runder Form und trägt vorn einen Lederschirm mit einem ledernen Sturmriemen. Beide sind schwarz lackiert. Ein breites schwarzes Band geht rings um den Kopfteil der Mütze herum und befindet sich vorne an dem-selben über der Mitte die schwarz-silber-rote Kokarde unter einer goldenen Kaiserkrone, umgeben von einer goldenen Eichenlaubstickerei.

Im Sommer und in den Tropen werden je nach Befehl weiße Mützen aus Tuch oder aus leichtem Stoff von derselben Form getragen.

## 8. Der Hut.

Der Hut der Seeoffiziere, ein sogenannter Dreimaster, ist an beiden Seiten aufgeklappt, so daß er von hinten nach vorne eine längliche Form hat. Er besteht aus schwarzem, steifem Seidenfilz und befindet sich an der einen Seite die schwarz-weiß-rote Kokarde und eine goldene Agraffe. Der Hut der Admirale trägt als Unter-scheidungszeichen eine breite goldene Tresse, die rings um den Rand herum läuft.

## 9. Der Tropenhelm.

Der Tropenhelm wird, wie der Name sagt, ausschließlich in den Tropen getragen. Er hat eine glockenartige Form, besteht aus Kork, aus Gummi oder Schilf; er ist mit weißem Stoff bezogen und mit einer breiten goldenen Tresse besetzt, trägt außerdem die Kokarde und einen abnehmbaren Sturmriemen.

## 10. Eine wasserdichte Bekleidung

kann an Bord und Land bei schlechtem Wetter getragen werden. Diese besteht aus einem Ueberzieher von wasserdichtem Stoff und dem Schnitt und Farbe des gewöhnlichen Ueberziehers, welcher auch am Land ge-tragen werden kann; an Bord außerdem aus einem gelben Oelrock und einem Südwester. (Südwester sind wasserdichte Hüte aus Oelzeug, welche einen breiten Nackenschirm besitzen.)

## 11. Der Säbel.

Der Marinesäbel ist leicht gekrümmt, hat einen elfenbeinernen Griff und einen vergoldeten, durchbrochenen Bügel, auf dessen äußerer Seite ein unklarer Anker mit einer Kaiserkrone angebracht ist. Er befindet sich in einer schwarzledernen Scheide, welche oben, in der Mitte und unten einen vergoldeten Beschlag trägt. Die Scheide hängt mittels zweier runder Lederriemen an der

## 12. Säbelkoppel

welche aus einem breiten Gurte von schwarzem Leder besteht, welche über dem Rock umgeschnallt wird. Die Koppeln der Admirale tragen am oberen und unteren Rand je eine rings herumlaufende goldene Tresse. Die Koppel wird geschlossen mittels eines vergoldeten Schlosses, welches Anker und Kaiserkrone von einem Lorbeerkranz umgeben trägt. An der Koppel sind die beiden Riemen befestigt, welche mit ihrem an deren Ende durch Karabinerhaken an den Ringen der Säbelscheide angreifen. An dem Säbelgriff wird das Portepee getragen; dasselbe besteht aus einer doppelten, runden, schwarz-rot-silbernen Schnur, an deren Ende eine mattsilberne Eichel hängt.

## 13. Die Schärpe

ist fünf Centimeter breit und besteht in einer Silbertresse, in welche zwei schwarze und ein roter Streifen hineingewirkt sind. Sie ist ein einfacher Gurt und wird vorne durch ein Schloß, welches ebenso wie das Koppelschloß aussieht, zugemacht. Gleichzeitig sei erwähnt, daß, wenn Schärpe und Säbel getragen werden, der Säbel mittels eines sogenannten Unterschnallkoppels, welches aus einem dünnen Stoffbande besteht, unter dem Rocke getragen wird.

## 14. Das Schuhzeug.

Es dürfen nur vollständig glatte Stiefel und Schuhe getragen werden, welche keine sichtbaren Nähte und Knöpfe besitzen. An Bord sind auch niedrige Schuhe gestattet, jedoch müssen dieselben so geschnitten sein, daß die Strümpfe nicht zu sehen sind.

## 15. Das Hemd.

Der gesteifte Einsatz des Hemdes muß, so weit er sichtbar ist, glatt sein. Die Hemdkragen von mittlerer Höhe, eckig und am Halse umgeschlagen.

Der um den Kragen gebundene Schlips besteht aus schwarzer Seide, welche undurchsichtig und ungemustert sein muß, und als glatt gebundene Schleife, deren Enden nicht herunter hängen, zu tragen ist.

Bei Krankheit oder schlechtem Wetter können auch Shawls von weißer oder dunkelblauer Wolle getragen werden.

---

## II. Die Uniform der Zeug-, Feuerwerks- und Torpedeoffiziere. (Tafel 42 und 46.)

Dieselbe zeigt von der der Seeoffiziere die folgenden Abweichungen:

Der Gala= und Messeanzug kommen in Fortfall, ebenso die goldene Kaiserkrone auf den Aermeln, während die Schärpe von diesen Offizieren getragen wird.

Das Mützenband, was bei den Seeoffizieren schwarz ist, besitzt hier die dunkelblaue Farbe des Mützentuches.

Die oberen Felder der Epauletten und deren Futter ist von schwarzem Sammet. Auf den Feldern tragen als Branchenabzeichen:

die Zeugoffiziere: ein goldenes Z,
die Feuerwerksoffiziere: ein goldenes F,
die Torpederoffiziere: einen klaren goldenen Anker gekreuzt mit einem Minengefäß.

Die Achselstücke sind wie die der Seeoffiziere, haben jedoch schwarzes Sammetfutter und tragen das Branchenabzeichen.

---

## III. Die Uniform der Sanitätsoffiziere (Marine-Aerzte).
### (Tafel 41 und 47.)

Die Uniformen des Marine=Sanitätsoffizierkorps sind im all= gemeinen genau dieselben wie die der Seeoffiziere, zeigen jedoch die folgenden Unterschiede:

Der Galarock trägt statt der weißen Aufschläge solche von hell= blauem Sammet. Alle goldenen Treffen am Galarock oder andern Bekleidungsstücken sind ebenfalls nicht direkt auf den Stoff des Rockes aufgenäht, sondern auf eine Unterlage von hellblauem Sammet, welche etwas breiter gehalten ist als die Treffe selbst, so daß ihre Ränder überstehen und deshalb als sichtbares Unterscheidungszeichen dienen kann.

Der gewöhnliche Rock hat einen Kragen von hellblauem Sammet, während der der Seeoffiziere vom Stoff des übrigen Rockes ist. Blau ist auch das Mützenband. Die Aermeltreffen und die Schärpe fehlen, wie überhaupt die Schärpe das alleinige Abzeichen des Seeoffiziers ist.

---

## IV. Die Marine-Ingenieure. (Tafel 43 und 47.)

Das allgemeine Unterscheidungszeichen der Marine=Ingenieure ist ein schwarzer Sammetbesatz, welcher in derselben Weise wie bei den Sanitätsoffizieren auf dem Galarock, dem Kragenaufschlage, der Unterlage der Treffen und dem Rockfutter angebracht ist. Ebenso ist das Mützenband schwarz.

Die Schärpe, sowie die Aermelkronen und der Tropenhelm der Seeoffiziere fallen fort.

## V. Die Marine-Zahlmeister. (Tafel 41 und 47.)

Die Uniform ist dieselbe wie die der Seeoffiziere, jedoch mit folgenden Abweichungen:

Sämtliche Aufschläge, Besätze u. s. w. sind vom Tuche des Rockes.

Alle Tressen und Rangabzeichen, sowie Knöpfe, welche bei der Uniform des Seeoffizierkorps vergoldet sind, sind hier versilbert. Schärpe und Aermelkrone sind nicht vorhanden.

## Die Rangabzeichen. (Tafel 46—48.)

Unter den Rangabzeichen unterscheiden wir solche, die auf der Schulter getragen werden und solche, die sich an den Aermeln befinden.

Schulterabzeichen. Die Schulterabzeichen in der Marine sind in der Weise angeordnet, daß immer eine aus mehreren Chargen bestehende Rangklasse dieselben Schulterabzeichen trägt. Um nun hier innerhalb dieser die einzelnen Chargen unterscheiden zu können, sind auf den Abzeichen Rangsterne in verschiedener Anzahl angebracht.

Es giebt zwei verschiedene Arten von Schulterabzeichen: 1. Achsel= stücke, 2. Epauletten.

Die Achselstücke werden immer getragen, während die Epauletten mehr für besondere Gelegenheiten und einen feierlichen Anzug be= stimmt sind.

Die Epauletten der Seeoffiziere sind ganz vergoldet und tragen auf der Oberfläche einen silbernen Anker, die der Admirale außerdem einen fliegenden Adler und eine Krone darüber. Die Epauletten der Zeugoffiziere tragen ein Z, die der Feuerwerksoffiziere ein F, die der Torpedeoffiziere ein T. Die obere Fläche der Epauletten der Sanitätsoffiziere ist blau und enthält einen vergoldeten Aesculapstab. Die obere Fläche der Epauletten der Ingenieure ist von schwarzem Sammet und trägt ein vergoldetes Zahnrad mit einem Anker. Die Epauletten der Zahlmeister sind versilbert und ist deren obere Fläche aus Tuch vom Stoff und der Farbe des Rockes.

Die Achselstücke sind im allgemeinen schwarz, rot und silber durchwirkte breite Streifen, welche je nach der Charge mehr oder minder breit sind, wie in folgendem des Näheren aufgeführt werden wird.

Die Rangsterne befinden sich auf den Epauletten quer neben=

— 205 —

einander, auf den Achselstücken längs in der Richtung der Schulter. Auf den goldenen Epauletten sind die Sterne von Silber, auf den silbernen Epauletten und silbernen Achselstücken sind sie vergoldet.

### Aebersicht der Schulterabzeichen. (Tafel 46—48.)

#### Subalternoffiziere.

Leutnant zur See. Einfaches goldenes Epaulett ohne Fransen und ohne Sterne, Achselstücke aus dünnen silbernen Schnüren, schwarz-rot durchwirkt mit blauem Tuch gefüttert ohne Sterne.

Oberleutnant zur See. Epaulett mit dünnen, goldenen, losen Fransen ohne Sterne; Achselstück wie das des Leutnants zur See, jedoch mit einem goldenen Rangstern versehen.

Kapitänleutnant. Epaulett wie das des Oberleutnants, jedoch mit zwei silbernen Rangsternen zu beiden Seiten des Ankers. Das Achselstück, welches im übrigen dasselbe wie das des Oberleutnants ist, trägt zwei Rangsterne.

#### Stabs-Offiziere.

Korvetten-Kapitän. Epaulett mit dicken, losen, nicht brillantierten Raupen, ohne Sterne, Achselstück, ein Geflecht aus silber-schwarz-roten Flechten, welches mit blauem Tuch gefüttert ist, ohne Sterne.

Fregatten-Kapitän. Dieselben Epauletten, jedoch mit einem Stern unterhalb des Ankers. Achselstücke wie die des Korvetten-Kapitäns, jedoch mit einem goldenen Stern.

Der Kapitän zur See trägt auf den gleichen Epauletten zwei silberne Sterne und auf den Achselstücken zwei goldene Sterne.

#### Die Flaggoffiziere.

Die Epauletten unterscheiden sich von den der andern Rangklassen dadurch, daß auf der Oberfläche derselben dem sogenannten Epaulettalter über dem Anker ein fliegender Adler und eine Kaiserkrone angebracht sind. Von dem festen Oberteil der Epauletten hängen dicke, lose, brillantierte goldene Raupen herunter. Die Achselstücke bestehen aus einem Geflecht von zwei goldenen und einer silber-schwarz-roten Flechte.

Der Kontre-Admiral trägt keine Sterne auf Epauletten und Achselstücken, der Vize-Admiral einen, der Admiral zwei.

Außer den Schulterabzeichen sind noch die Aermelabzeichen vorhanden. Dieselben bestehen aus einfachen goldenen Treffen in verschiedener Anzahl und Breite, welche am Unterarm auf den Aermel

aufgenäht sind. Der Leutnant zur See trägt eine Aermeltresse von
0,7 Centimeter Breite. Der Oberleutnant eine doppelt so breite,
die sogenannte mittelbreite Aermeltresse. Der Kapitän = Leutnant
trägt zwei, der Korvetten=Kapitän drei, der Fregatten=Kapitän und
der Kapitän zur See vier Aermeltressen. Der Kontre=Admiral trägt
eine 5,2 Centimeter breite Goldtresse und darüber eine mittelbreite;
der Vize=Admiral außer der breiten Tresse zwei mittelbreite Tressen
und der Admiral die breite und drei mittelbreite.

Die Chargen der Sanitätsoffiziere, Ingenieure und Zahlmeister
entsprechen denen der Seeoffiziere, wie die folgende Uebersicht zeigt:

| Seeoffiziere | Sanitäts= offiziere | Ingenieure | Zahlmeister |
| --- | --- | --- | --- |
| Leutnant zur See | Assistenzarzt | Ingenieur | Zahlmeister |
| Oberleutnant zur See | Oberassistenzarzt | Oberingenieur | Oberzahlmeister |
| Kapitänleutnant | Stabsarzt Oberstabsarzt II. Klasse | Stabsingenieur | Stabszahlmeister |
| Korvettenkapitän | Oberstabsarzt I. Klasse | Oberstabs= ingenieur | |
| Fregattenkapitän | Generaloberarzt | Chefingenieur | |
| Kapitän zur See | Marinegeneralarzt | | |
| Kontre=Admiral | Generalstabsarzt der Marine | | |

## Die wichtigsten Merkzeichen an den Uniformen der sonstigen höheren Marinebeamten. (Tafel 40—48.)

a) Die höheren Schiff= und Maschinenbau=Beamten.

Schärpe und Aermelkronen fallen weg. Die Aufschläge, Kragen
und Unterlagen der Tressen, sowie das Futter der Epauletthalter und
das Mützenband sind von schwarzem Sammet, alle Knöpfe, die Tressen,
Hutagraffen, das Mützen=Abzeichen, Koppelschloß u. s. w. sind von

Silber, das Portepee golden und mit dunkelblauer Seide durchflochten. Die Epauletten sind ebenfalls von Silber und die oberen Felder von schwarzem Sammet und auf ihnen befindet sich das allgemeine Beamtenabzeichen: zwei gekreuzte, silberne klare Anker mit einem silbernen Reichsadler darüber. Die Achselstücke sind wie die der See= Offiziere, nur daß sie in der Mitte eine schwarze Schnur tragen und mit schwarzem Sammet gefüttert sind. Auf ihnen befindet sich außer= dem zwischen den Rangsternen das Beamtenabzeichen. Die silbernen Aermelstreifen sind auf eine Unterlage von schwarzem Sammet aufgenäht.

b) Die Uniform der Marine=Intendantur=Beamten.

Es fallen fort: Schärpe, Aermeltreffen und Kronen, sowie der Mantel. Das Unterscheidungszeichen ist hier kornblumenblauer Sammet, welcher an den Aufschlägen, Kragen, Mützenband und Unterlage der Treffen u. s. w. verwandt wird. Alle Knöpfe, Treffen, Agraffen, Mützenabzeichen, Säbel, Scheide, Beschläge u. s. w. sind von Silber. Das silberne Portepee ist mit blauer Seide durchwirkt. Die Rang= abzeichen, Achselstücke und Epauletten tragen das Beamtenabzeichen in Gold. Die Felder der Epauletten sind ebenfalls von kornblumen= blauem Sammet, wie auch das Futter der Achselstücke. Die Rangsterne werden durch goldene Rosetten ersetzt. Die Achselstücke sind silbern und dunkelblau durchflochten.

c) Das Marine=Justiz=Personal.

Die Uniformen des Marine=Justiz=Personals unterscheiden sich nur darin von denen des Intendanturpersonals, daß an Stelle des kornblumenblauen Sammets hier karmoisinroter Sammet tritt. Im übrigen ist dieselbe jedoch genau ebenso.

---

## Die Uniform der See-Offizier-Aspiranten.

### Die Seekadetten

tragen eine kurze anschließende Jacke von dunkelblauem Tuch, welche vorne einen tiefen Ausschnitt hat und durch einen Knopflochhalter, wel= cher aus 2 Jackenknöpfen und einem Schäkel besteht, zugemacht wird. Auf jeder Seite vorn befinden sich zwei Reihen von kleinen goldenen Ankerknöpfen. An den Aermelaufschlägen sind drei kleine Knöpfe an= gebracht. Das Jackett besteht aus blauer Serge oder blauem Tuch, trägt vorn zwei Reihen von je sechs mittelgroßen schwarzen Hornknöpfen und hat denselben Schnitt wie das der Seeoffiziere. In den Tropen wird ein weißes Jackett, wie das der Seeoffiziere getragen. Die Weste

besteht aus einem der Oberkleidung entsprechenden Stoff und wird durch
sechs kleine Knöpfe geschlossen. An Bord dürfen jedoch auch Westen
getragen werden, welche bis zum Halse geschlossen sind. Die Arbeits=
blouse besteht aus weißgrauem Drillich, genau wie die der Mannschaft,
nur mit dem Unterschiede, daß sie bis zum Halse geschlossen ist. Die
Beinkleider sind dieselben wie die der Seeoffiziere nach Schnitt und
Stoff, jedoch fällt das Galabeinkleid fort. Der Ueberzieher besteht
aus blauem Düffel und hat die Form eines langen Jacketts. Er
besitzt einen breiten, überfallenden Kragen. Vorn trägt er zwei Reihen
von sechs großen, goldenen Ankerknöpfen.

Es ist jedoch auch gestattet, anstatt der Düffel= Tuchüberzieher
zu tragen.

Der Regenmantel ist von dunkelblauem, wasserdichtem Stoff,
hinten durch einen Gurt geschlossen, bis über die Knie reichend und
vorn durch goldene Ankerknöpfe geschlossen. Derselbe darf nur an
Land getragen werden.

Die wasserdichte Bekleidung an Bord besteht aus einem
schwarzen Oelmantel.

Unterkleidung, Fußbekleidung u. s. w. sind ebenso wie bei den
Seeoffizieren.

Auch die Mütze besitzt dieselbe Form, ist jedoch niedriger und
trägt infolgedessen ein nur halb so breites schwarzes Mützenband.

Das Mützenabzeichen besteht nur aus der Kokarde. Zu dem
Exerzier= und Arbeitsanzug werden im allgemeinen schirmlose, schottische
Mützen getragen mit hinten herunterhängenden schwarz=seidenen Bändern.

### Der Dolch.

Der Dolch ist ein grader, zweischneidiger Dolch von 34 cm
Länge mit elfenbeinernem Griff, welcher unten die vergoldete Parier=
stange trägt und nach oben mit einer vergoldeten Kaiserkrone ab=
schließt. Die Scheide ist etwas länger als der Dolch selbst und aus
vergoldetem Metall. Die Scheide mit dem Dolch hängt in den blau=
wollenen Trageschnüren des Koppels, welches ebenfalls aus blauem
Wollengarn gefertigt ist, und vorn durch ein vergoldetes mit Anker
und Kaiserkrone geziertes Koppelschloß geschlossen wird.

### Die Uniform der Fähnriche zur See

ist dieselbe wie die der Seekadetten mit den folgenden Abweichungen:

Auf der Jacke befindet sich an jeder Schulter je eine Schnur
schwarz=rot=silberner Litzen, welche am Kragen durch einen kleinen

golbenen Knopf gehalten wird. Dasselbe Abzeichen wird auf dem Jackett befestigt, während es bei dem Tropenjackett und der Arbeits=blouse aus schwarz=weiß=rotem Wollengeflecht besteht. An dem Jackett sind anstatt der schwarzen goldene Ankerknöpfe angebracht. Das Mützenband trägt das Abzeichen der Seeoffiziere, nur ent=sprechend kleiner und mit dem Unterschiede, daß die Bänder der Kaiserkrone fehlen. Am Griff des Dolches tragen die Fähnriche zur See ein Portepee, welches wie das der Seeoffiziere jedoch entsprechend kleiner ist.

## Deckoffiziere und im Range Gleichstehende.

### Uniform.

Der Rock und die Beinkleider entsprechen denen der Seeoffiziere.

An Stelle der Aermelabzeichen treten je drei goldene Anker=knöpfe, während die Achselstücke durch Achselklappen von demselben Stoffe, wie der Rock, ersetzt werden. Diese nehmen das Brancheab=zeichen auf, über welchen bei Oberdeckoffizieren noch eine Kaiserkrone angebracht ist. Bei Deckoffizieren der Torpedoabteilungen (Torpedo=steuerleute, Torpedomaschinisten, Torpedofeuermeister) sind die Achsel=klappen rot gefüttert.

Die Brancheabzeichen sind:

Bootsmann: ein unklarer, goldener Anker.

Meister: ein klarer, goldener Anker.

Torpeder: klarer, goldener Anker mit einem Minengefäß gekreuzt.

Feuerwerker: zwei gekreuzte, goldene Kanonenrohre auf klarem Anker.

Maschinist: ein goldenes Zahnrad auf klarem Anker.

Torpedomechaniker: wie der Maschinist, nur ein schwarzes T auf dem Ankerschaft.

Steuermann: zwei gekreuzte, klare Anker.

Materialienverwalter: ein klarer, silberner Anker.

Feuermeister: ein klarer, silberner Anker mit zwei gekreuzten Kohlenschaufeln.

Der Rock der Maschinisten und Mechaniker trägt einen schwarzen Sammetkragen.

Reventlow, Die deutsche Flotte        14

Jackett und Tropenanzug sind ebenso, wie bei den Seeoffizieren, mit den Abzeichen für Deckoffiziere.

Die Zahlmeisteraspiranten haben keine Achselklappen und Branchenabzeichen und statt der goldenen silberne Knöpfe. Die Oberaspiranten tragen in den Ecken des Kragens vorne je eine silberne Krone. Entsprechend sind auch alle anderen Metallteile der Uniform, anstatt vergoldet, versilbert.

Die Mütze (blaue oder weiße) hat dieselbe Form wie die der Seeoffiziere, ist jedoch niedriger, und deshalb das Mützenband schmäler. Das Abzeichen zeigt die Kokarde und eine Krone mit Kronenbändern darüber.

Der Paletot ist hinten schlicht.

Die übrigen Bekleidungsstücke gleichen denen der Seeoffiziere, während der Messeanzug fehlt.

––––––––

## Die Uniform der Unteroffiziere und Mannschaften.

Die Jacke aus blauem Tuch hat denselben Schnitt wie die der Fähnriche zur See, nur ist der Ausschnitt vorne nicht so lang und die Ankerknöpfe sind blank gehalten.

Die Knöpfe sind von gelbem Metall bei dem gesamten seemännischen Personal und den Matrosenartillerie = Abteilungen, von weißem Metall bei dem gesamten technischen Personal.

Die Feldwebel und die in deren Range stehenden Unteroffiziere tragen die Knöpfe der Seeoffiziere, jedoch kleiner. Die Farbe ist je nach der Branche gelb oder weiß. Diese Klasse der Unteroffiziere trägt außerdem Westen und Oberhemden nebst Kragen, wie die Deckoffiziere, ebenso Jackett, Tropenanzug und Mütze.

Das blaue, wollene Hemd hat einen breiten Umschlagekragen und wird vorne offen getragen, jedoch zum Schließen eingerichtet, die Aermel werden am Handgelenk zugeknöpft. Dieses Kleidungsstück ist von weitem, bequemem Schnitt und wird in die Hose gesteckt.

Das weiße Hemd von demselben Schnitt wie das blaue Hemd wird im Sommer als Ausgehanzug getragen und gehört zum Paradeanzug.

Der Kragen hat die Form des Kragens der Hemden und wird über demselben getragen; er ist blau und mit schmalen weißen Bändern eingefaßt.

Das Unterhemd aus weißem Wollstoff hat halblange Aermel und einen weiten Halsausschnitt, welcher mit blauem Band eingefaßt ist.

Die weiße Arbeitsblouse, aus dauerhaftem Stoff gearbeitet, hat denselben Kragen wie das blaue Hemd und wird über der Hose getragen.

Das schwarz=seidene Halstuch wird so gebunden, daß ein breiter Knoten das untere Ende des Halsausschnittes des Hembdes deckt. Ein dunkelblaues wollenes Halstuch wird bei kaltem Wetter getragen.

Die blaue Tuchhose ist von weitem Schnitt und wird vorne durch eine breite Klappe geschlossen.

Die weiße und die Arbeitshose sind vom selben Schnitt wie die blaue Hose.

Als Fußbekleidung werden Schuhe und Stiefel getragen. Die Lederschuhe reichen über die Knöchel und werden ebenso wie die niedrigen Segeltuchschuhe durch Schnüren geschlossen. Die Stiefel haben lange, bis an die Knie reichende Schäfte und können über und unter den Hosen getragen werden. In den Tropen können braune Segel= tuchgamaschen mit Schuhen, um die Stiefel zu ersetzen, angelegt werden.

Mütze und Mützenband. Die blaue Tuchmütze ist von niedriger Form mit großem, überstehendem Deckel, um den unteren Teil wird das Mützenband geschlungen. Die Mützen des Torpedopersonals tragen um den Rand eine rote Biese, die der Zahlmeisterapplikanten eine weiße. Vorn über dem Mützenband sitzt die Kokarde.

Die weiße Mütze ist aus leichtem Stoff gearbeitet und trägt keine Biesen, hat sonst dieselbe Form wie die blaue.

Das Mützenband aus schwarzer Seide trägt vorne den Namen des Marineteils oder des Schiffes, dem der Betreffende angehört und zwar bei dem gesamten seemännischen Personal und den Matrosenartillerie= Abteilungen in goldgewirkter, bei dem technischen Personal in silber= gewirkter Schrift; zum Beispiel: „Werftdivision", „S. M. S. Wacht".

Der Ueberzieher aus dunkelblauem Tuch ist von demselben Schnitt wie bei den Fähnrichen zur See, jedoch mit breiterem Kragen. Vorne am Kragen sind zwei hellblaue Patten angenäht, welche bei dem Torpedopersonal mit einer roten Biese eingefaßt sind, während die Farbe der Patte bei den Mannschaften S. M. Y. Hohenzollern weiß ist.

Der Säbel mit Portepee und Koppel der Seeoffiziere wird von den Feldwebeln und den ihnen im Range Gleichstehenden getragen. Ein kurzes Seitengewehr ohne Portepee oder Trobbel tragen die Zahl= meisterapplikanten.

## Allgemeine Beschreibung der Rang- und Branchenabzeichen der Unteroffiziere und Mannschaften.

Die Unteroffiziere. Das Abzeichen, das die Unteroffiziere im allgemeinen von den Mannschaften unterscheidet, ist der Anker, welcher auf dem linken Aermel getragen wird. Die Hauptrangklassen der Unteroffiziere, die Maaten und Obermaaten unterscheiden sich wieder dadurch, daß der Obermaat über dem Anker eine Krone trägt. Zwei weitere grundsätzliche Unterschiede sind auf denjenigen Kleidungs= stücken vorhanden, welche einen Anker aus Metall tragen, nämlich der Jacke und dem Ueberzieher. Hier sind nämlich die Abzeichen aller Unteroffiziere, welche den Werftdivisionen, sowie dem Maschinen= und Feuermeisterpersonal der Torpedoabteilungen entstammen, aus weißem Metall, während die der seemännischen Unteroffiziere (Matrosen= divisionen, Torpedoabteilungen) und der Unteroffiziere der Matrosen= artillerie aus gelbem Metall sind. Die auf dem blauen Hemde an= gebrachten Aermelabzeichen sind ohne Unterschied von gelber Stickerei; die der weißen Hemden von blauer Stickerei.

Dem Aussehen nach mögen folgende Rangabzeichen der am meisten in Betracht kommenden Unteroffizierklassen kurz beschrieben sein:

1. Bootsmannsmaat trägt einen goldenen unklaren Anker.*) Der Oberbootsmannsmaat trägt dasselbe Abzeichen, jedoch eine Kaiserkrone darüber.

2. Der Signalmaat trägt einen klaren Anker, auf welchem zwei gekreuzte rot=weiße Signalwinkflaggen liegen. Der Obersignal= maat trägt dasselbe Abzeichen mit einer Krone darüber, während das Vorhandensein eines roten Winkels darunter den Unteroffizier als Steuermannsmaat bezw. Obersteuermannsmaat kennzeichnet.

3. Feuerwerksmaate und Artilleristenmaate tragen einen klaren, goldenen Anker, auf welchem zwei gekreuzte Geschützrohre ruhen. Der Oberfeuerwerksmaat und der Oberartilleristenmaat besitzt über diesem Abzeichen eine Kaiserkrone. Der Torpedermaat des Torpedo= wesens und des Maschinenwesens trägt, einander kreuzend, einen Anker und eine Seemine, ebenfalls von gelbem Metall. Der Hoboist trägt

---

*) Unklar wird in der Seemannssprache ein solcher Anker genannt, um dessen Schaft sich, wie in diesem Fall, ein gleichfalls aus gelbem Metall be= stehendes Tau herumschlingt; ein Anker ohne dasselbe heißt ein klarer Anker.

auf einem Anker eine Lyra. Beide von Gelbmetall. Der Oberhoboist eine Krone darüber.

4. Die Exerzierunteroffiziere, d. h. solche Unteroffiziere, welche der Landarmee entstammend, zur infanteristischen Ausbildung der Matrosen, den Matrosendivisionen bezw. Werftdivisionen zugeteilt sind, tragen gleichfalls einen klaren, goldenen Anker, auf welchem zwei gekreuzte Gewehre liegen. Der Oberexerzier-Unteroffizier, ebenfalls als Obermaat bezeichnet, trägt eine Krone über diesem Abzeichen.

5. Feldwebel und Oberschreiber tragen einen goldenen, klaren Anker mit einer Krone darüber.

Aus weißem Metall sind die Abzeichen bei den technischen Unteroffizieren.

Die Maschinistenmaate tragen einen silbernen, klaren Anker, auf welchem ein gleichfalls silbernes Zahnrad liegt. Die Ober-Maschinistenmaate entsprechend eine Krone darüber.

6. Die Torpedomechanikermaate haben dasselbe Abzeichen wie die Maschinistenmaate mit dem Unterschiede, daß auf dem Anker ein schwarzes T liegt.

7. Die Feuermeistersmaate tragen einen silbernen, klaren Anker mit zwei gekreuzten Feuerschaufeln.

8. Der Materialien-Verwaltersmaat trägt einen silbernen, unklaren Anker.

9. Die Obermatrosen und im Range derselben stehenden, deren Charge der der Gefreiten in der Armee entspricht, tragen folgende Abzeichen ebenfalls auf dem linken Arm.

10. Der Obermatrose trägt einen gelben, nach oben offenen Winkel auf dem linken Oberarm, und zwar dem Stoffe nach aus wollenem Band; auf weißem und auf Arbeitszeug ist der Winkel blau.

Die Einjährigfreiwilligen Matrosen tragen einen schwarz-weiß-rot durchwirkten Winkel.

Die Hoboisten haben einen Doppelwinkel, welcher nach unten offen ist und aus gelbem Wollband besteht. Das Abzeichen des im Range des Matrosen stehenden Spielmanns oder Hornisten sind zwei gelbe Winkel in einander, deren Spitzen nach oben gerichtet sind.

11. Unter den Matrosen selbst finden wir folgende Unter-scheidungszeichen: ein roter Stern auf dem Oberarm zeigt an, daß der betreffende Matrose aus der Schiffsjungenabteilung hervorgegangen ist, während ein gelber Stern bedeutet, daß der Betreffende außerdem,

während seiner Dienstzeit als Schiffsjunge, wegen besonders guter Qualifikation zum Schiffsjungenunteroffizier befördert worden ist.

Das Signalpersonal unterscheidet sich von dem übrigen seemännischen Personal durch zwei weiß=rote Winksignalflaggen, deren Stöcke gelb sind und die ebenfalls auf dem linken Oberarm getragen werden. Ferner sind als besondere Abzeichen für Spezialausbildung die folgenden vorhanden:

Die Schnelllade=Kanoniere. Diese tragen auf dem Arme eine lange, flammende Granate, die Geschützführer darunter einen Winkel, die Exerziermeister zwei Winkel darunter. Diese Abzeichen sind bei den Matrosendivisionen rot, bei dem Personal der Matrosen=artillerie gelb.

Die Rohrmeister tragen einen roten aufwärts gerichteten Torpedo mit einem Winkel darunter und die Torpedoinstrukteure unter diesem einen zweiten Winkel.

Die Bootsbesatzung der Gig, deren sich Seine Majestät der Kaiser an Bord der Hohenzollern bedient, trägt als besonderes Abzeichen auf dem Aermel eine Kaiserkrone aus Stoff, welche von einem ovalen Taukranz umgeben ist; Krone und Taukranz sind auf blauem Zeug gelb, auf weißem und auf Arbeitszeug blau.

Für besondere Leistungen im Schießen sind folgende Abzeichen vorhanden:

### Schützenabzeichen

(Abzeichen der Mannschaften der Matrosendivisionen, Matrosenartillerie=Abteilungen und Torpedoabteilungen für gutes Schießen mit dem Geschütz der Schnelladekanone, Revolverkanone und dem Maschinengewehr):

Fangschnüre bestehend aus einem Geflecht von 8 mm starker Schnur, welches an beiden Enden mit einem knopfförmigen Bunde abschließt. An dem oberen Ende eine Rosette, über derselben ein dritter kleiner Bund. An beiden Enden der Fangschnüre eine Schlaufe zum Anknöpfen. Das Abzeichen wird in acht Graden verliehen. Jede Verleihung eines höheren Grades bedingt Ablegung und Zurückgabe des bisher getragenen Abzeichens.

Erstes Abzeichen: Fangschnüre durchweg aus schwarz=weiß=roter Wolle, Granate aus oxydiertem Metall mit kupfernen Führungsringen, an wollenem schwarz=weiß=roten Halter.

Zweites Abzeichen: wie vor, mit zwei Granaten.

Drittes Abzeichen: wie vor, mit drei Granaten.

Viertes Abzeichen: durchweg aus schwarz-roter silberdurchwirkter Seide, ohne Granaten.

Fünftes Abzeichen: wie vor, mit einem auf der Rosette befestigten, vergoldeten Schilde, welches den Namenszug W., umgeben von einem Eichenlaubkranze, darüber die Kaiserkrone, darstellt. Länge des Schildes 6,7 cm, Breite 4,2 cm.

Sechstes Abzeichen: wie vor, mit einer Granate aus weißem, mattem Metall, mit kupfernen Führungsringen, an schwarz-rot-seidenem silberdurchwirkten Halter.

Siebentes Abzeichen: wie vor, mit zwei Granaten.

Achtes Abzeichen: wie vor, mit drei Granaten.

Die im unteren Bunde der Fangschnur befestigten, nach oben gerichteten Granatenhalter sind beim zweiten, dritten, siebenten und achten Abzeichen unter sich von verschiedener zwischen 2,5 und 6 cm variierender Länge.

Das Abzeichen hat seinen Platz auf der rechten Brustseite der Jacke. Es wird mit dem oberen Ende an einem, an der Unterseite des Jackenkragens anzubringenden, besponnenen Knopf, mit dem unteren Ende an einem. unter dem Brustrevers, etwa 5 cm — bei besonders großen Leuten etwas mehr — vom unteren Ende desselben sitzenden, ebensolchen Knopf befestigt. Die Knöpfe sind so anzunähen, daß die Fangschnur mit dem obersten Bunde unter der Mitte des vorderen Kragenrandes hervortritt und in leichtem Bogen nach dem Brustrevers verläuft.

Das Schützenabzeichen wird bei Paraden, Besichtigungen, zum Wacht- und Ordonnanzdienst, überhaupt, wenn bessere Sachen getragen werden, angelegt.

Bei besonderen Gelegenheiten des Landdienstes, z. B. bei Gestellung von Ehrenwachen, kann die Anlegung des Schützenabzeichens auch zum Ueberzieher befohlen werden. Die Tragweise ist folgende: Die obere Schlaufe des Abzeichens wird an einem, an der Unterseite des Ueberzieherkragens unter der Mitte der rechtsseitigen Kragenpatte angebrachten, besponnenen Knopf, die untere Schlaufe an dem zweitobersten, den Brustrevers abschließenden, rechtsseitigen Ueberzieherknopf unter dem Knopfloche befestigt.

Kaiserabzeichen. (Für Schießen mit der Schiffsartillerie.)

Zur Anlegung berechtigt sind alle Mannschaften des mit dem Kaiserpreise ausgezeichneten Schiffes des Manövergeschwaders, welche an der Geschützbedienung zu thun haben. Hierzu gehören auch die rollenmäßig an den St. G. und Hd. G. verwendeten Entfernungs=messer. Mannschaften der zweiten Klasse des Soldatenstandes sind ausgeschlossen. Dieses Abzeichen besteht aus zwei einander kreuzenden Kanonenrohren, umgeben von einem oben offenen Eichenkranz; über der Oeffnung die Kaiserkrone, unterhalb der Kanonenrohre, zwischen diesen und der Kranzschleife die Jahreszahl der Verleihung; Kanonen=rohre, Kranz und Krone aus mattvergoldetem, Kranzschleife und Jahreszahl aus blaßvergoldetem Metall. Ovale Unterlage wie beim Jackenabzeichen der Unteroffiziere. Das Abzeichen wird auf dem rechten Oberärmel der Jacke getragen. Das Abzeichen ist abzulegen bei der Abkommandierung von dem betreffenden Schiffe, sowie beim Uebergang des Kaiserpreises an ein anderes Schiff. Unteroffiziere und Kapitu=lanten tragen das Abzeichen so lange, als sie zur Besatzung des Schiffes, auf welchem sie dasselbe erworben haben, gehören. Verbleibt dem Schiffe der Kaiserpreis noch für ein weiteres Jahr, so erhalten sämtliche Geschützmannschaften, auch diejenigen, welche im Besitz des vor=jährigen Abzeichens sind, das Abzeichen mit der neuen Jahreszahl.

Dem Manövergeschwader hat Se. Majestät der Kaiser 1894 einen silbernen Aufsatz verliehen mit der Bestimmung, daß dieser stets bei dem Kommandanten desjenigen Schiffes des Manövergeschwaders Auf=stellung finden soll, das bei der jedesmaligen letztjährigen Uebungs=periode die besten Leistungen im Schießen mit der Schiffsartillerie aufzuweisen gehabt hat.

-----

## Die Uniform der Marine-Infanterie. (Tafel 41 und 46.)

### Das Offizierkorps.

Die Uniform hat im allgemeinen denselben Schnitt, wie die der Infanterieoffiziere, jedoch mit folgenden Unterschieden:

1. Der Waffenrock. Der Stehkragen ist vorn abgerundet und aus weißem Tuch. Die Aufschläge sind weiß mit einer Patte aus blauem Tuch. Die Aermel und die Patten sind weiß gefüttert. Die Knöpfe sind gelb vergoldet. Die Epauletthalter sind schwarz=silber=rot durchwirkt wie die der Seeoffiziere. Der Kragen und die Aufschläge an den Aermeln tragen die goldenen Gardelitzen.

2. Der Ueberrock. Dieser ist ebenfalls aus dunkelblauem

Tuch mit weißem Kragen und Aufschlägen, Stickerei ist an denselben nicht vorhanden.

3. Das Jackett. Dieses ist wie das der Seeoffiziere, jedoch ohne Aermelabzeichen.

4. Das Beinkleid. Das sogenannte Gala=Beinkleid ist eine lange Tuchhose von dunkelblauem Satin oder Trikot mit Goldstreifen an den äußeren Seiten, trägt außerdem eine Biese von weißem Tuch. Die gewöhnliche Tuchhose ist entsprechend ohne die Goldstreifen.

5. Kopfbedeckung. Als Kopfbedeckung dient der Tschako von derselben Form wie der der Jäger. Vorn an denselben wird das Feldzeichen oder der schwarze Haarbusch getragen. Die Obersten der Marineinfanterie, welche vermöge ihrer Stellung den Rang eines Brigadekommandeurs haben, tragen den preußischen Generalshelm der Infanterie mit einem weißen Haarbusch, jedoch ist die Kokarde nicht schwarz=weiß, sondern schwarz=weiß=rot, weil die Marineinfanterie eine Reichstruppe ist. Außerdem trägt der Helm als Zierrat den Garde= adler und den Gardestern.

In den Tropen kann der oben beschriebene Tropenhelm getragen werden.

Die Mütze ist wie die Infanteriemütze von dunkelblauem Tuch und trägt weißen Besatz und weiße Vorstöße.

6. Der Ueberzieher hat den Schnitt des Armeeüberziehers, trägt gelbe, vergoldete Knöpfe und einen weißen Kragen, dessen inneres Futter dunkelblau ist.

7. Die Schärpe ist wie die der Seeoffiziere. Die Schärpe der Adjutanten ist wie die der Adjutanten der Armee, jedoch schwarz= silber=rot.

8. Der Säbel ist wie der der Seeoffiziere.

9. Die Epauletten sind wie die der Armee, jedoch tragen die oberen Felder derselben zwei gekreuzte, klare Anker mit der Kaiser= krone darüber. Die der Stabsoffiziere haben herunterhängende silberne Fransen. Das Unterfutter der Epauletten, sowie die Felder sind weiß. Die Rangsterne sind in derselben Weise wie auf den Epauletten der Seeoffiziere angebracht.

10. Die Achselstücke sind wie diejenigen der Seeoffiziere; ihre Unterseiten sind jedoch weiß und über den Rangsternen befinden sich goldene Kaiserkronen.

## Die Uniform der Mannschaft.

Die an Land getragene Uniform hat den Armeeschnitt mit den entsprechenden Unterschieden, sowie die der Offiziere. An Bord kann der Schiffsrock getragen werden, welcher von dunkelblauer Serge ist und einen niedrigen, abgerundeten Stehkragen trägt. Der Rock hat keine Aufschläge und Schöße. Die Achselklappen sind von dunkelblauem Tuch. Die Litewka ist entsprechend derjenigen der Armee, wird jedoch nur als Hausanzug getragen; außerdem bei dem 3. in Kiautschou stationierten Seebataillon, wo sie als etatsmäßiger Anzug gilt. Der Arbeitsrock ist vom selben Schnitt wie der Schiffsrock, jedoch von einem weißgrauen, waschbaren Stoff.

Das wollene Hemd ist von blauem Stoff und kann an Bord getragen werden.

---

## Die Uniform inaktiver Offiziere und Mannschaften.

### A. Die Uniform der Offiziere, welche zur Disposition gestellt sind.

Diejenigen Offiziere, welche in aktiven Stellungen sich befinden, tragen dieselbe Uniform wie die aktiven Offiziere, ebenso die zur Disposition gestellten Admirale, welche gleichzeitig à la suite stehen. Alle übrigen tragen folgende Unterscheidungszeichen.

#### a) Admirale. (Vizeadmirale und Kontreadmirale.)

Die Schärpe wird bei gegebener Veranlassung getragen. Die Achselraupen auf der linken Schulter des Galarocks mit einer goldenen Franse verschlungen. Die Rangsterne auf dem Achselband sind golden. Der Epauletthalter hat am Rande zwei schwarze Streifen und einen roten mit einem schwarzen Streifen in der Mitte. Die Epauletten haben silberne Halbmonde und ist die Einfassungstresse des Schiebers wie die der Epauletthalter.

Die Achselstücke bestehen aus einem Geflecht von einer goldenen und einer silber-schwarz-roten Schnur.

#### b) Die übrigen Seeoffiziere.

Die Schärpe wird bei gegebener Veranlassung getragen. Die Epauletthalter sind wie die der Admirale. Die Epauletten haben gewirkte silberne Halbmonde und die Schiebertresse wie die der Admirale.

Die Achselstücke. Die der Stabsoffiziere sind silbern und die äußersten Schnüre silber=schwarz=rot.

c) Die Kapitänleutnants und Subalternoffiziere.

Die Achselstücke bestehen aus zwei nebeneinander liegenden Streifen der Epauletthalter.

### B. Die Marineinfanterieoffiziere.

Außer denjenigen Offizieren, welche in etatsmäßigen Stellungen befindlich, die aktiven Dienstabzeichen tragen, haben sie die vorge=schriebenen Inaktivitätsabzeichen anzulegen. Die Schärpe wird nur bei gegebener Veranlassung getragen. Die Epauletthalter sind wie die der zur Disposition gestellten Seeoffiziere. Die Epauletten haben versilberte Halbmonde, ebenso ist die Schiebertresse wie die der Epauletthalter.

---

## Die Uniform der verabschiedeten Offiziere, Deckoffiziere und Mannschaften.

1. Seeoffiziere. Die Schärpe, welche nur bei Dienstleistungen getragen wird, fällt fort. Die Epauletthalter sind schwarz=silber=rot. Entsprechende Bestimmungen gelten für die verabschiedeten Mitglieder des Ingenieurkorps, der Feuerwerkszeugs= und Torpedooffiziere, der Sanitätsoffiziere, der Zahlmeister und der oberen, Uniform tragenden, Marinebeamten.

2. Marineinfanterieoffiziere. Die Schärpe wird nur bei Dienstleistungen getragen. Die Epauletthalter sind wie die der See=offiziere und befinden sich auch auf dem Ueberrock.

3. Deckoffiziere. Deckoffiziere, welche mit der Berechtigung, Uniform zu tragen, verabschiedet sind, tragen auf der Schulternaht eine silberne Borte, welche entsprechend den Epauletthaltern für die Offiziere a. D. schwarz=weiß=rot durchwirkt ist.

4. Verabschiedete Mannschaften der Marine. Diese Mannschaften tragen ebenfalls eine schwarz=weiß=rot durchwirkte Borte aus Zwirn, welche an den Aermelnähten getragen wird.

C. Uniform der Offiziere und Deckoffiziere, welche der Reserve, Seewehr u. s. w. angehören.

1. Seeoffiziere. Diese Seeoffiziere tragen die Uniform der aktiven Seeoffiziere mit folgenden Abweichungen: der Knopf, welcher die Agraffe des Hutes hält, trägt das silberne Landwehrkreuz. In der Kokarde der Mütze befindet sich ebenfalls das silberne Landwehrkreuz.

2. Marineinfanterieoffiziere. Tschako und Mütze tragen das versilberte Landwehrkreuz. Die Offiziere der Seewehr tragen dieselbe Uniform mit folgenden Unterschieden: am Tschako ist das Landwehrkreuz auf dem preußischen Wappenschild angebracht, welches sich in der Mitte des Reichsadlers befindet. Die Mütze ist wie diejenige der Reserveoffiziere.

3. Die Deckoffiziere des Beurlaubtenstandes. Diese tragen dieselben Mützen und Ueberzieher wie die Offiziere, jedoch die Achselklappen auf dem Ueberzieher.

---

## Bestimmungen über das Tragen der verschiedenen Uniformen.

### Seeoffiziere.

Es werden folgende vorgeschriebene Anzüge unterschieden:

1. Die große Uniform oder Paradeanzug besteht aus Galarock mit Achselband u. s. w. bezw. Epauletten. Wenn zu dem Galaanzug Paletot getragen wird, so dürfen anstatt der Epauletten Achselstücke getragen werden. Blaue Beinkleider mit Goldstreifen, Hut, Säbel, Schärpe, Orden (große Ordensbänder). Dieser Anzug wird getragen:

zu allen persönlichen Meldungen bei Sr. Majestät dem Kaiser, sowie bei allerhöchsten Herrschaften,

bei allen Paraden vor Sr. Majestät dem Kaiser,

bei Paraden und Gottesdienst am Geburtstage Sr. Majestät des Kaisers,

beim Geburtstag Ihrer Majestät der Kaiserin und der Kaiserin Friedrich,

beim großen Empfange bei allerhöchsten und höchsten Herrschaften,

beim Besuche allerhöchster und höchster Herrschaften an Bord,
bei allen Festen an den Höfen regierender Fürsten, wenn
   nicht anderer Anzug befohlen ist,
bei Ablegung des Diensteides,
bei Beförderungs= und Verleihungsmeldungen,
bei Leichenbegängnissen mit militärischen Ehrenbezeugungen,
bei Militärkuren,
bei der eigenen Trauung.

    2. Kleine Uniform. Diese besteht aus dem gewöhnlichen
Rock mit Epauletten, blauen Beinkleidern, Hut, Säbel, Schärpe, Orden.
Dieser Anzug wird getragen zum Hauptgottesdienst an den Oster=,
Pfingst= und Weihnachtsfeiertagen, am Neujahrstage, Karfreitag,
Himmelfahrtstag und zum Abendmahl, bei großen Gesellschaften und
sonstigen feierlichen Gelegenheiten, welche nicht dienstlicher Natur sind,
im Auslande bei Besuchen, welche dienstlichen Charakter tragen.

    3. Der Dienstanzug. Dieser besteht aus Rock mit Achsel=
stücken, blauen Beinkleidern, Mütze, Säbel, Schärpe entweder mit oder
ohne Orden. Dieser Anzug wird angelegt:

    a) mit Orden, bei kleinen Empfängen, bei Inspizierungen
und Besichtigungen der höheren Vorgesetzten,

bei der Rekrutenvereidigung,

bei persönlichen Meldungen,

bei Leichenbegängnissen ohne militärische Ehrenbezeugungen,
   jedoch dann mit Hut,

bei allen dienstlichen Meldungen und Besuchen im Inlande,
   zum gewöhnlichen Gottesdienst,

in der Eigenschaft als Richter bei Kriegs=, Stand= und
   Ehrengerichten,

bei der Sonntagsmusterung an Bord,

bei Komplimentieren von Kriegsschiffen,

bei Paraden als Zuschauer, beim Manöver und bei Besich=
   tigungen, sofern nichts anderes befohlen ist;

    b) ohne Orden: beim Gerichtsdienst als Zeuge und Beisitzer
oder militärischen Beirats. Bei Privatbesuchen; haben diese Besuche
formellen Charakter, so pflegt der Hut getragen zu werden. Als
wachthabender Offizier oder Offizier vom Tagesdienst. Hier darf
jedoch der Säbel abgelegt werden.

    4. Tagesanzug. Dieser besteht aus Rock mit Achselstücken,
blauen Beinkleidern, Mütze, Säbel, wird getragen: an Bord, mit

Säbel nur, wenn die Mannschaft mit Handwaffen erscheint, sonst zum gewöhnlichen Dienst, jedoch ohne Säbel; am Lande in allen Fällen, wo kein andrer Anzug nach den obigen Bestimmungen am Platze ist.

5. Messeanzug. Dieser besteht aus Messejacke, Messeweste, Messebeinkleidern, eventuell nach Befehl auch Galabeinkleider, Mütze oder Tropenhelm, welche an Bord und im Auslande ohne weiße Westen und Beinkleider angelegt werden. Säbel wird nur auf der Straße angelegt, an Orden sind Halsorden sowie die Ordensschnalle gestattet, jedoch keine Sterne. Dieser Anzug wird getragen auf Anordnung des zuständigen Befehlshabers im Auslande, an Bord und Land als Gesellschaftsanzug, in der Heimat in der Regel nur an Bord, jedoch kann er auch hier an Land getragen werden; auf der Straße muß jedoch dann immer der Ueberzieher über der Jacke getragen werden.

6. Der Tropenanzug besteht aus dem weißen Jackett mit Achselstücken, weißen Beinkleidern und weißer Mütze oder Tropenhelm mit oder ohne Schärpe und Orden, je nach Befehl und Gelegenheit. Der Säbel wird unter dem Jackett getragen. Es können Schuhe aus schwarzem oder braunem Leder, schwarzem oder weißem Stoff hierzu angelegt werden.

Der Anzug wird getragen im Auslande in heißen Gegenden an Bord und an Land, je nach Befehl als Dienstanzug oder Tagesanzug. Im Auslande nur an Bord als Tagesanzug und im Dienste nur dann, wenn die Mannschaft in weißen oder in Arbeitshosen erscheint.

<hr>

## Besondere Bestimmungen.

1. Für Besuch der königlichen Theater große Uniform bei Galavorstellungen, ferner an Geburtstagen Sr. und Ihrer Majestät.

2. Bei Militärvorstellungen in Berlin, ferner an dem Tage des Ordens- und Krönungsfestes, bei den Bällen und im Berliner Opernhaus. Kleine Uniform zu den als „Gesellschaftsabend" bezeichneten Tagen im Berliner Opernhaus und bei allen Theateraufführungen auf Allerhöchsten Befehl. Kleine Uniform mit Mütze bei allen sonstigen Aufführungen im Berliner Opernhaus.

Anzug bei Hof. Hierunter sind zu verstehen die königlichen Residenzen, der Aufenthalt Seiner Majestät des Kaisers, während für

— 223 —

die Residenzen der andern deutschen Fürsten die dortigen Sonder=
vorschriften gelten. Festlichkeiten bei den königlichen Prinzen werden
als Privatgesellschaft gerechnet.

Der Hofgartenanzug. Rock mit Achselstücken, weiße oder
blaue Beinkleider. Mütze, Schärpe, Orden (große Ordensbänder).
Der Säbel wird nicht getragen.

Hoffestlichkeiten. Gewöhnlich wird der Anzug durch beson=
dere Bestimmungen festgesetzt. Bei Hofbällen wird große Uniform
getragen, jedoch kann der Säbel beim Tanzen abgelegt werden. Große
Uniform wird ebenfalls beim Ordens= und Krönungsfest getragen.

## Das Tragen von Zivilkleidern.

Das Tragen von Zivilkleidern ist in den folgenden Fällen ge=
stattet: Auf Urlaub, krankheitshalber, auf Ausflügen außerhalb der
Garnison, zur Jagd, zum Maskenball, zum Rudern, Segeln, Reiten,
beim Tennisspiel u. s. w. Im übrigen wird das Tragen von Zivil=
kleidern von Fall zu Fall durch besondere Befehle geregelt.

# Die Geschütze unsrer Flotte.

(Tafel 25—36.)

Sämtliche Geschütze, welche auf den Schiffen der deutschen Flotte zur Verwendung kommen, werden im Inland und zwar von Krupp hergestellt.

Jedes Geschütz besteht, im großen und ganzen betrachtet, aus zwei Hauptteilen, nämlich dem Geschützrohr und der Lafette. Wie bekannt, dient das Rohr zum eigentlichen Schießen, indem die Ladung, bestehend aus der Granate und der Pulverladung, in dasselbe hinein= gebracht wird, und es beim Schuß dem Geschoß die gewünschte Richtung auf das Ziel hin giebt. Die deutschen Rohre sind alle aus Krupp'schem Gußstahl, welcher bekanntlich in Bezug auf Festigkeit und Elastizität in der ganzen Welt unübertroffen dasteht.

Da nun aber bei der gewaltigen Größe der modernen Pulver= ladung außerordentlich hohe Anforderungen an das Material gestellt werden, hauptsächlich, da dasselbe auch imstande sein muß, eine dauernde Beanspruchung infolge der jährlichen Schießübungen aus= zuhalten, ohne dadurch an Güte für den eigentlichen Endzweck im Kriege zu verlieren, so sind die Rohre in einer ganz besonderen Weise konstruiert worden, welche von allgemeinem Interesse ist, und deswegen hier eine kurze Erwägung finden mag. Während man sich im allgemeinen ein Geschützrohr so vorstellt, als ob es nur ein dicker Stahlblock wäre mit einer dem Kaliber entsprechenden Längs=Durch= bohrung, wie es vor 100 Jahren bei Nelsons Kanonen möglich war, ist ein modernes Geschützrohr bereits ein Kunstwerk für sich. Man unterscheidet an demselben den inneren Teil, das sogenannte Kernrohr, welches meist aus einem Stück hergestellt ist, das die innere

Ausbohrung, die sogenannte Seele umschließt. Ueber dieses Kern=
rohr sind nun mehrere Lagen von breiten und dicken Stahlgußringen
hinübergetrieben und zwar in glühendem Zustande, damit sie sich
beim Erkalten zusammenziehend, einen Druck von allen Seiten auf
das Kernrohr ausüben und dasselbe so in einer weit vollkommeneren
Weise widerstandsfähig machen, als es selbst die größte Dicke eines
aus einem Stück gefertigten Rohres zu bewirken im stande wäre.
Außer den Ringen ist meist über den hinteren Teil des Rohres ein
zweites Rohr, der sogenannte Mantel hinübergezogen, welcher den
gleichen Zweck verfolgt. Die Wirkungsweise der Gase beim Schuß
macht die Vorteile dieser Konstruktion leicht anschaulich. Die in
Gas verwandelte Pulverladung dehnt sich bekanntlich schnell und in
hohem Maße aus, übt infolge dessen einen gewaltigen Druck nach
allen Seiten aus, und äußert ihre Hauptwirkung darin, daß sie die
Granate mit großer Geschwindigkeit aus der Mündung heraustreibt,
außerdem aber drückt sie auch nach außen, also gegen die inneren
Wände des Rohres. Wäre nun nur eine Metalllage vorhanden, so
würde diese eine bestimmte Festigkeit haben, welche nur in geringem
Maße wächst, wenn man sie auch noch so dick macht. Nun aber,
wo der Mantel und die Ringlagen das Kernrohr bereits mit einem
starken Druck von allen Seiten umschließen, ist erreicht worden, daß
eben dieser Druck zunächst das Kernrohr selbst widerstandsfähiger
macht und dann selbst in höherem Maße als es sonst möglich wäre,
der ausdehnenden Kraft der Pulvergase erfolgreichen Widerstand bietet.

Sämtliche in der Marine verwandte Kanonen werden von
hinten geladen und durch einen sogenannten Keilverschluß geschlossen,
welcher in der Querrichtung des Rohres vor die hintere Oeffnung
geschoben wird. Die meisten fremden Nationen besitzen einen soge=
nannten Schraubenverschluß, welcher auf den ersten Blick praktisch
und einfach erscheint, jedoch hat sich die deutsche Methode jetzt in
allen Lagen so vorzüglich bewährt, daß man ihn jedenfalls als den
besten Verschluß bezeichnen kann.

Die Größe eines Geschützes wird nach dem Kaliber bemessen.
Unter Kaliber versteht man den Durchmesser der Durchbohrung des
Rohres, welche, wie erwähnt, die Seele heißt und wird nach cm
gerechnet. Als zweite Maßzahl zur Berechnung der Größe eines
Geschützes dient die Bezeichnung der Länge des Rohres, und zwar
wird dieselbe nicht direkt angegeben, sondern auch mit Bezugnahme
auf das Kaliber. Wie in dem Teile „die deutsche Kriegsflotte"

— 226 —

erſichtlich, wird z. B. die Bezeichnung gebraucht 24 cm Kanone, Länge 40. Dieſes bedeutet, daß das Rohr eine Länge von 40 Kalibern hat, was alſo in abſoluter Größe ausgedrückt 24 × 40 cm alſo = 9,6 m betragen würde. Der aufmerkſame Leſer der Schiffs=beſchreibungen wird ferner die Wahrnehmung machen, daß die Länge der Geſchütze auf den neueren Schiffen bedeutend größer iſt als auf den älteren, was ſeinen Grund darin hat, daß ein langes Rohr in Bezug auf Schußweite und Durchſchlagskraft des Geſchoſſes viel leiſtungsfähiger iſt, als ein kurzes, vor allem auch iſt ſeine Treff=fähigkeit eine größere, weil die Flugbahn des Geſchoſſes eine weit raſantere iſt, als bei dem kurzen Geſchütz. Der Vorteil der Raſanz iſt jedem, der als Soldat mit dem Gewehre geſchoſſen hat, ohne weiteres einleuchtend. Sämtliche Geſchütze ſind im Innern mit einer großen Anzahl von Zügen verſehen, um dem Geſchoſſe die nötige Führung im Rohre zu geben und zu bewirken, daß es im weiteren Verlaufe ſeiner Flugbahn immer mit der Spitze geradeaus geht, und ſich nicht überſchlägt.

Aeußerlich betrachtet ſind die Geſchützrohre hinten am dickſten, weil ſich dort die meiſten und ſtärkſten Ringlagen befinden müſſen, um dem hier am heftigſten auftretenden Druck der Pulvergaſe ge=wachſen zu ſein. Nach vorne zu wird das Material entſprechend dem geringeren Gasdruck dünner.

Jedes Geſchützrohr wird in einem Unterſatz gelagert, welcher die Lafette heißt, und deſſen zweckmäßige Konſtruktion und Wider=ſtandsfähigkeit ſpeziell an Bord von hervorragender Wichtigkeit iſt. Man muß bedenken, daß der Rückſtoß des Geſchützes beim Schuß in=folge der großen Pulverladung ein ganz enormer iſt und daß derſelbe in einer Weiſe aufgefangen werden muß, daß einerſeits das Geſchütz in ſeiner feſt eingebauten Lage bleibt, andrerſeits, daß keine heftigen Erſchütterungen entſtehen, welche Brechen von Teilen deſſelben zur Folge haben. Bei den Feldgeſchützen am Lande iſt die Sache bedeutend einfacher, weil dort die Geſchütze auf Rädern gelagert ſind und man ſie ohne Schaden einfach ein Stück zurücklaufen läßt. An Bord muß man dagegen den Rückſtoß bremſen und zwar allmählich, weil der=ſelbe ſonſt doch zu heftig ſein und alles kurz und klein brechen würde. Man hat deswegen die Lafette in zwei Teile zerlegt: eine Oberlafette, welche beweglich iſt und auf einer Unterlafette — dem Rahmen — zurückgleiten kann. Eine hydrauliſche Bremſe ſchwächt im Laufe des Rücklaufes die Kraft allmählich immer mehr ab, ſo daß kein Stoß und keine Erschütterungen stattfinden. Die Unterlafette ist fest mit dem Schiffe verbunden und in der Längsrichtung unbeweglich. Die schweren Geschütze auf den neueren Schiffen sind durchweg in dreh= baren Türmen aufgestellt, in welchem dann die Unterlafette fest mit dem Turm verbunden ist und eine solche Länge besitzt, daß das Rohr mit der Oberlafette ein kurzes durch die Bremse reguliertes Stück zurücklaufen kann. Wenn der Rücklauf des Geschützes beendet ist, so kann dasselbe entweder von selbst wieder vorlaufen oder aber durch Oeffnen eines Ventils wieder in seine bisherige Lage gebracht werden, um damit wieder in die Schußstellung zu gelangen.

Das Laden des Geschützes geschieht bei den modernen schweren Geschützen meist mittels hydraulischer oder elektrischer Maschinen, je= doch ist für den Fall, daß diese versagen oder im Gefecht zerschossen werden, eine Reservevorrichtung vorhanden, welche ein Laden mit Handkraft gestattet, was natürlich aber viel mehr Zeit in Anspruch nimmt. Bei den kleineren Kalibern von 21 cm ausschließlich abwärts wird nur mit der Hand geladen. Das Bewegen des Geschützes in der Höhen= und in der Seitenrichtung wird bei den schweren Kalibern meistens, und wenn sie in Türmen stehen immer mittels elektrischer oder hydraulischer Maschinen bewerkstelligt. Reserven sind auch bei diesen wie oben für Handbedienung vorgesehen. Alle diese Maschinerien sind so gelegt, daß sie durch den Panzer des Geschützturmes, das Panzerdeck oder den Gürtelpanzer möglichst gegen feindliche Geschosse gedeckt sind. Alle modernen Geschütze der deutschen Flotte sind Schnelladekanonen, d. h. ihnen ist durch besondere Mechanismen eine außerordentliche Geschwindigkeit des Ladens gesichert, welche, wie oben erwähnt, für den Gefechtswert des Schiffes von höchster Wichtigkeit ist. Das größte bis jetzt in der Flotte vertretene Schnelladegeschütz ist die 24 cm Kanone, welche wir auf der Kaiserklasse antreffen, dieselbe ist im stande, alle Minute einen Schuß abzugeben, während die alte Kanone desselben Kalibers, welche auf dem Panzerschiff „Oldenburg" aufgestellt ist, nur alle zwei Minuten einen Schuß ab= geben kann. Neuerdings ist es Krupp gelungen, auch 28 cm Schnell= ladekanonen herzustellen, welche, wie man annehmen darf, später die Hauptarmierung unserer Linienschiffe bilden werden. Bedenken wir, daß die in der englischen und italienischen Marine vorhandenen Riesen= geschütze von 34 bis über 40 cm Kaliber von Schuß zu Schuß 6 bis 8 Minuten und länger gebrauchen, so ist außer Zweifel, daß die zwar kleinere 24 cm Kanone eine weit brauchbarere Waffe vorstellt.

— 228 —

In Folgendem seien kurz die Feuergeschwindigkeiten der hauptsächlichsten in unserer Marine vertretenen Kanonen angegeben:

Die 30,5 cm Kanone (Panzerkanonenboote) — 3 bis 4 Minuten
„ 28 cm „ (Brandenburgklasse) — 2 Minuten 30 Sekunden
„ 26 cm „ (Sachsenklasse) — 1 „ 30 „
„ 24 cm „ (Oldenburg) — 2 „
„ 24 cm Schnellladekanone (Kaiserklasse) — 1 „
„ 21 cm „ (Herthaklasse) — 1 „
„ 15 cm Kanone (Charlotte) — 1 „
„ 15 cm Schnellladekanone (Kaiserklasse) — in 1 Minute 2 Schuß und bei Schnellfeuer 4 Schuß in der Minute
„ 10,5 cm Schnellladekanone (Gazelleklasse) — in 1 Minute 3 Schuß und bei Schnellfeuer 6 Schuß
„ 8,8 cm „ (überall vertreten) — in 1 Minute 7 Schuß und bei Schnellfeuer 15 Schuß
„ 5,0 cm „ (Torpedofahrzeuge) — in 1 Minute 10 Schuß und bei Schnellfeuer 20 Schuß
„ 3,7 cm Maschinenkanone (überall vertreten) — in 1 Minute 150 Schuß und bei Schnellfeuer 300 Schuß
Das 0,8 cm Maschinengewehr (überall vertreten) — in 1 Minute 500 Schuß und bei Schnellfeuer 1000 Schuß.

## Die Munition. (Tafel 25—36.)

Die genaueren Zahlenangaben über Maß und Gewicht u. s. w. sind aus den Tafeln ersichtlich und mögen deshalb hier nur einige allgemeine Bemerkungen über Art und Zusammensetzung der in unserer Marine gebräuchlichen Munition kurz Platz finden.

Die Munition besteht im großen und ganzen aus dem Geschoß und der Pulverladung.

An Geschossen unterscheiden wir zwei verschiedene Arten, nämlich Panzergeschosse und Granaten.

Die Panzergeschosse besitzen keine Sprengladungen im Inneren, sie sind aus Stahl geschmiedet, haben vorne eine scharfe Spitze und sollen die starken Panzer, womöglich in der Wasserlinie des feindlichen Schiffes, wo sie am stärksten sind, durchschlagen, um letzterem dort ein Leck beizubringen und außerdem das sogenannte lebende Werk, die Maschinen- und Kesselanlagen, welche sich in dieser Gegend des Schiffes befinden, unbrauchbar zu machen.

Die Granaten dagegen enthalten in ihrem Inneren eine Spreng-

ladung und tragen an ihrer Spitze den Granatzünder, welcher auf
ein Ziel auftreffend, die Sprengladung zur Detonation bringt und
die Granate in kleine Stücke zersprengt, die dann mit großer Gewalt
nach allen Seiten sausend, sowohl Holzteile, als auch alle ungepan=
zerten Eisen= und Stahlwände zerstören, während alle brennbaren
Holzteile in Brand geraten. Mit diesen Granaten schießt man auf
die Teile des Schiffes, von denen man weiß, daß sie schwach oder
gar nicht gepanzert sind, wie z. B. die Kommandobrücken und die
hohen Aufbauten, sowie leicht gepanzerte Oberdecksbatterie, um diese
zu zerstören und die Menschen zu töten.

Die Pulverladung besteht aus einer eigens zubereiteten che=
mischen Zusammensetzung, welche genau genommen eigentlich nicht den
Namen Pulver mehr verdient, weil sie aus dicken, zusammengepreßten
Würfeln besteht oder bei den neuesten und kleinen Geschützen aus
Blättchen und Röhren. Dieselbe befindet sich in einem Sack von
Zeugstoff und wird Kartusche genannt. Nur bei den kleinen Schnell=
ladegeschützen bilden Geschoß und Pulverladung ein Ganzes wie eine
Gewehrpatrone und werden als Einheitspatrone bezeichnet.

---

### Zu den Tafeln.

## Die 30,5 cm Kanone L 22 (Tafel 25)

ist das größte in der deutschen Marine vorhandene Kaliber und
befindet sich nur an Bord der Panzerkanonenboote der Wespeklasse. Es
ist ein altes und unmodernes Geschütz und steht sowohl nach der
Größe seiner Geschosse, Durchschlagskraft und Treffleistungen bedeutend
hinter der modernen 24 cm Kanone zurück. Die Aufstellung an
Bord der Kanonenboote ist folgendermaßen: das Geschütz steht in
dem unbeweglichen fest eingebauten halbrunden Panzerturm auf einer
Drehscheibe, welche sich also mit der Lafette und dem Geschütz drehen
muß, um demselben verschiedene Richtungen zu geben. Das Drehen
des Geschützes beim Richten wird durch eine Hebel= und Zahnradüber=
tragung bewirkt, welche im Zwischendeck bedient wird. Es ist hierzu
eine große Anzahl Leute nötig und ist besonders, wenn bei schlechtem
Wetter das Schiff starke Bewegungen macht, das Richten des Geschützes
mit großen Schwierigkeiten verknüpft.

Das Laden, Oeffnen und Schließen des Verschlusses u. s. w.
wird ebenfalls mit Handkraft bewerkstelligt und hat dies, wie leicht

erſichtlich, zur Folge, daß das Geſchütz nur ſehr langſam feuern kann. Seine Aufſtellung iſt nicht günſtig, denn das ganze Rohr liegt frei und ungeſchützt auf der Lafette und iſt die Unterlafette nur vorn durch die gepanzerte Bruſtwehr des Turmes geſchützt, hinten dagegen gar nicht.

---

## Die 28 cm Kanone. (Tafel 26.)

Dieſes Geſchütz iſt das zweitgrößte in der deutſchen Flotte vertretene, und zwar befindet es ſich auf den Schiffen der Brandenburgklaſſe, wo in drei Türmen ſechs 28 cm Kanonen ſtehen. Es ſind verhältnismäßig moderne Geſchütze, jedoch keine Schnelladekanonen. Die in den vorderen und achteren Türmen ſtehenden Geſchütze haben 40 Kaliber Länge, ſind alſo in Metern ausgedrückt 11,2 m lang. Die in den mittleren Türmen aufgeſtellten haben 35 Kaliber Länge, alſo in Metern 9,8. Die Länge der Geſchütze des mittleren Turmes braucht nicht ſo groß zu ſein, wie die der beiden andern, weil erſtere vorwiegend nur im Nahgefecht oder jedenfalls nicht auf allergrößte Entfernungen zur Wirkung kommen werden. Die Aufſtellung der Geſchütze iſt die folgende: auf dem Panzerdeck erhebt ſich der ſchwergepanzerte Turm, welcher feſt und unbeweglich eingebaut iſt. In Höhe des Oberdecks, jedoch etwas niedriger als dasſelbe, befindet ſich eine Drehſcheibe, welche das Geſchütz mit der Lafette, ſowie die gewölbte Panzerkuppel trägt. Es iſt alſo im Prinzip dieſelbe Einrichtung, wie auf der Wespeklaſſe, nur der Ausführung nach außerordentlich vervollkommnet. Die Drehſcheibe wird durch hydrauliſche Maſchinen leicht und ſicher gedreht und läuft auf einer Bahn vermittels Stahlkugeln, da dieſe ihrer Form wegen ſich nicht leicht und einſeitig abnützen, wie es Rollräder thun würden, außerdem nicht ſo leicht brechen. Die gewölbte Panzerkuppel bezweckt, das Geſchütz und ſeine Bedienungsmannſchaften gegen das Feuer leichter Geſchütze zu ſichern, auch wenn ſie von oben und ſchräge auftreffen, ſie beſitzt eine Stärke von 120 mm und dreht ſich mit dem Geſchütz, da ſie mit der Drehſcheibe und nicht mit dem Turm ſelbſt verbunden iſt. Es iſt deswegen auch nur eine enge Oeffnung für das Geſchützrohr erforderlich, welche nur in der Höhenrichtung länger geſchnitten iſt, um die Mündung des Rohres nach oben und nach unten richten zu können. Wie aus dem Bilde erſichtlich, befindet ſich hinter dem Geſchütz auf dem Turme eine kleine Erhöhung; dieſe dient dazu, dem Stückmeiſter und dem Turmkommandeur einen geschützten Platz zu geben, welcher trotzdem geeignet ist, sie den Horizont frei übersehen zu lassen; hierzu befinden sich in demselben mehrere Oeffnungen (Gucklöcher) ange=bracht. Die Bedienungsmannschaft eines Turmes beläuft sich unge=fähr auf 15 Mann, während dieselbe bei alten Geschützen, wie z. B. dem 30,5 cm Geschütz der Wespeklasse bereits für die Bedienung des einen Geschützes kaum ausreicht. Jedes Geschütz wird unmittelbar von einem Unteroffizier befehligt, welcher die Mannschaft exerziert und für die Reinhaltung des Geschützes verantwortlich ist. Der eigentliche Schütze des Turmes ist der Stückmeister, welcher, aus dem Unteroffizierkorps hervorgegangen, den Rang eines Feldwebels bekleidet. Die beiden Geschütze eines Turmes können zugleich ab=gefeuert werden oder nacheinander, jedoch müssen sie, da sie mit ihren Lafetten und der Drehscheibe fest verbunden sind, immer in derselben Richtung feuern, d. h. es ist unmöglich zu gleicher Zeit mit dem einen Geschütz nach Backbord und mit dem andern nach Steuerbord zu feuern, wie solches auch aus der Zeichnung hervorgeht. Einen wichtigen Teil der Geschützbedienung bildet die Ergänzung der Munition, welche aus der Munitionskammer an das Geschütz transportiert werden muß, und zwar so, daß auch bei schnellem Schießen nie Mangel an Geschoßen und Kartuschen eintritt und andrerseits auch keine An=häufung derselben am Geschütz vorhanden sein darf, um für den Fall, daß ein feindliches Geschoß in den Turm einschlagen sollte, den Schaden durch die Explosion einer großen Munitionsmenge nicht noch umfangreicher zu machen. Auf allen neueren Schiffen verfolgt man das Prinzip, die Munitionsräume möglichst unter die Wasserlinie und jedenfalls hinter Panzer zu legen, außerdem unter die betreffen=den Geschütze, für die sie bestimmt sind; man führt dann von der Munitionskammer aus einen gepanzerten Schacht bis in den Turm hinauf, durch welchen die Granate und Kartusche auf ihrem ganzen Wege bis zum Geschütz, durch starken Panzer gedeckt, vermittels Hebewerken an das Geschütz gebracht werden. Der Munitionsschacht mündet nach oben unmittelbar hinter dem Geschütz, so daß das Laden dadurch außerordentlich vereinfacht und erleichtert wird.

Der Munitionstransport, wie das Laden wird mittels hydrau=lischer Maschinen bewerkstelligt.

## Die 26 cm Geschütze der Bayernklasse. (Tafel 27.)

Wir sehen hier wiederum ein altes, unmodernes Geschütz, welches eine Länge von 22 Kalibern besitzt, also in Metern ausgedrückt 5,7 m lang ist. Auf der Bayernklasse sind die beiden Turmgeschütze auf einer Drehscheibe in festem Panzerturm auf der Back aufgestellt. Sie sind nach oben zu gänzlich ungeschützt und feuern frei über die gepanzerte Brustwehr hinweg, welche so niedrig ist, daß nicht nur das Geschützrohr, sondern auch die Lafette und die Bedienungsmannschaft dem feindlichen Feuer in erheblicher Weise ausgesetzt sein würde. Die Geschütze mit den Drehscheiben werden mittels einer Dampfmaschine gedreht, jedoch ist für den Fall des Versagens derselben auch eine Handdrehvorrichtung vorhanden. Die Lafetten der beiden Geschütze sind beide fest mit der Drehscheibe und dadurch mit einander verbunden. Sie können durch eine besondere Vorrichtung gemeinsam abgefeuert werden, jedoch auch einzeln. An beiden Seiten des Turmes befindet sich eine dünne, stählerne Schutzwand, um die Bedienungs= mannschaft gegen den starken Luftdruck beim Feuern der vorderen Kasemattgeschütze zu schützen. Die Turmdrehmaschinen, sowie der Munitionstransport, welcher übrigens durch Handkraft ausgeführt wird, liegen hinter Panzer.

---

## Die 24 cm Schnelladekanone L 40. (Tafel 28 und 29.)

Dieses moderne Geschütz bildet auf allen neuen Linienschiffen und großen Kreuzern die schwere Artillerie, und findet dort entweder paarweise oder einzeln im drehbaren Panzerturm Aufstellung. Das nebenstehende Bild zeigt uns den Panzerturm der Kaiserklasse, dessen Panzerstärke oben bei der Beschreibung dieser Schiffsklasse Erwähnung gefunden hat. Der Panzerturm selbst stellt ein neues, bisher auf den Schiffen unserer Marine noch nicht vertretenes System dar. Er bildet nämlich eine Art Mittel zwischen dem alten Panzerturmsystem, bei welchem der ganze Turm sich drehte und der Drehscheibeneinrichtung, welche im allgemeinen mit „en barbette" bezeichnet wird, so ist hier der eigentliche Turm, welcher vom Panzerdeck bis zum Oberdeck durchgeführt ist, unbeweglich, und erhebt sich auf diesem der Oberteil des Turmes, welcher sich auf dem unteren Teile auf Stahlkugeln dreht. Die Panzerstärke desselben ist die gleiche, wie die des unteren Teiles und ist derselbe oben mit einer

flachen Decke versehen, welche von oben kommende Geschosse und Splitter
abwehrt. Hierdurch besitzt die Bedienungsmannschaft einen weit
größeren und sicheren Schutz als auf der Brandenburgklasse, wo zu
ihrer Deckung die verhältnismäßig schwache Panzerkuppel vorhanden
ist, welche nur durch Stützen getragen wird. Die Geschützrohre ragen
aus ovalen Ausschnitten der seitlichen Oberturmwand hervor, welche
nur so groß sind, als es für die Höhenrichtung des Geschützes er=
forderlich ist. Das oder die beiden Geschütze bilden mit dem oberen
Teil des Turmes ein Ganzes, so daß sie sich mit diesem drehen.
Die zu dem Drehen erforderliche Kraft wird durch hydraulische Ma=
schinen geliefert. Wie bei allen Turmgeschützen sind bei Einnehmung
der Seitenrichtung die beiden Geschütze von einander abhängig, während
sie unabhängig von einander Höhenrichtung nehmen, sowie zugleich oder
einzeln abgefeuert werden können. Der Munitionstransport von der
unter dem Geschütze liegenden Munitionskammer aus, ist durch den
Seitenpanzer des untern Turmteils geschützt und wird ebenfalls durch
hydraulische Maschinen bewirkt. Als Reserve für sämtliche bei der
Bedienung des Geschützes oder dem Fördern der Munition verwandten
Maschinen, sind Vorrichtungen vorhanden, welche dieselben mit Menschen=
kraft ausführen lassen. Nach den jetzt bestehenden Grundsätzen führen
die Linienschiffe vier dieser Geschütze paarweise in zwei Türmen auf=
gestellt, während die Kreuzer (Fürst Bismarck) dieselbe Armierung
und der etwas kleinere Kreuzer (Prinz Heinrich) nur zwei dieser
Geschütze führt, welche zu je einem in zwei Türmen Aufstellung ge=
funden haben.

---

## Die 21 cm Schnelladekanone L 40. (Tafel 30 und 31.)

Dieses ebenfalls moderne Geschütz finden wir bis jetzt in unserer
Marine auf den großen Kreuzern der Herthaklasse, welche deren zwei in
Einzeltürmen aufgestellt trägt. Sowohl die Placierung als das System
und die Konstruktion der Türme gleichen genau der der 24 cm Türme,
nur mit dem Unterschiede, daß der untere Teil des Turmes nicht ganz
in seinem vollen Umfange bis auf das Panzerdeck hinunter durch=
geführt ist, sondern sich nach unten zu erheblich verjüngt und mit
diesem Teile nur als Munitionsschacht und als Stütze des oberen
Teiles dient.

---

## Das 15 cm Schnellade-Geschütz L 40. (Tafel 32 und 33.)

Die 15 cm Kanone bildet auf unsern Schiffen die mittlere Artillerie, sowie auf einigen älteren Kreuzern den Hauptbestand der Geschütz-Armierung. Das Geschütz ist in verschiedener Weise aufgestellt und zwar finden wir es auf den Linien-Schiffen und modernen großen Kreuzern teils in Türmen, teils in gepanzerten Eckkasematten. In den Türmen befindet sich je ein Geschütz, und entsprechen dieselben ihrer Form nach annähernd den Türmen der großen Geschütze. Der obere Teil dreht sich auf Stahlkugeln, während der untere feste Teil sich allmählich nach unten verjüngend bis auf das Panzerdeck durchgeführt ist und gleichzeitig so den Munitionsschacht bildet; der zum Drehen erforderliche Antrieb wird durch elektrische oder hydraulische Maschinen gegeben. Der Ausschnitt in der Turmwand, welcher das Geschützrohr passieren läßt, ist nur so groß gehalten, wie es zum Nehmen der Höhenrichtung unbedingt erforderlich ist. Wo die örtlichen Verhältnisse eine derartige Aufstellung nicht zuließen, hat man die Eckkasematte gewählt, welche vor der Breitseitkasematte den bedeutenden Vorteil besitzt, daß sie dem Geschütz einen weit größeren Bestreichungswinkel gestattet. Da infolge dessen die Geschützpforten der Kasematte verhältnismäßig weit gehalten werden mußten und aus demselben Grunde die Gefahr besteht, daß Geschosse und Granatsplitter, welche durch diese Oeffnung hineindringen, das Geschütz unbrauchbar machen und die Mannschaft außer Gefecht setzen, so ist diesem Uebelstande dadurch abgeholfen worden, daß man an dem Geschütz selbst noch einen runden Stahlpanzerschild angebracht hat, welcher sich bei der Veränderung der Seitenrichtung mit dem Geschütz dreht und infolge dessen den Bestreichungswinkel selbst nicht beeinträchtigt, jedoch dem Geschütz und der Bedienungsmannschaft dieselbe Deckung gewährt, wie sie bei einer Geschützpforte von minimaler Größe in der Kasematte der Fall sein würde. Die Kasematte, welche immer nur ein Geschütz enthält, ist ebenfalls mit einem mittelstarken Panzer versehen.

Eine dritte Art der Aufstellung finden wir auf einigen älteren Kreuzern, wovon wir als Beispiel den großen Kreuzer „Kaiserin Augusta" anführen. Hier stehen die Geschütze frei auf dem Oberdeck und sind weder durch Kasematt- noch Turmpanzer geschützt. Um dem einigermaßen abzuhelfen, hat man jedem der 15 cm Geschütze einen Stahlschild gegeben, welcher fest auf der Lafette angebracht, sich mit dem Geschütz dreht.

## Die 10,5 cm Schnellade-Kanone L 35. (Tafel 34.)

Diese rechnet auf großen Schiffen zur leichten Artillerie und bildet auf kleinen Kreuzern die Haupt=Artillerie=Armierung. Sie ist im allgemeinen auf dem Oberdeck oder wie auf der Brandenburg=klasse in einer Kasematte aufgestellt und im ersteren Falle durch einen leichten Stahlschild einigermaßen gegen feindliches Klein=Gewehrfeuer geschützt; es ist ebenfalls ein durchaus modernes Geschütz, besitzt eine große Feuergeschwindigkeit und hat bei allen Schießübungen vor=trefflich Resultate gezeigt. Bei diesem Geschütz kommt eine Einheits=Patrone zur Verwendung.

## Die 8,8 cm Schnelladekanone L 30. (Tafel 35.)

Dieses Geschütz bildet ebenfalls einen Teil der leichten Artillerie und unterscheidet sich von der 10,5 cm Kanone nur durch das Kaliber.

## Die 5 cm Schnelladekanone. (Tafel 35.)

Die 5 cm Schnelladekanone findet im allgemeinen nur auf Torpedo=Fahrzeugen, auf einigen älteren kleinen Kreuzern und in Beibooten der größeren Schiffe Verwendung. Auf unsern Torpedobooten bildet sie die Hauptarmierung und wird dort teilweise auf den Türmen, teils auf hohen Pivots aufgestellt. An Bord der Kreuzer steht sie eben=falls auf einem Pivot und wird durch einen leichten Stahlschild geschützt.

## Die Maschinen-Waffen. (Tafel 36.)

An Maschinen=Waffen sind in der Marine eingeführt:
Die 3,7 cm Maschinenkanone, das 0,8 cm Maschinengewehr.

Maschinen=Waffen werden diese deswegen genannt, weil das Laden und Abfeuern auf mechanischem Wege und nicht durch Hand=kraft der Geschütz=Bedienung geschieht. Das Prinzip sei in folgendem kurz erklärt. Es ist bekannt, daß beim Schuß durch die Ausdehnung der Pulvergase nach allen Seiten dieselben auch nach rückwärts wirken und dadurch den Rückstoß erzeugen, welchem im allgemeinen, wie weiter oben gezeigt, in der Weise Rechnung getragen wird, daß man dem Geschütze Spielraum giebt ein Stück zurückzulaufen und es dann allmählich bremst. Der Erfinder der Maschinen=Waffe nun ist auf den Gedanken gekommen, die Kraft, welche den Rückstoß bewirkt, in

— 236 —

der Weise nutzbar zu machen, daß sie nach dem Schuß einen Mechanismus in Thätigkeit setzt, welcher

1. die Hülse des abgeschossenen Geschosses aus dem Lauf herauswirft;
2. eine neue Patrone ladet;
3. eine weitere Patrone in die Ladestellung bringt.

Sobald sich nun durch diese Thätigkeit die Kraft des Rückstoßes aufgezehrt hat, wird durch die Spannung einer Spiralfeder ein weiterer Mechanismus in Thätigkeit gesetzt, welcher den Schuß abfeuert, worauf sich dasselbe Spiel erneuert. Der Schütze hat durch einen Hebeldruck in der Gewalt, jeden Schuß einzeln zu feuern, eine beliebige Zahl von Schüssen mechanisch abgeben zu lassen und dieselben in jedem Augenblick zu unterbrechen. Die außerordentlichen Vorteile der Maschinen-Waffen bestehen in der Hauptsache in der enormen Feuer-Geschwindigkeit und der im Verhältnis dazu geringen erforderlichen Bedienungs-Mannschaft. Die Kompliziertheit der Mechanismen, sowie die Schnelligkeit des Feuerns macht dagegen eine außerordentlich gründliche Ausbildung der Bedienungs-Mannschaft erforderlich, wenn keine Störung oder Versager eintreten sollen.

An Bord sind die Maschinen-Kanonen und die Maschinen-Gewehre auf Pivots aufgestellt, und ermöglicht ihre Leichtigkeit, dieselben je nach Bedarf dahin zu transportieren, wo sie gerade am nötigsten sind. Die 3,7 cm Kanone besonders ist eine ganz vorzügliche Waffe und wird im Kriege auf die ungepanzerten Schiffsteile, sowie auf menschliche Ziele mit großem Erfolge zu verwerten sein.

Das Maschinen-Gewehr entspricht nach Konstruktion und System genau der Maschinen-Kanone. Weil es aber nur gegen menschliche Ziele und eventl. auch Torpedo-Fahrzeuge mit Nutzen gebraucht werden kann, so ist es auf unsern Schiffen nur in verhältnismäßig geringer Anzahl vertreten; wie infolge der Feuergeschwindigkeit begreiflich, gebrauchen diese Waffen ungeheure Munitionsmengen, und müssen deswegen entsprechende Vorräte an Bord oder auf eigens dazu vorhandenen Munitionsschiffen untergebracht sein, um sie während der Dauer eines See-Krieges in gefechtsfähigem Zustande zu halten.

---

### Torpedos und Minen. (Tafel 37.)

Der Torpedo ist ein Unterwassergeschoß, welches das feindliche Schiff da unter der Wasserlinie treffen soll, wo es nicht mehr durch

— 237 —

den Gürtelpanzer geschützt ist, also in einer Tiefe von ungefähr
drei Metern.

Da der Widerstand, welchen das Wasser der Bewegung eines
Körpers entgegensetzt, zu groß ist, kann man nicht, wie es ja sonst
das einfachste und naheliegendste wäre, einfach eine Granate unter
Wasser schießen, denn diese würde selbst ein ganz nahes Ziel nicht
erreichen können, und so ist man nach vielen Versuchen und Erfahrungen
auf den selbständig im Wasser sich fortbewegenden Torpedo gekommen,
welcher im folgenden kurz beschrieben sei.

Derselbe ist aus Bronze gefertigt, hat genau die Gestalt einer
vorne und hinten spitzen Cigarre und besteht aus verschiedenen Stücken,
welche durch Schrauben und andere Befestigungsarten fest untereinander
verbunden sind.

Der vorderste Teil, der sogenannte Kopf, mit welchem der
Torpedo auf das feindliche Schiff auftrifft, enthält die Sprengladung,
welche aus Schießbaumwolle besteht. Diese wird durch eine besondere
Detonationsladung, welche sich im allervordersten Teil befindet, zur
Detonation gebracht. Die Sprengladung unserer modernen Torpedos
beträgt über 150 Pfund und richtet, wie Versuche erwiesen haben,
gewaltige Zerstörungen an. Ein von einem solchen Torpedo getroffenes
Schiff erhält ein Leck in seinem Boden, welches mehrere Meter lang
und breit ist, so daß es, wenn auch nicht zum Sinken gebracht, so
doch in seiner Manövrier= und infolge dessen Gefechtsfähigkeit stark
beeinträchtigt werden wird; mehrere Treffer von Torpedos aber be=
siegeln ohne Zweifel das Schicksal des Schiffes.

Die übrigen Teile enthalten diejenigen Mechanismen, welche
den Torpedo selbständig während seines Laufes unter Wasser fort=
bewegen und in gerader Richtung und der gewünschten Tiefe steuern.

Zur Fortbewegung enthält der Torpedo eine Maschine, welche
im Prinzip gleich einer Dampfmaschine wirkt und an einer Schrauben=
welle angreift, welche, wenn sie sich dreht, eine zweite Schraubenwelle
mitdreht, welche ebenfalls eine zweiflügelige Schraube auf ihrem
Ende trägt. Getrieben wird die Maschine des Torpedos durch stark
zusammengepreßte Luft, welche vom Kessel aus in dieselbe einströmt
und sind die Wände desjenigen Teils des Torpedos, welcher als
Kessel dient, besonders stark gehalten, um dem gewaltigen Druck der
eingeschlossenen Luft den erforderlichen Widerstand leisten zu können.
Die in der Maschine verbrauchte Luft strömt nach hinten in das
Wasser aus und bezeichnet als aufsteigende Blasen die Bahn des

Torpedos an der Oberfläche. Es ist klar, daß aus diesem Grunde der Torpedo nur so lange läuft, wie Preßluft im Kessel vorhanden ist, da die verbrauchte Luft nicht wie der Dampf in einer Schiffsmaschine wieder zu ihrem Betriebe nutzbar gemacht werden kann, nachdem er bereits einmal durch die Cylinder durchgegangen ist. Je größer also der Kessel, je stärker zusammengepreßt die Luft, desto längere Strecken kann der Torpedo mit großer Schnelligkeit durchlaufen.

Außerordentlich wichtig sind die Steuervorrichtungen des Torpedos, deren zwei vorhanden sind, nämlich die, welche ihn gerade laufen lassen wie ein Schiff, welches geraden Kurs steuert und die sogenannte Tiefensteuerung, welche verhindert, daß er die Tiefe von drei Metern unter Wasser nach oben oder unten verläßt. Die Tiefensteuerung regelt sich vollkommen selbstthätig während des Laufes, indem, sowie der Torpedo sich nicht in der richtigen Tiefe befindet oder auch nur Neigung zeigt, dieselbe zu verlassen, sofort ein horizontales Steuer sich entsprechend nach oben oder nach unten bewegt, und ihn wieder auf die richtige Tiefe und dort angelangt, in die horizontale Lage zurückführt.

Das spezifische Gewicht des Torpedos ist so bemessen, daß er mit geringem Auftriebe im Wasser schwimmt.

Bei den Schießübungen, welche mit Torpedos abgehalten werden, erhalten die letzteren einen sogenannten Uebungskopf, welcher genau dieselbe Form hat, wie der Gefechtskopf, jedoch nicht mit Schießwolle gefüllt ist, sondern mit Harz oder ähnlicher Materie ausgegossen ist, welches ihm das Gewicht des scharfen Kopfes verleiht.

Um dem Torpedo nun die Richtung zu geben, in welcher er im Wasser nachher selbständig auf das Ziel hinlaufen und es treffen soll, dient das Lancier= oder Ausstoßrohr, in welches der Torpedo geladen und aus welchem er abgefeuert wird.

Ausstoßrohr und Torpedo sind also einem Geschütz mit Geschoß vergleichbar, nur mit dem großen Unterschiede, daß, während die Granate durch Pulverladung bis nach dem Ziel hingeschleudert wird, der Torpedo nur aus dem Rohr in das Wasser ausgestoßen zu werden braucht, indem er dort angelangt, sich selbständig vermöge seiner Maschine weiter fortbewegt. Das Ausstoßen geschieht mittels einer kleinen Pulverladung oder Preßluft.

Der Schütze zielt über das Rohr, an welchem ein Visierapparat angebracht ist.

Der Aufstellung nach unterscheidet man Ueberwasser= und Unter=

wafferrohre und baut man auf allen modernen Schiffen, wo es die Raumverhältnisse gestatten, die letzteren ein, weil sie dem feindlichen Geschützfeuer nicht ausgesetzt sind. Ueberwasserrohre treffen wir vorwiegend auf Torpedofahrzeugen und sind dieselben schwenkbar, d. h. sie können ähnlich wie ein Geschütz in der Richtung des Ziels gedreht werden.

## Seeminen. (Tafel 37).

Seeminen sind große Gefäße aus Eisenblech, welche mit Schieß=wolle oder andern Sprengstoffen angefüllt sind; sie dienen zur Vertei=digung von Flußmündungen und Häfen, in welchen sie derart verankert werden, daß sie in einer bestimmten Tiefe im Wasser schwimmen, so daß Schiffe, welche über sie wegfahren, sich daran stoßen. Durch eine besondere Zündvorrichtung detoniert dann die Sprengladung und schlägt ein Leck in den Boden des Schiffes. Man kann indessen auch die Minen elektrisch vom Land aus zünden.

# Ueber Flaggen- und Kommandozeichen der Marine.

## (Tafel 49—51.)

Jedes Schiff oder Fahrzeug der Kaiserlichen Marine, welches in Dienst gestellt ist, führt Flagge und Wimpel (diesen nur, wenn ein aktiver Seeoffizier Kommandant ist). Beide werden zugleich mit der Indienststellung geheißt und zeigen dieselbe an. Die Flagge wird hinten am Heck des Schiffes an einem besonderen Flaggenstock oder an der Gaffel des hintersten Mastes jeden Morgen, im Sommer um 8, im Winter um 9 Uhr geheißt und mit Sonnenuntergang niedergeholt. Das Heißen und Niederholen ist mit einer kleinen Feierlichkeit, welche Flaggen-Parade genannt wird, verbunden. Diese geht in der Weise vor sich, daß der Offizier der Wache das entsprechende Kommando giebt, sämtliche auf dem Oberdeck befindlichen Leute mit Front nach der Flagge still stehen; die Offiziere salutieren und der Bootsmannsmaat der Wache läßt auf der Bootsmannspfeife den soge- nannten Fallreepspfiff ertönen, welcher sonst das An-Bordgehen eines Offiziers anzeigt. Auf größeren Schiffen tritt außerdem noch die sogenannte Sicherheitswache an, welche präsentiert, während Tambour und Hornist den Präsentier-Marsch schlagen.

Die deutsche Kriegsflagge wurde im Jahre 1867 nach der siegreichen Beendigung des österreichischen Krieges, welche den Nord- deutschen Bund zum Resultat hatte, für die damalige Norddeutsche Bundes-Marine eingeführt und nach 1870 auch für die Reichs-Marine beibehalten. Wie auf dem Bilde ersichtlich, ist es eine Flagge, welche durch ein schwarzes Kreuz in vier Felder geteilt wird. Die inneren Enden der Arme des Kreuzes stoßen nicht zusammen, sondern bilden in der Mitte der Flagge eine medaillonartige Erweiterung, welche den Adler trägt. Das linke obere Feld ist schwarz=weiß=rot geteilt und enthält das eiserne Kreuz.

Die Kriegsflagge wird außer auf dem Kriegsschiffe selbst, auch in den dazu gehörigen Booten geführt, und zwar im Inlande, wenn sich in dem Boote ein Offizier befindet, im Auslande immer. Sie wird ebenfalls auf allen andern Schiffen und Booten, welche direkt oder indirekt zur Marine gehören, gemietet sind, oder ihr sonst zur Verfügung stehen, geführt, sowie auf dem betreffenden Fahrzeug ein dem aktiven Dienst angehöriger Offizier befehligt. Ist das Schiff in kriegsbereitem Zustande (Klarschiff), so führt es die Kriegsflagge außer an den bezeichneten Orten auch in den Topen sämtlicher Masten.

Im übrigen sind zur Führung der Kriegsflagge berechtigt: die Souveräne der deutschen Bundesstaaten, die Prinzen regierender königlicher Häuser und die ersten Bürgermeister der Hansa=Städte auf den ihnen eigentümlich gehörigen Privat=Fahrzeugen. Beim Besuche eines ersten Bürgermeisters der Hansa=Städte an Bord eines Kriegsschiffes wird die Kriegsflagge auf demselben als Unterscheidungszeichen im Groß=Top gesetzt. Im Auslande kann die Kriegsflagge auch als Unterscheidungszeichen im Groß=Top bei Einschiffung eines höheren Diplomaten an Bord eines deutschen Kriegsschiffes gesetzt werden. Der Kommandanten=Wimpel bleibt jedoch in diesem Falle wehen. Für die beiden letztgenannten Fälle kann die Kriegsflagge auch als Unterscheidungszeichen im Bug eines zur Marine gehörigen Bootes geführt werden. Am Lande wird die Kriegsflagge geführt von:

1. allen Marine=Behörden und Anstalten, mit Ausnahme der Leuchttürme und zum Lotsenwesen gehörigen Gebäude und der See=Warten;

2. auf den Küsten=Befestigungen, welche mit Marine=Personal belegt sind: also Friedrichsort, Wilhelmshaven, Lehe, Curhaven und Helgoland;

3. von den Behörden und Anstalten der Schutztruppen von Deutsch=Ostafrika und allen Befestigungen, soweit sie besetzt sind. Im Innern auf Stationen, die von einer Abteilung der Schutztruppen unter der Führung eines Offiziers oder Unteroffiziers besetzt sind;

4. den im unmittelbaren Reichsdienst befindlichen Behörden und Anstalten des deutschen Heeres. Es ist außerdem gestattet, die Kriegsflagge in geschlossenen Räumen bei anläßlich patriotischen Festen u. s. w. in beliebiger Weise zur Ausschmückung von Räumen zu

benutzen. In See wird in belebten Fahrwassern die Kriegsflagge immer geführt. In gänzlich unbelebten Gewässern kann sie auf Befehl des Kommandanten niedergeholt werden. Findet an Bord eines Schiffes der Kaiserlichen Marine Gottesdienst statt, so wird die Kriegsflagge etwas gesenkt und darüber der Kirchenwimpel (weiß mit rotem Kreuz) geheißt. Bei Todesfällen wird die Flagge halbstocks geheißt, d. h. auf der halben Höhe ihres gewöhnlichen Ortes. Befindet sich eine Leiche an Bord, so bleibt während der ganzen Zeit ihres Anbordseins die Flagge halbstocks.

Die Gösch ist eine schwarz-weiß-rote Flagge, auf deren Mitte das eiserne Kreuz liegt. Dieselbe wird nur auf Kriegsschiffen und zwar am Bug desselben an einem besonderen Flaggenstock gesetzt: Sie dient zur Bezeichnung festlicher Gelegenheiten, wie Sonn- und Feiertage und Inspizierungen. Stets weht sie außerdem, wenn Topsflaggen geheißt sind, oder wenn ausgeflaggt ist. In diesen Fällen wird sie zu gleicher Zeit mit der Kriegsflagge geheißt und niedergeholt.

Der Wimpel ist ein sogenanntes Kommandozeichen. Er weht auf jedem in Dienst gestellten Schiff und zeigt an, daß sich dasselbe unter dem Befehle eines Seeoffiziers als Kommandanten befindet. Der Wimpel bleibt tags und nachts wehen und wird erst mit Außerdienststellung niedergeholt. Der Form nach ist er ein langes, weißes Band, welches am Ende in zwei Spitzen ausläuft, während das andere breite Ende an dem Top des Mastes befestigt ist und ein schwarzes, eisernes Kreuz trägt. Wenn der Kommandant des Schiffes gestorben ist, so wird der Wimpel zugleich mit der Flagge halbstocks geheißt. Während der Indiensthaltung des Schiffes wird der Wimpel nur dann niedergeholt, wenn das Kommandozeichen eines höheren Befehlshabers der Marine, z. B. ein Admiral an Bord kommt, so daß dessen Kommandozeichen geheißt werden muß. Dasselbe ist der Fall, wenn die Standarte eines Souveräns auf dem Schiffe geheißt ist.

---

### Sonstige Kommandozeichen. (Tafel 49.)

Liegen in einem Hafen zwei oder mehrere Schiffe der kaiserlichen Marine zusammen, ohne einem Verbande anzugehören, so ist der älteste Kommandant berechtigt, den Anciennetätsstander zu heißen und zwar im Kreuztop (hinterster Mast). Der Anciennetätsstander ist ein

— 243 —

zweispitziger Stander — Doppelstander — welcher das eiserne Kreuz
trägt und dessen obere Kante an einer kleinen Raa befestigt ist,
welche ihrerseits durch zwei kurze Tauenden an dem Top des Mastes
befestigt wird, so daß er sich im Winde horizontal und nicht vertikal,
wie die Flagge sonst, stellt.

Wird ein Verband von Kriegsschiffen von einem Offizier befehligt, welcher nicht Admiral, sondern Kommodore ist, so führt derselbe den Kommodorestander, welcher derselbe ist wie der Anciennetätsstander, jedoch im Großtop geführt wird und vertikal befestigt ist.

Der Divisionsstander ist ein weißer, dreieckiger Stander mit
dem eisernen Kreuz; derselbe wird von den Befehlshabern einer Division
oder eines andern Schiffsverbandes geführt, wenn der Führer weder
Admiral noch Kommodore ist.

Unter gleichen Rangverhältnissen führt der Chef einer Flottille
den Flottillenstander, welcher genau wie der Anciennetätsstander beschaffen ist.

------

### Die Flaggen der Admirale. (Tafel 49.)

Die Admiralsflagge ist ein Kommandozeichen und hat viereckige
Form, ist weiß und enthält das eiserne Kreuz. Auf Schiffen mit
drei Masten führen Admirale, Vice- und Kontreadmirale die gleiche
Flagge; in diesem Falle unterscheidet man dann den Rang des betreffenden Admirals nach dem Orte der Flagge, indem der Admiral
sie im Großtop führt, der Viceadmiral im Vortop, der Kontreadmiral
im Kreuztop. Hat das Schiff zwei Masten, so weht die des Kontre-
admirals im Vortop. Auf Schiffen mit einem Mast führen sämtliche 3 Klassen die Admiralsflagge an diesem, jedoch befindet sich
dann in der des Viceadmirals ein schwarzer Ball, und in der des
Kontreadmirals deren zweie. Die gleichen Unterschiede sind vorhanden,
wenn die Admiralsflagge in einem Boote geführt wird.

------

### Die Flagge des Generalinspekteurs der Marine. (Tafel 49.)

Diese ist wie die Admiralsflagge, nur mit einem rings um
dieselbe herumlaufenden roten Rand versehen.

------

16*

## Die Flagge des Staatssekretärs des Reichsmarineamtes
(Tafel 49)

ist wie die Admiralflagge, enthält jedoch in der linken unteren Ecke zwei gelbe, gekreuzte Anker.

---

## Die Kaiserlichen Standarten. (Tafel 49.)

Die Kaiserstandarte ist gelb und durch ein breites, eisernes Kreuz in vier Teile geteilt. Auf der Mitte des eisernen Kreuzes liegt der Reichsadler, welcher von der Kette des schwarzen Adlerordens umgeben ist und über welchem sich die Kaiserkrone befindet. In jeder der vier Ecken befinden sich drei preußische Adler und die Kaiserkrone.

Die Kaiserinstandarte. Diese besitzt dieselbe Grundfarbe. In der linken oberen Ecke ist ein kleines eisernes Kreuz, in der Mitte befindet sich der Reichsadler, umgeben von der Kette des schwarzen Adlerordens, während über ihm die Krone der Kaiserin liegt. In jeder Ecke der Flagge befinden sich vier preußische Adler.

·Die Kronprinzenstandarte ist wie die Kaiserstandarte mit dem Unterschiede, daß die Krone entsprechend anders gehalten ist; die Kronen in den Ecken fehlen und anstatt dessen sind die preußischen Adler dort eingesetzt.

Der Breitwimpel des Kaisers ist ein breiter, weißer und verhältnismäßig kurzer Wimpel, welcher sich nach seinen äußeren Enden konisch verjüngt; an dem Ende, welches am Flaggenstocke sitzt, ist das eiserne Kreuz angebracht, in dessen Mitte die Kaiserkrone liegt, und über welchem sich Scepter und Schwert kreuzen. Der Breitwimpel wird von Seiner Majestät dem Kaiser geführt, auf dessen persönlichen Befehl und zum Zeichen, daß weder Salut noch Paradieren seitens der unterstellten Behörde stattfinden soll. Der Breitwimpel ist das höchste aller Kommandozeichen der Marine.

Sowie beim Anbordkommen Seiner Majestät des Kaisers auf einem Kriegsschiffe die Kaiserstandarte im Großtop geheißt wird, wird das Kommandozeichen, welches bisher wehte (Wimpel, Admiralsflagge u. s. w.), sowie die Topsflagge niedergeholt, und erst dann wieder geheißt, wenn nach dem Vonbordgehen des Kaisers die Standarte niedergeholt worden ist. Wird die Standarte der Kaiserin bei dem Anbordkommen Ihrer Majestät der Kaiserin im Großtop gesetzt,

— 245 —

so bleibt das bisherige Kommandozeichen dabei wehen, ebenso beim Heißen der Kronprinzen= und der Kronprinzessinstandarte. Dasselbe ist der Fall beim Anbordkommen des Souveräns eines andern deutschen Staates, der Gemahlin eines solchen, eines Prinzen oder einer Prin= zessin eines regierenden, deutschen königlichen Hauses, oder des ersten Bürgermeisters einer freien Hansastadt.

Im allgemeinen kann man sich diese Unterschiede nach der ein= fachen Regel einprägen, daß das bestehende Kommandozeichen an Bord eines Schiffes nur dann niedergeholt wird, wenn ein höherer Be= fehlshaber an Bord kommt.

Da nun außer den höchsten Marineoffizieren ein nächst höherer Befehlshaber nur in Seiner Majestät dem Kaiser selbst vorhanden ist, so wird auch nur beim Heißen der Kaiserstandarte das bisherige Kommandozeichen niedergeholt, während es mit den Standarten bezw. Unterscheidungszeichen aller übrigen Regierenden, Fürsten und Würde= tragenden zusammen wehen bleibt.

## Ausflaggen.

Das Ausflaggen besteht darin, daß in jedem Top die Kriegs= flagge geheißt wird, und außerdem die Signalflaggen nach einem bestimmten Muster zusammengestellt, an einer vom Heck über die Spitzen sämtlicher Masten bis zum Bug bezw. Bugspriet laufenden Leine geheißt werden. Das Ausflaggen geschieht bei besonders fest= lichen Gelegenheiten nach Befehl, jedoch immer bei Ankunft Seiner Majestät des Kaisers, wenn großer Empfang befohlen ist, und bei Geburtstagen des Kaisers oder der Kaiserin; ausgeflaggt wird jedoch nur auf Schiffen, welche zu Anker liegen oder festgemacht sind; Torpedofahrzeuge flaggen nicht aus. Gilt das Ausflaggen einer fremden Nation, so wird die Kriegsflagge des betreffenden Staates anstatt der deutschen im Großtop gesetzt; gilt es mehreren fremden Nationen zu= gleich, so werden deren betreffende Flaggen nebeneinander im Groß= top gesetzt.

## Topsflaggenheißen.

Das Topsflaggenheißen besteht darin, daß in jedem Top die Kriegsflagge geheißt wird, ausgenommen in dem Top, in welchem eine Standarte oder ein höheres Kommandozeichen, als der Wimpel oder

— 246 —

die Flagge des Staatssekretärs des Reichsmarineamts weht. Tops=
flaggen werden auf besonderen Befehl geheißt, sowie bei Ankunft
Seiner Majestät des Kaisers, wenn kleiner oder kein Empfang befohlen
ist. Ferner beim Geburtstage des Kaisers oder der Kaiserin bei
stürmischem Wetter. In See werden auch bei denjenigen Gelegen=
heiten nur Topsflaggen geheißt, zu denen im Hafen ausgeflaggt wird.

Endlich sind Topsflaggen zu heißen, wenn das Schiff klar zum
Gefecht ist. Alle Kommandozeichen bleiben tags und nachts wehen
und werden dieselben nachts durch eine dicht darunter geheißte brennende
Laterne gekennzeichnet. Ausgenommen ist hiervon nur der Wimpel,
zu welchem keine Laterne geheißt wird.

### Grüßen mit der Flagge.

Ein Gruß wird mit der Flagge im allgemeinen in der Weise
ausgeführt, daß die Flagge gedippt, das heißt ein Stück herunter
geholt und wieder aufgeheißt wird. Dieses Dippen ist als Gruß
international und kann in der Art verschieden ausgeführt werden,
als schnell oder langsam, ein oder mehrere Male, gedippt wird. Deutsche
Kriegsschiffe haben den Flaggengruß fremder Kriegsschiffe oder Fest=
ungen sofort in derselben Weise zu erwidern, wie er gegeben ist. Der
Gruß von Kauffahrteischiffen wird hingegen immer durch ein ein=
maliges Dippen erwidert, einerlei ob dieselbe ihrerseits ein oder
mehrere Male die Flagge senken oder dieselbe während der ganzen
Dauer des Vorbeifahrens gesenkt läßt. Fahren Kriegsschiffe im Ge=
schwaderverbande, so grüßt je nach Umständen nur das Flaggschiff
oder aber das Schiff, welches dem grüßenden Fahrzeuge zunächst und
am deutlichsten sichtbar sich befindet. Grüßt beim Vorbeikommen ein
Fahrzeug ein Geschwader wiederholt beim Passieren jedes Schiffes
desselben, so hat auch jedes Schiff des Geschwaders den Gruß zu er=
widern, überhaupt ist unter allen Umständen der Gesichtspunkt maß=
gebend, daß das grüßende Fahrzeug sieht, daß sein Gruß erwidert
wird. Deutsche Kriegsschiffe und Küstenwerke dürfen fremde Kriegs=
schiffe und Festungen durch Dippen der Flaggen zuerst grüßen, wenn
es sicher ist, daß der Gruß erwidert wird. Weht die Kaiserstandarte
auf einem deutschen Kriegsschiff, so wird ein Flaggengruß nur mit
Genehmigung des Kaisers erwidert oder gegeben.

# See-Zeichen.

(Tafel 38 und 39.)

Seezeichen dienen dazu, diejenigen Fahrwasser oder Stellen im Meere an der Küste oder in Flüssen, welche wegen ihrer Seichtheit der Schiffahrt gefährlich sind, so deutlich zu bezeichnen und sichtbar zu machen, daß die Schiffer die Gefahr rechtzeitig vermeiden können, außerdem stellt man an der Küste Seezeichen auf, um das Land nach der Form derselben für den sich nähernden Seemann kenntlich zu machen; in diesem letzteren Sinne werden meistens die Leucht= türme und Baaken verwandt. Man unterscheidet überhaupt im ganzen feste Seezeichen und schwimmende Seezeichen.

---

## Feste Seezeichen (Tafel 39)

sind die Leuchttürme, die Baaken und die sogenannten Stangen=See= zeichen und Pricken. Die Leuchttürme baut man an Stellen, welche für die Schiffahrt ganz besonders wichtig sind und deren Passieren besonders des Nachts mit Schwierigkeiten verbunden ist. Wir haben hauptsächlich an der deutschen Nordseeküste eine große Anzahl von Leuchttürmen, welche dem Schiffer den Weg durch das ebenso stürmische, wie seichte und deshalb gefährliche Wattenmeer zeigen sollen. Die Leuchttürme wiederum werden teilweise auf dem Lande selbst aufgestellt, teilweise in das Wasser hineingebaut. Letzteres erschwert und verteuert den Bau ganz außerordentlich, läßt sich jedoch manchmal nicht umgehen, wo die Wasser= und Küstenverhältnisse entsprechend sind, wie z. B. an der Mündung der Weser, wo der Rotesand=Leuchtturm mitten

— 248 —

aus dem Waſſer hervorragt und ein unentbehrliches Navigierungs=
mittel für die große Zahl von Schiffen bildet, die die Weſer auf=
ſuchen. Die Leuchttürme leuchten nachts durch ein Feuer oder Licht,
welches mit Oel oder Petroleum oder aber elektriſch unterhalten
wird. Die neuen großen Leuchttürme werden alle mit elektriſchem
Feuer ausgerüſtet. Damit bei Nacht ein Schiff, welches nicht weiß,
wo es iſt, ſich nach dem Feuer eines Leuchtturmes orientieren kann,
hat man die Art des Leuchtens jedes Leuchtturmes verſchieden von
einander machen müſſen. So ſehen wir weiße, rote und grüne
Feuer, feſte Feuer und unterbrochene Feuer. Unter letzteren ſind
ſolche zu verſtehen, welche nicht ein ſtetiges leuchtendes Licht zeigen,
ſondern ein Aufleuchten, welches durch Verdunkelungen von ver=
ſchiedener Zeitdauer unterbrochen wird.

Dieſe unterbrochenen Leuchtturmfeuer nennt man Blickfeuer
und wenn die Leuchtperioden nur verſchwindend kurz ſind, Blitzfeuer.

Bei den Blickfeuern können nun wieder ſehr viele Unterſchiede
gemacht werden, z. B. hat ein Feuer alle 20 Sekunden einen Blick,
ein anderes einen 20 Sekunden langen Blick, danach eine Minute
Verdunklung u. ſ. w. Auf dem Leuchtturm ſind zur Unterhaltung
der Lampen und zur Inſtandhaltung des Turmes mit all ſeinen
Einrichtungen Leuchtturmwärter, welche meiſtens ehemalige Angehörige
der Marine ſind, untergebracht.

---

### Die Baaken. (Tafel 39.)

Die Baaken ſind an gut ſichtbaren Punkten an der Küſte auf=
gebaut, beſtehen aus hohen, durchbrochenen Balkengerüſten und dienen
nur als Tageszeichen, jedoch hat man vereinzelte Baaken, welche
Leuchtbaaken ſind und auch bei Nacht, wie ein Leuchtturm leuchten.
Im allgemeinen kann man ſagen, daß die Baake ein unvollkommener
Erſatz des Leuchtturmes iſt und allmählich jedenfalls an wichtigen
Punkten immer mehr verſchwindet. Auf den Sänden des Watten=
meeres ſtehen ebenfalls zahlreiche Baaken, welche wegen der häufigen
Schiffſſtrandungen zugleich als Rettungsſtationen dienen, indem auf
der Baake ein kleines Zimmer mit trockenen Kleidungsſtücken, Feuer=
zeug und etwas Proviant vorhanden iſt, außerdem eine Fahne ge=
heißt werden kann, damit Schiffbrüchige, welche ſich auf die Baaken
retten, ſich von dort aus bemerkbar machen können.

— 249 —

Die Pricken dienen zur Bezeichnung seichten Fahrwassers und sind lange Spieren oder Bäume, welche mit ihrem dicken Ende tief in den Grund hineingebohrt werden. Sie kommen nur in seichten Küstengewässern zur Verwendung.

## Schwimmende Seezeichen. (Tafel 38.)

Die schwimmenden Seezeichen sind hohle Tonnen aus Eisenblech, welche durch eine Kette mit Anker an einer bestimmten Stelle verankert sind und so das Fahrwasser bezeichnen. Wir finden diese Seezeichen, Bojen genannt, an allen Hafeneinfahrten, schiffbaren Flüssen, überall da, wo sich Untiefen befinden und an belebten Küsten, in der Nähe derselben, um den Schiffen einen Anhalt zu geben, wie nahe sie herangehen dürfen. Der Form nach unterscheidet man Spierentonnen, spitze Tonnen, Faßtonnen, Kugeltonnen, stumpfe Tonnen und Baakentonnen. Bei Hafeneinfahrten befindet sich auf jeder Seite des Fahrwassers eine solche Tonnenreihe und zwar legt man auf die Steuerbordseite lange, hohe Spierentonnen; auf die Backbordseite schwarze, spitze Tonnen.

Die sogenannten Baakentonnen unterscheiden sich dadurch, daß sie besonders hoch sind und in ihrem gerüstartigen Aufbau eine gewisse Aehnlichkeit mit Baaken haben. Oft bringt man in diesen Tonnen ein immer brennendes Licht an, welches durch Elektrizität oder Gas unterhalten wird, dann ist es eine Leuchttonne; oder aber man hängt eine Glocke darin auf, damit sie sich bei Wind und Seegang durch Läuten dem in der Nähe passierenden Schiffe bemerkbar macht. Diese sogenannten Glockentonnen sind jedoch nicht besonders praktisch und hört man die Glocke nur in allernächster Nähe; weit hörbarer dagegen sind die sogenannten Heultonnen, welche mit einer Vorrichtung versehen sind, infolge derer die Tonne bei der geringsten Bewegung im Wasser einen lauten heulenden Laut ausstößt und dadurch weithin hörbar ist.

Die Feuerschiffe werden in Küstengewässern ausgelegt, welche unbedingt einer Beleuchtung bedürfen, und man sich jedoch einen Leuchtturm sparen will oder dessen Bau wegen der Tiefenverhältnisse nicht möglich ist. Dieses sind rot gemalte Schiffe von einer besonderen Bauart, welche an einer bestimmten Stelle verankert sind und ein Leuchtfeuer in ihrem Maste tragen. Die Feuerschiffe haben nur den Nachteil, daß sie im Winter während des Eises fortgenommen werden müssen. Auch am Tage sind sie durch ihre eigentümliche Form, durch den roten Anstrich und einen oder mehrere Bälle in den Topen der Masten kenntlich gemacht. Auch bei diesen Feuer= schiffen unterscheidet man feste und Blickfeuer, rote und weiße, außer= dem führen sie bis drei Lichter, in diesem Falle in jedem Top eines.

In gewissen Fällen legt man auch in das Fahrwasser oder auf andere Stellen besondere Bojen, welche sonst für die Schiffahrt unter normalen Verhältnissen nicht in Betracht kommen, z. B. wenn das Wrack eines gesunkenen Schiffes im Wasser liegt und eine Gefahr für die Schiffahrt bildet; solche Tonnen sind grün und tragen die Bezeichnung „Wracktonnen".

# Vorschriften für die Ergänzung des Seeoffizierkorps.

## Anmeldung.

Die Einstellung als Seekadett erfolgt einmal im Jahre, in der Regel im Monat April.

Die Anmeldung geschieht schriftlich bei der Inspektion des Bildungswesens der Marine in der der Einstellung vorhergehenden Zeit vom 1. August bis 1. Februar.

## Wissenschaftliche Aufnahmebedingungen.

Der für den Eintritt als Seekadett erforderliche wissenschaftliche Bildungsgrad ist nachzuweisen entweder:

a. durch Vorlegung eines vollgültigen Abiturientenzeugnisses eines deutschen Gymnasiums oder eines deutschen Real-Gymnasiums oder

b. durch Vorlegung eines Zeugnisses über die bestandene Fähnrichsprüfung der Armee oder

c. durch Beibringung des Zeugnisses der Reife für die Prima einer der unter a genannten Lehranstalten und gleichzeitiges Ablegen der Seekadetten-Eintrittsprüfung.

In den vorstehend geforderten Zeugnissen ist in der englischen Sprache das Prädikat „gut" Bedingung.

Die Anforderungen für die Seekadetten-Eintrittsprüfung sind aus der Anlage A ersichtlich.

## Lebensalter.

Die Seekadetten-Annahmekommission darf junge Leute, welche für den Eintritt als Seekadett zu alt erscheinen, zurückweisen.

## Eintrittsprüfung und Einstellung.

Unmittelbar vor der Eintrittsprüfung bezw. Einstellung findet eine Untersuchung der Betreffenden auf körperliche Tauglichkeit für den Seedienst durch einen Marinearzt statt. Die Seekadetten=An= nahme=Kommission ist hierbei vertreten.

---

## Kenntnisse,

### welche in der Seekadetten=Eintrittsprüfung verlangt werden.

| Bezeichnung der Gebiete unter näherer Ausführung. | Bezeichnung der entsprechenden Abschnitte aus den angeführten Lehr= büchern, welche zur Vor= bereitung empfohlen werden. |
|---|---|
| **I. Mathematik.** | |
| 1. Arithmetik. Die Gesetze der Addition, Subtraktion, Multi= plikation, Division, Potenzierung, Radizierung. Teilbarkeit und Zusammensetzen der Zahlen. Von den Proportionen. Die Gleichungen ersten Grades mit einer und mehreren Unbekannten. Logarithmen. Die Gleichungen zweiten Grades. Die einfachen Reihen. Zinseszinsrechnung. | Lehrbuch der Elementar= Mathematik. Haller= stein. 10. Auflage. Berlin 1895. Verlag von Albert Nauck & Co. I. Teil  Abschnitt 1—6. (Ausgenommen §§ 161 bis 163, §§ 175—185). Abschnitt 7, 8 und 9. **§§ 227—234, 245—247.** Abschnitt 10. |
| 2. Ebene Geometrie. | Dasselbe Lehrbuch. II. Teil.  Abschnitt 1. **§§ 112, 144—149, 167, 169, 181.** XII. Kapitel. **§§ 201, 209, 238.** **XVII. Kapitel.** |
| 3. Trigonometrie. Die Erklärung der Funktionen, Entwickelung und Anwendung der trigonometrischen Formeln, Berechnung von Dreiecken, regelmäßigen Viel= ecken, Kreisabschnitten. | Dasselbe Lehrbuch. II Teil.  Abschnitt 2. §§ 266—304 (ausge= nommen § 276 und 291). **II. Kapitel.** **IV. Kapitel.** |

| Bezeichnung der Gebiete unter näherer Ausführung. | Bezeichnung der entsprechenden Abschnitte aus den angeführten Lehrbüchern, welche zur Vorbereitung empfohlen werden. |
|---|---|

4. **Stereometrie.**
Beziehungen zwischen Geraden und Ebenen im Raume. Neigungswinkel einer Geraden und einer Ebene. Neigungswinkel zweier Ebenen. Beschreibung, Inhalts= und Oberflächenberechnung von Prisma, Pyramide, Zylinder, Kegel und Kugel.

Dasselbe Lehrbuch. II. Teil. Abschnitt 3. §§ 326—350. **§§ 380—396, 405 bis 420.**

Anmerkung:
Die mit **fetter Schrift** bezeichneten Kapitel und Paragraphen bedeuten, daß hieraus Aufgaben in der schriftlichen Prüfung gestellt werden.

## II. Naturlehre.

1. Elemente der Mechanik (gleichförmige und gleichförmig beschleunigte Bewegung, Fallgesetze, Zusammensetzung und Zerlegung von Kräften und Bewegungen). Das spezifische Gewicht fester, flüssiger und gasförmiger Körper.
2. Elemente der Optik, Fortpflanzung und Reflexion des Lichtes, Photometer, ebene und sphärische Spiegel.
3. Elemente der Wärmelehre. Ausdehnung durch die Wärme und Aenderung des Aggregatzustandes der Körper.
4. Elemente der Lehre von der Elektrizität. Erregung der Elektrizität durch Reibung. Positive und negative Elektrizität, Elektroskope, Sammelapparate. Erregung der Elektrizität durch Berührung Volta'sche Säule, galvanische Elemente, Einwirkung des Stromes auf die Magnetnadel.

Leitfaden für den Unterricht in der Naturlehre an der Kaiserlichen Marineschule von Rellstab. (Verlag v. P. Toeche, Kiel.)

## III. Englische und französische Sprache.

1. Niederschreiben eines deutschen Diktats in der betreffenden fremden Sprache aus dem Unterrichtsstoffe der Obersekunda eines Realgymnasiums.
2. Lesen und sofortiges Wiedererzählen in der fremden Sprache aus einem der Bildungsstufe des zu Prüfenden entsprechenden Schriftsteller.

## IV. Zeichnen.

Anfertigung einer Freihandzeichnung unter Aufsicht.

— 254 —

Die Ablegung der Eintrittsprüfung erfolgt in Kiel.

Die Prüfungskommission ernennt der Inspekteur des Bildungs=
wesens, welcher auch die Vorschriften für deren Thätigkeit erläßt.

Die Prüfungskommission trifft ihre Entscheidung nach dem
Ausfall der Prüfung und sendet an den Inspekteur des Bildungs=
wesens einen Auszug aus der Prüfungsverhandlung, in welchem bei
solchen Prüflingen, die nicht bestanden haben, zu bemerken ist, ob
die Zulassung zu einer zweiten Prüfung befürwortet wird.

Der Inspekteur des Bildungswesens verfügt über die Einstellung
und benachrichtigt die Angehörigen über die getroffene Entscheidung.

———————

### Erste Ausbildung am Lande; Seekadetten-Schulschiffe; Fähnrichs-Prüfung, Beförderung zum Fähnrich zur See.

Die Seekadetten gehören von der Einstellung an zu den Personen
des Soldatenstands mit Gemeinenrang und beziehen Löhnung.

Sie erhalten zunächst unter Aufsicht der Direktion der Marine=
schule eine ungefähr vierwöchentliche Ausbildung am Lande, welche
sich auf allgemeine militärische Kenntnisse und Formen, sowie auf die
Ausbildung mit dem Gewehr erstreckt.

Nach Beendigung der militärischen Ausbildung werden die
Seekadetten vereidigt.

Darauf erfolgt ihre Einschiffung auf den Seekadetten=Schulschiffen,
wo sie die erste seemännische Ausbildung erhalten. Daneben wird
ihnen Unterricht in den Berufswissenschaften erteilt.

Die Seekadetten=Schulschiffe kreuzen in der Regel zunächst einige
Wochen in der Ostsee und begeben sich dann in das Ausland, um
im folgenden Frühjahr nach Deutschland zurückzukehren.

Nach Beendigung der Reise haben die Seekadetten, welche ein
günstiges Dienstzeugnis erhalten, an der Marineschule in Kiel die
Prüfung zum Fähnrich zur See abzulegen.

Diejenigen Seekadetten, welche die Prüfung bestanden haben,
werden zur Beförderung zum Fähnrich zur See vorgeschlagen. Wenn
der Etat aufgefüllt ist, so kann die Beförderung zum überzähligen
Fähnrich zur See beantragt werden.

Bei der Beförderung wird gleichzeitig das Dienstalter fest=
gesetzt. Seekadetten, welche einem früheren Jahrgange angehören,
genießen bei der Festsetzung des Dienstalters keinen Vorzug.

Für diejenigen Seekadetten, welche in der Prüfung vorzügliche Kenntnisse dargelegt haben, kann eine allerhöchste Belobigung erbeten werden.

---

## Entlassung von Seekadetten; Wiederholung der Ausbildung als Seekadett.

Sobald Seekadetten sich im Laufe der Uebungsreise als un= geeignet zum Seeoffizier erweisen, berichtet der Kommandant nach Anhörung der Offiziere des Schiffes an die Inspektion des Bildungs= wesens.

Der Inspekteur des Bildungswesens entscheidet darüber, ob die betreffenden Seekadetten zu entlassen sind oder nicht.

Bei etwaigem Uebertritt zur Armee befreit das Zeugnis über die bestandene Seekadetten = Eintrittsprüfung von der Ablegung der Fähnrichsprüfung der Armee.

Seekadetten, welche die Prüfung zum Fähnrich zur See nicht bestehen, können, wenn ihre Erhaltung für den Dienst in der Marine wünschenswert erscheint, mit Genehmigung des Inspekteurs des Bildungswesens noch einmal an der Uebungsfahrt des Seekadetten= schulschiffes teilnehmen und während oder nach derselben zu einer Wiederholung der Prüfung zugelassen werden.

Der Kommandant hat zugleich mit der Vorlage der Prüfungs= verhandlung zu berichten, ob sich die Belassung der betreffenden See= kadetten im Dienste oder deren Entlassung empfiehlt.

Eine dritte Zulassung zur Ausbildung zum Fähnrich zur See findet nicht statt.

---

## Kommandierung zur Marineschule; Hauptprüfung zum See-offizier.

Die neu ernannten Fähnriche zur See werden für ein Jahr zur Marineschule kommandiert.

Der hier erteilte Unterricht bezweckt die wissenschaftliche Weiter= bildung der Fähnriche zur See und ihre Vorbereitung für die Haupt= prüfung zum Seeoffizier, mit welcher der Unterricht auf der Marine= schule abschließt.

Der Inspekteur des Bildungswesens entscheidet, ob die Fähn=
riche zur See, welche nicht bestanden haben, später noch einmal zur
Prüfung herangezogen, für ein weiteres Jahr zur Marineschule
kommandiert oder zur Entlassung vorgeschlagen werden sollen.

---

## Kommandierung zu Spezialkursen für Artillerie, Torpedo= wesen und Infanteriedienst; Abschluß der Seeoffizierprüfung.

Nach Ablegung der Hauptprüfung zum Seeoffizier werden die
Fähnriche zur See für die Dauer von einem halben Jahre auf die
Artillerie= und Torpedoschulschiffe und zur Marineinfanterie komman=
diert, um dort in Spezialkursen für Artillerie, Torpedowesen und
Infanteriedienst praktisch und theoretisch weitergebildet zu werden.

Jeder dieser Spezialkurse wird mit einer Prüfung abgeschlossen.

Die Zusammenstellungen der Prüfungsergebnisse dienen zur
Feststellung des Gesamtergebnisses der Seeoffizierprüfung.

Diejenigen Fähnriche zur See, welche in der Prüfung vorzüg=
liche Kenntnisse dargelegt haben, können zur Allerhöchsten Belobigung
vorgeschlagen werden.

Die hauptsächliche wissenschaftliche Ausbildung der Fähnriche
zur See ist damit beendet. Gleichzeitig können sie von dem Inspekteur
des Bildungswesens die Erlaubnis zum Tragen des Offiziersäbels
erhalten.

---

## Kommandierung auf Schiffe; Offizierwahl; Beförderung zum Leutnant zur See.

Nach Erledigung der Spezialkurse werden die Fähnriche zur
See, welche die Prüfungen bestanden haben, zur weiteren praktischen
Ausbildung für zwei Jahre an Bord kommandiert, aber schon am
Ende des ersten Jahres auf Grund eines Dienstzeugnisses zur Offizier=
wahl gestellt.

Die Gewählten werden zur Beförderung zum Leutnant zur See
vorgeschlagen.

Mit dieser Beförderung wird gleichzeitig das Dienstalter fest=
gesetzt, und zwar auf Grund der Dienstzeugnisse und des Gesamt=
ergebnisses der Seeoffizierprüfung.

Diejenigen Fähnriche zur See, welche kein genügendes Dienst=
zeugnis erlangt haben, können noch ein weiteres Jahr als Fähnriche
an Bord bleiben. Sie werden dann in den nächsten Jahrgang
eingereiht.

Diejenigen Fähnriche zur See, welche die Seeoffizierprüfung
mit Allerhöchster Belobigung bestehen, erhalten ein Dienstalter vor
den anderen ihres Jahrganges.

---

## Bestimmungen betreffend die ärztliche Untersuchung und die Ausstellung des Zeugnisses über einen zum Eintritt in die Marine als Seekadett Angemeldeten.

1. Das von einem oberen Marine= oder Militäroberarzt aus=
zustellende Zeugnis soll eine Schilderung des gesamten Körperzustandes,
namentlich der Sinneswerkzeuge des Untersuchten, enthalten; dasselbe
hat sich nach genauer Besichtigung des entkleideten Körpers unter
Angabe von Körpergröße und Brustumfang darüber besonders aus=
zusprechen, ob der Untersuchte eine seinem Lebensalter entsprechende
Kräftigkeit des Körpers (Knochen, Muskeln) hat, vollkommen gesund
und frei von körperlichen Fehlern und Gebrechen, sowie von wahr=
nehmbaren Anlagen zu chronischen, die regelmäßige Ausbildung des
Körpers störenden Krankheiten ist. Alle Abweichungen vom regel=
rechten Körperbau sind im Zeugnisse zu erwähnen und nach ihrem
Werte und Einflusse auf den späteren Lebenszweck als Seeoffizier zu
beurteilen.

2. Das ärztliche Zeugnis hat sich ferner darüber bestimmt aus=
zusprechen, ob der Untersuchte scharfe Augen, regelrechtes Farben=
unterscheidungsvermögen, gutes Gehör auf beiden Ohren und fehler=
freie nicht stotternde Sprache besitzt, oder ob er an Fehlern der Seh=,
Hör= und Sprachwerkzeuge leidet, sowie daß er — seiner Angabe
nach — frei von Schwindel ist.

3. Die Untersuchung des Sehvermögens und die Ausstellung
des Zeugnisses hierüber hat sich auf die Feststellung des Farbensinnes
und der Sehleistung, d. h. des Sehvermögens ohne Verbesserung
etwaiger Brechungsfehler, zu erstrecken. Es muß die Sehleistung für
jedes Auge einzeln festgestellt und im Zeugnisse angegeben werden.

4. Die Prüfung auf Farbenblindheit erfolgt mittels Wollproben
oder Farbentafeln, die Prüfung auf Sehleistung mittels der Snellen=

ſchen Sehproben; die erlangten Ergebniſſe ſind im Zeugniſſe in un=
gekürzten Zahlen auszudrücken.

5. Wenn die Sehleiſtung nicht als regelrecht (= 1) erkannt
wird, iſt zunächſt mit dem Augenſpiegel feſtzuſtellen, ob krankhafte
Veränderungen der inneren Teile der Augen vorhanden ſind; zu=
treffendenfalls iſt der Unterſuchte als untauglich zu erachten.

6. Wenn ſolche Veränderungen nicht nachgewieſen werden,
ſind bezüglich des Grades der Sehleiſtung folgende Grenzen feſt=
zuhalten:

 a) bei Sehleiſtung = $^3/_4$ ſind die Unterſuchten noch als
  tauglich für den Seedienſt zu erachten;

 b) bei Sehleiſtung zwiſchen $^3/_4$ und $^1/_2$ ſind ſie nur dann
  tauglich, wenn durch Brillengläſer die Verminderung der
  Sehleiſtung vollſtändig beſeitigt werden kann;

 c) bei Sehleiſtung = $^1/_2$ und darunter liegt Untauglich=
  keit vor.

7. Durch Farbenblindheit wird Untauglichkeit bedingt.

8. Am Schluſſe des Zeugniſſes iſt anzugeben, daß dem Aus=
ſteller dieſe vorſtehenden Beſtimmungen bekannt ſind.

9. Eines beſonderen dienſtlichen Befehls zur Unterſuchung und
Ausſtellung des Zeugniſſes bedarf es nicht.

---

## Berechnung der ungefähren Koſten
### der Laufbahn vom Seekadetten bis zum Oberleutnant z. See.

#### Erſtes Jahr:

1. Vollſtändige Eintrittsausrüſtung, einſchließlich
 Schuhwerk und Wäſche ꝛc., etwa . . . . . . 800 ℳ.
2. Zulage für 12 Monate je 40 ℳ. . . . . . 480 „

        zuſammen 1280 ℳ

#### Zweites Jahr:

1. Unterhaltungszuſchuß während der Kommandierung
 auf der Marineſchule . . . . . . . . 240 ℳ
2. Zulage für 12 Monate je 40 ℳ. . . . . . 480 „
3. Ergänzung der Ausrüſtung . . . . . . 200 „

        zuſammen 920 ℳ.

## — 259 —

Drittes Jahr:

1. Zulage für 12 Monate je 40 ℳ . . . . . . 480 ℳ
2. Ergänzung der Ausrüstung . . . . . . . 300 „

zusammen 780 ℳ

Viertes Jahr:

1. Zulage für 6 Monate je 40 ℳ . . . . . . 240 ℳ
2. Für die Offiziersausrüstung . . . . . . 900 „

zusammen 1140 ℳ

Mithin bis zur Beförderung zum Offizier im ganzen
etwa . . . . . . . . . . . . . . . 4120 ℳ

Danach bis zur Beförderung zum Oberleutnant zur
See (ungefähr 4 Jahre) eine jährliche Zulage von 600 ℳ

---

## Aebersicht des Einkommens in den Dienstgraden vom Seekadetten bis zum Oberleutnant zur See.

Das monatliche Einkommen beträgt:

1. für den Seekadetten
   Löhnung einschließlich Kleidergeld . . . 40.50 ℳ

2. für den Fähnrich zur See
   Löhnung einschließlich Kleidergeld . . . 66.— „

3. für den Leutnant zur See
   Gehalt . . . . . . . . . 75.— „

4. für den Oberleutnant zur See
   Gehalt einschließlich 15 ℳ nicht pensions=
   fähiger Zulage . . . . . . . . 140.— „

Dazu kommen:

für 1. und 2. a) an Bord: freie Wohnung und Verpflegung.
   b) an Land: Verpflegungszuschuß monatlich ungefähr
   15 bis 18 ℳ

für 3. an Land: Tischgeld monatlich ungefähr 6 ℳ

für 3. und 4. a) an Bord: freie Wohnung und
   Verpflegung,
   Servisbetrag monatlich . . . . 25.— ℳ
   Wohnungsgeldzuschuß monatlich 18.75—22.50 „

17*

b) an Land: Servisbetrag monatlich
im Winter . . . . . . 29.70—43.80 $\mathcal{M}$
im Sommer . . . . . . 21.30—31.20 „
Wohnungsgeldzuschuß monatlich 18.75—22.50 „

## Die Laufbahn der höheren Marinebeamten des Schiffbau- und Maschinenbaufaches.

Der höhere Schiff= und Maschinenbaubeamte durchläuft die folgenden Chargen:

Marinebauführer
Marinebaumeister
Marinebauinspektor
Marinebaurat
Marineoberbaurat
Geheimer Marinebaurat.

Diese Beamten ergänzen sich nur aus solchen Marinebau=führern, welche Reserveoffiziere des Seeoffizierkorps der Kaiserlichen Marine sind.

Zur Einstellung als Marine=Bauführer ist der Nachweis der Befähigung zum Leutnant zur See der Reserve des Seeoffizierkorps erforderlich.

Die Befähigung zur Anstellung als höherer Schiffbau= oder Maschinenbaubeamter im Dienste der Kaiserlichen Marine wird durch das Bestehen einer Vorprüfung und zweier Hauptprüfungen erlangt.

Diese Prüfungen unterscheiden sich nach den Fachrichtungen:
A. des Schiffbaues,
B. des Maschinenbaues.

Voraussetzung für die Zulassung zu den Prüfungen ist der Besitz des Reifezeugnisses von einem Gymnasium, einem Real=Gymnasium (Realschule 1. Ordnung) oder einer Oberrealschule des Deutschen Reichs.

Inwieweit die Reifezeugnisse außerdeutscher Gymnasien und Realgymnasien denen der gedachten Anstalten gleichzustellen sind, wird von dem Staatssekretär des Reichs=Marine=Amts und dem Königlich Preußischen Minister der geistlichen, Unterrichts= und Medizinal=angelegenheiten im einzelnen Falle entschieden.

Es hat voranzugehen:

a) der Vorprüfung ein Elevenjahr und ein darauf folgendes mindestens zweijähriges Studium;

b) der ersten Hauptprüfung ein vierjähriges Studium, von dem mindestens drei Studienhalbjahre nach dem Bestehen der Vorprüfung zurückgelegt sein müssen;

c) der zweiten Hauptprüfung eine an die bestandene erste Hauptprüfung sich anschließende Ausbildung von mindestens 26 Monaten auf den Kaiserlichen Werften.

Die ersten vier Studienhalbjahre können auf einer technischen Hochschule des Deutschen Reichs (am zweckmäßigsten auf der technischen Hochschule zu Berlin), die letzten vier Studienhalbjahre müssen jedoch auf der technischen Hochschule zu Berlin in einer der beiden Fachrichtungen der Abteilung für Schiff= und Schiffsmaschinenbau zurückgelegt werden.

Für die Abnahme der Vorprüfung, sowie der ersten Hauptprüfung besteht ein technisches Prüfungsamt in Berlin.

Es werden jedoch zur ersten Hauptprüfung auch solche Prüflinge zugelassen, welche die Vorprüfung vor einem anderen seitens des Reichs=Marine=Amts hierfür anerkannten technischen Prüfungsamt im Deutschen Reich in der Richtung des allgemeinen Maschinenbaufaches mit Erfolg bestanden haben.

Für die zweite Hauptprüfung tritt im Reichs=Marine=Amt eine besondere Prüfungsbehörde zusammen.

Dem Beginne des Studiums geht eine praktische Thätigkeit von mindestens einem Jahre auf den Kaiserlichen Werften und ausnahmsweise auch auf solchen Privatwerften und Privatmaschinenfabriken, welche den Schiffsmaschinenbau betreiben und für den Bau von Kriegsschiffen als leistungsfähig bekannt sind, voran.

Ausnahmsweise soll auf dieses Elevenjahr diejenige einjährige Zeit, welche die Anwärter unter der Leitung eines Maschinentechnikers in Staatswerkstätten zugebracht haben, mit neun Monaten in Anrechnung gebracht werden. Es wird aber in diesem Falle den Eleven die Pflicht auferlegt, die Ergänzungszeit von drei Monaten während der Ferienzeit auf einer Kaiserlichen Werft nachzuholen.

Behufs Zulassung zur praktischen Beschäftigung hat sich der Anwärter an diejenige Kaiserliche Werft zu wenden, in deren Betriebe er die praktische Vorbildung zu erlangen wünscht.

Dem Gesuche ist beizufügen:

a) der Lebenslauf, welcher auch über die Militärverhältnisse Auskunft zu geben hat;

b) das Reifezeugnis der Schule.

Frühestens am Schlusse des vierten Halbjahres nach Beginn des Studiums, und zwar im Laufe des Monats März oder des Monats September, kann der Studierende sich bei dem Prüfungsamte in Berlin unter Angabe der Fachrichtung, in welcher er geprüft werden will, zur Vorprüfung melden.

Die Vorprüfung kann bei ungünstigem Ausfalle nur einmal und nicht vor Ablauf von mindestens vier Monaten nach Ablegung der nicht bestandenen Prüfung wiederholt werden. Die Meldung hierzu muß spätestens ein Jahr nach Ablegung der erstmaligen Prüfung erfolgen; eine spätere Meldung ist nur mit Genehmigung des Staats=sekretärs des Reichsmarineamts zulässig.

Das Prüfungsamt teilt dem Prüfling mit, in welchen Gegen=ständen die Prüfung ungenügend ausgefallen, und bestimmt, ob die=selbe ganz oder nur teilweise zu wiederholen ist, sowie ob die Wieder=holung schon nach Ablauf von vier Monaten oder erst später stattfinden darf.

Nach Vollendung des Studiums auf der technischen Hochschule kann der Studierende sich zur ersten Hauptprüfung melden.

Prüflinge des Schiffbaufaches und des Schiffsmaschinenbaufaches, welche die erste Hauptprüfung bestanden haben und nicht in den Dienst der Kaiserlichen Marine treten, haben auf Grund des Prüfungs=zeugnisses das Recht, sich als „staatlich geprüfte Bauführer des Schiffbaufaches oder des Schiffsmaschinenbaufaches" zu bezeichnen.

Geprüfte Bauführer, welche in den Dienst der Kaiserlichen Marine treten wollen, haben dem an den Staatssekretär des Reichs=marineamts zu richtenden Antrag folgende Nachweise beizufügen:

a) einen in deutscher Sprache selbstgeschriebenen Lebenslauf, der über die Familienverhältnisse des Antragstellers, über den Gang seiner Erziehung, seiner Studien und seiner bisherigen Beschäftigung die nötige Auskunft giebt;

b) das Schulabgangszeugnis;

c) das Zeugnis über die Elevenpraxis und den während derselben geführten Beschäftigungsnachweis;

d) die Zeugnisse über die Vorprüfung und die erste Haupt=prüfung;

e) den Nachweis der Befähigung zum Leutnant zur See der
Reserve des Seeoffizierkorps;

f) ein polizeilich beglaubigtes Zeugnis darüber, daß Antrag=
steller in der Lage ist, sich bis nach Ablegung der zweiten
Hauptprüfung aus eigenen Mitteln zu erhalten.

Befinden die vorbezeichneten Nachweise sich bei dem technischen
Prüfungsamt, so ist dies in dem Antrage zu erwähnen.

Die freie Entscheidung über das Gesuch steht dem Staatssekretär
des Reichsmarineamts zu, welcher im Genehmigungsfalle die marine=
ärztliche Untersuchung des Prüflings veranlaßt und ihn, wenn die
Untersuchung günstig ausfällt, unter Ernennung zum Marinebauführer
des Schiffbaufaches oder des Maschinenbaufaches einer Kaiserlichen
Werft zur weiteren Ausbildung überweist.

Die Ernennung erfolgt widerruflich gegen dreimonatliche
Kündigung.

Die Dauer der praktischen Ausbildung der Marinebauführer ist
auf sechsundzwanzig Monate festgesetzt, und zwar auf neunzehn
Monate in den Werkstätten und technischen Büreaus, fünf Monate
an Bord von Kriegsschiffen und zwei Monate in dem Verwaltungs=
ressort der Werft.

Der erste Ausbildungsabschnitt umfaßt einen Zeitraum von
zehn Monaten für die Bauführer des Schiffbaufaches und von acht
Monaten für die des Maschinenbaufaches.

Während des zweiten, fünf Monate für Marine=Bauführer
des Schiffbaufaches und sieben Monate für Marine=Bauführer des
Maschinenbaufaches umfassenden Abschnitts der Ausbildung bei der
Werft sind die Marine=Bauführer zu den Instandhaltungsarbeiten
an den außer Dienst befindlichen Schiffen (Schiffskörper oder Ma=
schinen 2c.), sowie zur Reparaturausführung an denselben und zur
Dienstleistung in den wichtigsten Werkstätten des Ressorts (Schmiede=,
Schiffbau= und Boots= und Mastenbauwerkstatt für das Schiffbau=
ressort, Maschinenbau= und Kesselschmiedewerkstatt für das Maschinen=
bauressort) heranzuziehen.

Hierauf folgt in der Regel eine fünfmonatige Anbordkom=
mandierung der Marinebauführer, welche vorwiegend zu ihrer Orientie=
rung dient.

Der Uebertritt aus dem zweiten Ausbildungsabschnitt an Land
in den dritten geschieht in gleicher Weise, wie oben, auf Grund
eines Zeugnisses.

Der dritte Abschnitt der praktischen Ausbildung umfaßt vier Monate, während welcher die Marine=Bauführer im betreffenden Ressortbüreau, und zwar vornehmlich mit Konstruktionsarbeiten, zu beschäftigen sind.

Haben die Marine=Bauführer auch diesen dritten Abschnitt ihrer Ausbildung, sowie das Bordkommando mit Vorteil für ihre Ausbildung beendigt und die bezüglichen Zeugnisse erworben, so sind dieselben für die letzten zwei Monate im Büreau des Verwaltungs= ressorts zu beschäftigen.

Hat der Marinebauführer bis dahin eine genügende Quali= fikation dargethan, so wird er zur zweiten Hauptprüfung zugelassen, welche er vor einer bei dem Reichsmarineamt zusammentretenden Prüfungsbehörde ablegen muß.

Nach erfolgreich abgelegter zweiter Hauptprüfung wird der Marinebauführer — falls er Reserveoffizier des Seeoffizierkorps ist — durch den Staatssekretär des Reichsmarineamts zum Kaiserlichen Marine= schiffbau= oder Maschinenbaumeister ernannt und, sobald die Etats= verhältnisse oder etwaige offene Stellen dies gestatten, als solcher etats= mäßig angestellt.

Die Reihenfolge der Ernennung oder Vormerkung richtet sich in der Regel nach dem Zeitpunkte der Einreichung der schriftlichen Arbeit. Haben mehrere Bauführer ihre schriftliche Arbeit an dem= selben Tage eingereicht, so ist für die Reihenfolge das Ergebnis der Prüfung und, falls dieses gleich ist, das Dienstalter als Marine= bauführer maßgebend.

Marinebauführer, welche nach erfolgreich abgelegter zweiter Hauptprüfung nicht in den Dienst der Kaiserlichen Marine treten wollen, haben auf Grund des Prüfungszeugnisses das Recht, sich als „staatlich geprüfte Baumeister des Schiffbaufaches oder des Schiffs= maschinenbaufaches" zu bezeichnen.

## Die Laufbahn der Marineingenieure und Torpedoingenieure.

Am 25. Juni 1900 ist eine Neuorganisation des gesamten Ma= schinenpersonals der Marine angeordnet, welche jedoch voraussichtlich erst mit dem Jahre 1903 in Kraft tritt, indem von diesem Zeitpunkt ab In= genieuranwärter unter folgenden Bedingungen eingestellt werden können:

a) Berechtigungsschein zum einjährig=freiwilligen Dienst,

b) 30 monatige praktische Thätigkeit in Dampfmaschinenfabriken, solche in Schiffsmaschinenfabriken wird bevorzugt,

c) Bestehen einer theoretischen und praktischen Eintrittsprüfung (Anforderungen sind noch nicht festgesetzt),

d) Eintrittsalter nicht über 21 Jahre,

e) Verpflichtung des Vaters oder Vormundes zur Gewährung einer Zulage von 40 ℳ monatlich bis zur Beförderung zum etatsmäßigen Marine=Ingenieurapplikanten (etwa 18 Monate lang), sowie zur Bestreitung der Kosten der ersten Ein= kleidung als Anwärter (rund 150 ℳ) und als Aspirant (rund 500 ℳ).

Ueber die Beförderungsverhältnisse zu den einzelnen Dienstgraden können nähere Angaben nicht gemacht werden, da solche vom Bestehen der vorgeschriebenen Prüfungen, der Führung und Geeignetheit der einzelnen Personen abhängig sind. Die Beförderung zum Unteroffi= zier wird durchschnittlich nach 12—15 Monaten, diejenige zum Deck= offizier nach etwa fünf Jahren und zum Marineingenieur nach etwa zehn Jahren erfolgen können.

Die Ingenieurapplikanten (Unteroffiziere) haben ein monatliches Einkommen von rund 75—120 ℳ, die Aspiranten (Deckoffiziere) ein solches von rund 175—300 ℳ und die Ingenieure ein jährliches pensionsfähiges Diensteinkommen von 4500—7700 ℳ.

Hiermit wird also höhere von der subalternen Laufbahn ge= trennt, während bis jetzt die Marineingenieure, Maschinisten und Unter= offiziere von vorne an denselben Ausbildungsgang haben.

Die Eintrittsbedingungen und der Ausbildungsgang sind bis jetzt folgendermaßen geregelt:

Als Maschinistenapplikanten können bei den Werftdivisionen oder Torpedoabteilungen junge Leute eintreten, welche:

1. Das Zeugnis als Einjährig=Freiwillige besitzen, dabei noch über dasjenige zum Seedampfermaschinisten vierter Klasse verfügen, oder eine zweijährige Seefahrtszeit als Maschinistenassistent nachweisen können, oder eine zweijährige Lehrzeit in einer Dampfmaschinenfabrik und eine einjährige Thätigkeit als Maschinist oder Gehilfe an einer im Betrieb befindlichen Dampfmaschine hinter sich haben; oder aber es ist eine dreijährige Lehrzeit in Dampfmaschinenfabriken (mindestens ein Jahr in diesem) und Schlossereien erforderlich.

2. Kann der Betreffende nach Ablegung einer Eintrittsprüfung

eingestellt werden, muß aber außerdem noch einen der unter erstens
angegebenen Nachweise führen können.

3. Das Zeugnis zum Maschinisten zweiter oder dritter Klasse
auf deutschen Seedampfern.

Der Ausbildungsgang der eingestellten Applikanten ist in kurzem
der folgende: nach einer halbjährigen militärischen und technischen
Ausbildung an Bord erfolgt die Beförderung zum Oberapplikanten
und darauf ein halbjähriger, theoretischer Kursus an Land, welcher
mit einer Prüfung abschließt. Darauf, je nach der Zahl an freien
Stellen, die Beförderung zum Maschinistenmaaten, und in der Folge
der weiteren praktischen und theoretischen Ausbildung die Beförderung
zu Maschinisten. Zur Beförderung zum Ingenieur ist außer einem
Examen noch die Wahl durch das Seeoffizier= und Marineingenieur=
korps erforderlich.

Die Torpedoingenieure gehen aus den Torpedomechanikern
hervor, welche ihrerseits aus Maschinistenmaaten sich ergänzen, welche
sich zu dieser Laufbahn melden.

## Das Sanitätsoffizierkorps

ergänzt sich aus Aerzten, welche entweder gleich auf Beförderung dienen
oder nach Ablauf ihrer aktiven Dienstzeit in der Marine weiter dienen.
Ebenso können auch Militärärzte der Armee zur Marine übertreten.

## Die Marinezahlmeister.

Die Marinezahlmeister gehören zu den höheren Beamten in der
Marine, welche einen bestimmten militärischen Rang besitzen, die Ein=
trittsbedingungen sind die folgenden:

Der Vater oder Vormund muß sich verpflichten, den Betreffenden
bis zur Beförderung zum Unteroffizier eine monatliche Zulage von
15 ℳ zu geben und nachdem zur Beförderung zum Zahlmeister=
Aspiranten eine solche von 10 ℳ Für die Beförderung zur letzt=
genannten Charge 500 ℳ Equipierungsgeld. Es ist außerdem er=
forderlich, daß der Betreffende die Reife zur Oberprima eines Gymna=
siums, Realgymnasiums oder einer Oberrealschule besitzt. Er muß
außerdem die französische oder englische Sprache möglichst vollständig

beherrschen, und geläufig aus diesen ins Deutsche übersetzen und sich in beiden Sprachen mündlich verständlich machen können. An körperlichen Anforderungen wird nur die der Seedienstfähigkeit gestellt. Wer die Zahlmeisterlaufbahn einschlagen will, tritt zunächst als ein= jährig=freiwillig bei der Marineinfanterie oder Matrosenartillerie ein. Er wird dann nach einem Jahre zur Werftdivision und zwar im be= sonderen Falle zur Zahlmeistersektion als Zahlmeisterapplikant komman= diert, worauf er zugleich in die Unteroffizier=Charge eintritt. Nach= dem er dort eine kurze Ausbildung erhalten hat, folgt eine weitere im praktischen Dienst an Bord und an Land.

Nach Ablegung einer späteren Prüfung wird er zum Zahlmeister= Aspiranten im Range eines Deckoffizieres befördert und später nach der letzten Prüfung zum Marinezahlmeister.

### Die Laufbahn der Schiffsjungen in der Marine.

Als Schiffsjungen können junge Leute im Alter zwischen 16 bis 18 Jahren eingestellt werden. Sind diese Jungen besonders kräftiger Konstitution, so können sie schon nach vollendetem 15. Lebens= jahr eintreten.

Als Vorbildung ist die der Volksschule erforderlich. Die Anforderungen an die Körperbeschaffenheit sind die folgenden: gesunde und scharfe Augen, gutes Gehör und nicht stotternde Sprache, Mindest= größe 147 cm, Brustumfang mindestens 73 cm nach dem Ausatmen. Die Meldung behufs Eintritts in die Schiffsjungen=Abteilung hat persönlich und zwar entweder beim Kommandeur der Schiffsjungen= Abteilung in Friedrichsort oder beim Kommandeur des betreffenden Landwehrbezirks in der Heimat zu erfolgen. Mitzubringen sind zur Meldung des Betreffenden ein Geburtsschein und eine von der Polizei= behörde des Wohnortes beglaubigte Einwilligung des Vaters oder Vormundes im folgenden Wortlaut:

### Attest.

„Der Unterzeichnete erteilt zu dem von seinem ........................ beabsichtigten freiwilligen Eintritt in die kaiserliche Schiffsjungen= Abteilung seine Genehmigung und erklärt gleichzeitig, daß der erste mit den Aufnahmebedingungen § 35 und 13,8 der Marine=Ordnung, zweitens mit den Entlassungsvorschriften, insbesondere mit der Ver=

— 268 —

pflichtung zur etwaigen Zurückerstattung nach unter § 37,1 der
Marine-Ordnung aufgeführten Kosten, vollständig bekannt ist.

Gleichzeitig erklärt er sich bereit, falls sein ..........................
bei Ankunft am Einstellungsorte die Einstellung verweigern sollte,
die Kosten des Hin= und Rücktransportes zu tragen."

Ort und Datum.

Unterschrift des Vaters oder Vormundes.

Die eigenhändige Unterschrift wird mit dem Bemerken attestiert,
daß der............................................................................sich bisher gut geführt
hat und durch keinerlei Zivilverhältnisse und Lehr=Kontrakte gebunden
und Aussteller vorstehender Bescheinigung zur etwaigen Wiedererstat=
tung der Kosten der Hin= und Rückbeförderung befähigt ist.

Die Polizeibehörde.                        Ort und Datum.

Ist bei der Meldung diesen Anforderungen Genüge gethan, so
wird der Betreffende von einem Marinearzt auf körperliche Brauch=
barkeit untersucht und folgt darauf eine Prüfung im Lesen, Schreiben
und Rechnen, dann meldet das Bezirkskommando den Jungen bei
der Schiffsjungenabteilung an, und diese trägt ihn in die Liste der An=
wärter ein. Bis Anfang März wird dann vom Kommandeur der
Ostsee verfügt, welche Anwärter zur Einstellung gelangen sollen.

Spätestens am Tage der Abreise des Jungen sind 6 ℳ zur
Beschaffung des nötigen Putzzeuges dem Bezirkskommando zu über=
geben, welches das Geld an die Schiffsjungenabteilung abschickt.

Die in dem oben wiedergegebenen Attestformular eingegangene
Verpflichtung ist in der Hauptsache die, daß sich die Schiffsjungen
oder richtiger deren Eltern und Vormünder zu einer zehnjährigen
Dienstzeit in der Marine verpflichten, von welcher die ersten 2—3
Jahre die Lehrzeit an Bord des Schiffsjungenschulschiffs bilden.

Während der Ausbildungszeit auf dem Schiffsjungenschulschiff
werden die Jungen lediglich als Schüler betrachtet und erhalten
während dieser Zeit die praktische und theoretische seemännische und
allgemeine Ausbildung, welche sie nach Beendigung dieser Zeit be=
fähigen soll, einen Stamm von tüchtigen Matrosen zu bilden und im
weiteren Verlaufe ihrer Dienstzeit das Unteroffizier= und Deckoffizier=
korps, sowie der Feuerwerks= und Torpederoffiziere zu ergänzen.

Schiffsjungen, die sich während ihrer Lehrzeit besonders gut
führen und qualifizieren, werden bereits während derselben zu soge=

nannten Schiffsjungenunteroffizieren gemacht und tragen als solche ein besonderes Abzeichen. Nach dem Eintritt in die Matrosen=Divisionen werden diese dann zuerst Obermatrosen; den Schiffsjungen stehen daher die folgenden Laufbahnen in der Marine nach ihrer Wahl offen:

Bootsmanns = Karriere (Bootsmannsmaat, Oberbootsmann);

Feuerwerks = Karriere (Feuerwerksmaat, Oberfeuerwerker,
    Feuerwerksoffizier);

Torpedo=Bootsmannsmaat (Torpeder=Offizier);

Signalmaat (Obersteuermann);

Steuermannsmaat (Obersteuermann);

Meistermaat (Obermeister);

Verwaltersmaat (Oberverwalter).

---

## Die Dienstpflicht in der Marine.

Zum Dienste in der Marine sind verpflichtet: alle Wehr=
pflichtigen der seemännischen und der halbseemännischen Bevölkerung; da diese jedoch schon lange nicht mehr ausreichen, so wird auch eine entsprechend große Anzahl vom jährlichen Ersatz der Landbevölkerung an geeigneten Leuten in die Marine eingestellt.

Unter seemännischer Bevölkerung versteht man Seeleute von Beruf, d. h. solche, welche ihren Beruf in der Seefahrt haben. Hierzu rechnet man:

1. alle Leute, welche mindestens 12 Monate auf deutschen See=, Küsten= oder Haffahrzeugen gefahren sind;

2. die See=, Küsten= und Hafffischer, welche mindestens ein Jahr lang gewerbsmäßig diese Beschäftigung ausgeübt haben, ferner Schiffszimmerleute und Segelmacher, Maschinisten und Heizer von See= und Flußdampfern, Schiffsköche und Schiffskellner.

Zur halbseemännischen Bevölkerung gehören: Leute mit einer kürzeren Seefahrtszeit, welche jedoch mindestens 12 Wochen betragen muß. Hierzu werden nicht nur die wirklichen Seeleute gerechnet, sondern auch Handwerker, welche in irgend einer Eigenschaft z. B. als Klempner oder Schlosser eine Zeit lang an Bord gewesen sind. So rechnen auch die Barbiere, Bäcker u. s. w. auf unsern großen Lloyd=
dampfern zu der halbseemännischen Bevölkerung. Zu dieser zählt man ebenfalls die Seefischer und Hafffischer, welche eine geringere Seefahrts=
zeit als ein Jahr in diesem Berufe hinter sich haben. Es rechnen

auch als Seeleute oder Halbseeleute diejenigen, welche sich eine der oben angegebenen Seefahrtszeiten erwerben und nachher einen andern Beruf an Land ergriffen haben. Ein Seemann also, welcher nach einjähriger Seefahrtszeit in das Innere des Landes zieht und sich dort niederläßt, ist trotzdem verpflichtet, seine Dienstzeit bei der Marine abzuleisten.

---

## Einjährig-Freiwillige.

Hiervon sind diejenigen zu unterscheiden, welche zur Dienstpflicht in der Marine verpflichtet sind und welchen dieselbe gestattet werden kann.

Verpflichtet sind alle diejenigen Leute, welche das Zeugnis zum einjährigen Dienst besitzen oder die Steuermannsprüfung bestanden haben, welche zur seemännischen und halbseemännischen Bevölkerung gehören. Die sich aus verschiedenen Berufsarten zusammensetzenden Klassen werden in folgender Weise auf die Marineteile verteilt. Die Seeleute von Beruf werden bei den Matrosen-Divisionen oder den Torpedo-Abteilungen eingestellt; die Leute der halbseemännischen Bevölkerung, bei der Matrosen-Artillerie oder der Marine-Infanterie; das Maschinisten- u. s. w. Personal bei den Werft-Divisionen oder bei den Torpedo-Abteilungen.

Es können als Einjährige in der Marine eintreten diejenigen Leute der Landbevölkerung, die das Zeugnis zum einjährig-freiwilligen Dienst haben. Dieselben werden eingestellt bei den Matrosen-Artillerie-Abteilungen und der Marine-Infanterie. Ferner als technisches Personal bei den Torpedo-Abteilungen und den Werft-Divisionen, wenn sie vorher zwei Jahre praktisch im Dampf-Maschinen-Bau beschäftigt gewesen sind; außerdem bei den letzteren, wenn sie auf einer technischen Hochschule Schiff- oder Maschinen-Bau studiert haben.

Die Meldung zum Eintritt muß von den Einjährig-Freiwilligen 3 Monate vor dem Termin bis zum Datum des letzteren eingegeben werden, bei den Werft-Divisionen ist jedoch eine Meldung 6 Wochen vorher erforderlich. Diejenigen Einjährigen, welche den Marine-Artillerie-Abteilungen und der Marine-Infanterie zugeteilt werden, werden auf ihren Wunsch an Bord kommandiert, während sie sonst ihre Dienstzeit an Land erledigen.

Diejenigen, welche sich geeignet erweisen, später Reserveoffiziere zu werden, erhalten eine besondere Ausbildung und werden in der Regel nach 6 Monaten zu überetatsmäßigen Obermatrosen oder in den andern Branchen zu der entsprechenden Charge ernannt.

### Dreijährig=Freiwillige.

Dreijährig=Freiwillige können sich, wenn sie körperlich brauch= bar sind, vom vollendeten 17. Jahre an zum dreijährig=freiwilligen Dienst bei dem Marineteil melden. Außer der schriftlichen oder münd= lichen Anmeldung sind an Papieren die schriftliche Einwilligung des Vaters oder Vormunds, ein Lebenslauf, ein Meldeschein des Zivil= vorsitzenden der Ersatzkommission, ein Führungsattest, Schulzeugnisse, sowie eine polizeiliche Bescheinigung, daß sie durch keinen Kontrakt oder anderweitige Verhältnisse in ihrem Zivilleben gebunden sind.

Dreijährig=Freiwillige der seemännischen Bevölkerung werden den Matrosendivisionen und Torpedoabteilungen; Maschinisten, Heizer und Handwerker den Werftdivisionen zugeteilt. Leute der Landbe= völkerung können von den Matrosen=Artillerieabteilungen und den Seebataillonen angenommen werden.

### Vierjährig=Freiwillige.

Die Eintrittsbedingungen und Beförderungen zur erfolgreichen Meldung sind wie bei den Dreijährig=Freiwilligen, jedoch können auch Leute der Landbevölkerung bei den Matrosendivisionen zum vierjährig= freiwilligen Dienst eintreten.

---

## Allgemeines über die Dienstpflicht in der Marine.

Die Wehrpflicht erstreckt sich wie für das Heer von vollendetem 17. bis zum vollendeten 45. Lebensjahr. Der Dienst in der Marine besteht aus drei Jahren aktiven Dienstes, vier Jahren der Reserve, fünf Jahren der Seewehr 1. Aufgebotes. Der Rest bis zum 45. Lebensjahr Seewehr 2. Aufgebotes. Die der Marine = Ersatzreserve Zugeteilten, welche nicht aktiv dienen, bleiben in diesem Verhältnis 12 Jahre.

# Statistisches.

Nachstehende Angaben sind „Nauticus, Jahrbuch" für Deutschlands Seeinteressen" und dem „Taschenbuch der Deutschen Kriegsflotte" von Weyer entnommen.

## Vergleich der Kriegsflottenstärke der Haupt-Seemächte im Jahre 1900.

### I. Linien-Schiffe.

| | | | |
|---|---|---|---|
| England: | 69 | mit 810 600 | Tonnen |
| Frankreich: | 40 | „ 387 400 | „ |
| Rußland: | 24 | „ 269 000 | „ |
| Vereinigte Staaten: | 17 | „ 189 000 | „ |
| **Deutschland:** | **17** | „ **163 600** | „ |
| Italien: | 15 | „ 189 000 | „ |

### II. Große Kreuzer.

| | | | |
|---|---|---|---|
| England: | 69 | mit 603 200 | Tonnen |
| Frankreich: | 24 | „ 192 000 | „ |
| Rußland: | 20 | „ 146 100 | „ |
| Vereinigte Staaten: | 11 | „ 92 000 | „ |
| **Deutschland:** | **11** | „ **79 400** | „ |
| Italien: | 5 | „ 35 200 | „ |

### III. Kleine Kreuzer.

| | | | |
|---|---|---|---|
| England: | 137 | mit 311 000 | Tonnen |
| Frankreich: | 74 | „ 187 000 | „ |
| Rußland: | 22 | „ 37 000 | „ |
| Vereinigte Staaten: | 56 | „ 121 000 | „ |
| **Deutschland:** | **35** | „ **66 000** | „ |
| Italien: | 30 | „ 58 000 | „ |

## I.

| Name des Landes | Linienschiffe fertig und im Bau, 25 Jahre u. weniger alt | | Küstenpanzer= schiffe fertig und im Bau, 25 Jahre u. weniger alt | | Große Kreuzer fertig und im Bau, 20 Jahre u. weniger alt | | Kleine Kreuzer fertig und im Bau, 15 Jahre u. weniger alt | |
|---|---|---|---|---|---|---|---|---|
| | Zahl | Tausend Tonnen Deplacement | Zahl | Tausend Tonnen Deplacement | Zahl | Tausend Tonnen Deplacement | Zahl | Tausend Tonnen Deplacement |
| England | 55 | 698 | 2 | 10 | 60 | 516 | 84 | 220 |
| Frankreich | 31 | 308 | 13 | 38 | 27 | 203 | 32 | 89 |
| Rußland | 23 | 263 | 7 | 18 | 14 | 107 | 17 | 32 |
| Vereinigte Staaten von Nordamerika | 16 | 184 | 11 | 41 | 8 | 74 | 33 | 82 |
| **Deutschland** | **16** | **161** | **8** | **28** | **8** | **54** | **27** | **51** |
| Italien | 14 | 172 | — | — | 6 | 39 | 15 | 37 |
| Japan | 7 | 92 | 4 | 10 | 7 | 60 | 16 | 48 |

## II.

| Name des Landes | Linienschiffe fertig und im Bau, 25 Jahre u. weniger alt | | Küstenpanzer= schiffe fertig und im Bau, 25 Jahre u. weniger alt | | Große Kreuzer fertig und im Bau, 20 Jahre u. weniger alt | | Kleine Kreuzer fertig und im Bau, 15 Jahre u. weniger alt | |
|---|---|---|---|---|---|---|---|---|
| | Zahl | Tausend Tonnen Deplacement | Zahl | Tausend Tonnen Deplacement | Zahl | Tausend Tonnen Deplacement | Zahl | Tausend Tonnen Deplacement |
| England | +39 | +537 | — 6 | —18 | +52 | +462 | +57 | +169 |
| Frankreich | +15 | +147 | + 5 | +10 | +19 | +149 | + 5 | + 38 |
| Rußland | + 7 | +102 | — 1 | —10 | + 6 | + 53 | —10 | — 19 |
| Vereinigte Staaten von Nordamerika | ± 0 | + 23 | + 3 | +13 | ± 0 | + 20 | + 6 | + 31 |
| Italien | — 2 | + 11 | — 8 | —28 | — 2 | — 15 | —12 | — 14 |
| Japan | — 9 | — 69 | — 4 | —18 | — 1 | + 6 | —11 | — 3 |

Die Angaben über Tonnengehalt und Leistungsfähigkeit für 1898 würden sich noch erheblich höher stellen, wenn sie nach demselben Verfahren berechnet wären wie die Angaben für 1871—91. Sie sind indes das Resultat einer neuen, 1895 eingeführten Vermessungsmethode, welche niedrigere Zahlen ergiebt.

Seit 1871 hat sich die Transportleistungsfähigkeit unserer Kauffahrtei mehr als verdreifacht. Die Besatzung unserer Handelsflotte ist in den 10 Jahren von 1888—1898 gestiegen von 37,076 auf 42,428 Mann.

Der Buchwert der Kauffahrteiflotte betrug rund 400 Millionen Mark, ihre Neubeschaffung würde über 500 Millionen kosten.

Beiden Uebersichten sind die Angaben des Generalregisters der Handelsmarine des Bureau „Veritas" zu Grunde gelegt, in denen nur die Dampfer über 100 Tonnen netto und die Segelschiffe über 50 Tonnen netto aufgenommen sind.

## Seeschiffahrt.

Die Entwickelung der deutschen Seehandelsflotte vom 1. Januar 1871 bis 1. Januar 1898.

| | Dampfer | | Segler | | Summe | | Gesamtleistungsfähigkeit |
|---|---|---|---|---|---|---|---|
| | Zahl | Reg. Tonnen | Zahl | Reg. Tonnen | Zahl | Reg. Tonnen | |
| 1. Jan. 1871 | 147 | 82,000 | 4372 | 900,000 | 4519 | 982,000 | 1,146,000 |
| 1. Jan. 1881 | 414 | 215,800 | 4226 | 965,800 | 4660 | 1,181,600 | 1,613,000 |
| 1. Jan. 1891 | 896 | 723,600 | 2757 | 709,800 | 3653 | 1,433,700 | 2,188,000 |
| 1. Jan. 1898 | 1171 | 969,800 | 2552 | 585,571 | 3693 | 1,555,371 | 3,494,971 |

— 275 —

## Die Handelsflotten der wichtigsten Seestaaten 1870/71 und 1898/99 nach Zahl und Tonnage der Schiffe:

| Name des Landes | 1870/71 | | | | | 1898/99 | | | | |
|---|---|---|---|---|---|---|---|---|---|---|
| | Anzahl Dampfer | Anzahl Segler | Zusammen | Dampfer= tonnage 1000 t | Segler= tonnage 1000 t | Anzahl Dampfer | Anzahl Segler | Zusammen | Dampfer= tonnage 1000 t | Segler= tonnage 1000 t |
| Großbritann. | 2426 | 23165 | 25591 | 1651,8 | 6993,2 | 5707 | 8125 | 13832 | 10993 | 2910,6 |
| **Deutschland** | **127** | **4320** | **4447** | **105,1** | **1046,0** | **878** | **1000** | **1878** | **1626** | **535,9** |
| Spanien | 148 | 3036 | 3184 | 72,8 | 545,6 | 361 | 1113 | 1474 | 521 | 163,0 |
| Norwegen | 26 | 3652 | 3678 | 7,3 | 989,9 | 646 | 2582 | 3228 | 628 | 1144,5 |
| Ver. Staaten | 597 | 7025 | 7622 | 513,8 | 2400,6 | 502 | 3697 | 4199 | 811 | 1285,9 |
| Italien | 86 | 3395 | 3481 | 36,4 | 907,6 | 254 | 1597 | 1851 | 421 | 463,8 |
| Frankreich | 288 | 4968 | 5256 | 213,0 | 891,8 | 547 | 1334 | 1881 | 953 | 279,4 |
| Rußland | 62 | 1306 | 1368 | 28,4 | 346,2 | 399 | 2400 | 2799 | 358 | 458,4 |
| Oesterreich | 74 | 852 | 926 | 44,3 | 317,8 | 166 | 157 | 323 | 299 | 45,0 |
| | 3834 | 51719 | 55553 | 2672,9 | 14438,7 | 9460 | 22005 | 31465 | 16610 | 7286,5 |

Danach besaß an Schiffen:

    England 1870/71 von der Welt=Dampferflotte 63%,
                      Deutschland 33%,

        „      1898/99 von der Welt=Dampferflotte 60%,
                      Deutschland 9,3%,

        „      1870/71 von der Welt=Segelschiffsflotte 44%,
                      Deutschland 8,3%,

        „      1898/99 von der Welt=Segelschiffsflotte 37%,
                      Deutschland 4,55%.

## Der Anteil der Seestaaten an der Leistungsfähigkeit der Welthandelsflotte

zeigt die nachstehende Uebersicht:

| Name des Landes | 1870/71 | | 1880/81 | | 1890/91 | | 1898/99 | |
|---|---|---|---|---|---|---|---|---|
| | Leistungsfähigkeit | Anteil an der Leistungsfähigkeit der Welthandelsflotte in Prozent | Leistungsfähigkeit | Anteil an der Leistungsfähigkeit der Welthandelsflotte in Prozent | Leistungsfähigkeit | Anteil an der Leistungsfähigkeit der Welthandelsflotte in Prozent | Leistungsfähigkeit | Anteil an der Leistungsfähigkeit der Welthandelsflotte in Prozent |
| Großbritann. | 11948,6 | 48,9 | 18283,2 | 53,3 | 27825,4 | 58,7 | 35890 | 54,9 |
| **Deutschland** | **1361,3** | **5,6** | **1821,1** | **5,3** | **3498,9** | **7,1** | **5414** | **8,3** |
| Spanien | 762,8 | 3,1 | 941,5 | 2,7 | 1524,2 | 3,1 | 1720 | 2,6 |
| Norwegen | 1011,8 | 4,14 | 1574,5 | 4,6 | 2141,2 | 4,4 | 3029 | 4,8 |
| Verein. Staat. | 3939,0 | 16,1 | 3951,9 | 11,6 | 1744,4 | 3,5 | 3719 | 5,7 |
| Italien | 1086,8 | 4,4 | 1235,1 | 3,6 | 1539,7 | 3,2 | 1727 | 2,6 |
| Frankreich | 1530,8 | 6,3 | 1813,3 | 5,3 | 2716,8 | 5,5 | 3138 | 4,8 |
| Rußland | 431,4 | 1,8 | 812,3 | 2,4 | 989,3 | 2,0 | 1532 | 2,3 |
| Oesterreich | 450,7 | 1,8 | 517,1 | 1,5 | 458,9 | 0,9 | 942 | 1,4 |
| Ueberhaupt | 24422,8 | 100,0 | 34108,5 | 100,0 | 49017,2 | 100,0 | 65355 | 100,0 |

Die Zunahme der deutschen Schiffahrt im Vergleich mit der anderer Nationen zeigt auch sehr deutlich die Uebersicht über den

## Suezkanalverkehr.

Es passieren den Kanal:

| Flagge | 1886 | | 1889 | | 1892 | | 1895 | | 1898 | |
|---|---|---|---|---|---|---|---|---|---|---|
| | Zahl | Tonnage | Zahl | Tonnage | Zahl | Tonnage | Zahl | Tonnage | Zahl | Tonnage |
| Engl. | 2331 | 6254418 | 2611 | 7478370 | 2581 | 8101904 | 2318 | 8382075 | 2295 | 8691093 |
| **Dtschld.** | **161** | **314716** | **194** | **4632226** | **292** | **809014** | **314** | **977029** | **356** | **353161** |
| Franz. | 227 | 699194 | 168 | 547602 | 174 | 635585 | 278 | 1005051 | 221 | 891642 |
| Holl. | 127 | 312965 | 146 | 359722 | 177 | 433543 | 192 | 497903 | 193 | 526478 |
| Ital. | 69 | 184960 | 103 | 279332 | 74 | 198206 | 78 | 224358 | 74 | 208418 |
| Oesterr. | 77 | 191333 | 54 | 168708 | 61 | 191145 | 72 | 248985 | 85 | 300251 |
| a. Nat. | 108 | 225727 | 149 | 308785 | 200 | 497004 | 182 | 498266 | 279 | 991589 |
| Sum.: | 3100 | 8183313 | 3425 | 13774745 | 3559 | 10866401 | 3434 | 11833667 | 3503 | 11962632 |

## Weltschiffbau im Jahre 1898.

| Länder | Anzahl der Schiffe | Tonnage | Leistungs- fähigkeit | Prozent der Gesamt- leistungs- fähigkeit |
|---|---|---|---|---|
| England | 761 | 1367,570 | 4094,206 | 75,1 |
| Deutschland | 104 | 153,147 | 454,819 | 8,3 |
| Vereinigte Staaten | 162 | 173,250 | 252,444 | 7,3 |
| Britische Kolonien | 70 | 25,021 | 64,977 | 1,2 |
| Japan | 9 | 11,424 | 29,594 | 0,6 |
| Frankreich | 48 | 67,160 | 140,414 | 2,6 |
| Norwegen | 29 | 22,670 | 63,382 | 1,2 |
| Schweden | 12 | 4,385 | 11,699 | 0,25 |
| Belgien und Holland | 32 | 20,301 | 58,641 | 1,1 |
| Rußland | 15 | 3,288 | 3,744 | 0,08 |
| Dänemark | 17 | 12,703 | 16,101 | 0,27 |
| Italien | 19 | 26,530 | 74,480 | 1,4 |
| Oesterreich | 9 | 5,432 | 16,296 | 0,28 |
| Sonstige Länder | 3 | 642 | 1,066 | 0,02 |
| | 1290 | 1893,523 | 5281,863 | 100,00 |

## Neubauten auf den Werften der wichtigsten Schiffbauländer 1890—97.

| Gesamt- leistungsfähig- keit | 1890 1000 t | 1891 1000 t | 1892 1000 t | 1893 1000 t | 1894 1000 t | 1895 1000 t | 1896 1000 t | 1897 1000 t |
|---|---|---|---|---|---|---|---|---|
| England | 3349 | 3037 | 2712 | 2302 | 2700 | 2794 | 3285 | 2684 |
| Deutschland | 276 | 180 | 132 | 146 | 353 | 235 | 237 | 455 |
| Ver. Staaten | 267 | 136 | 141 | 181 | 129 | 231 | 415 | 147 |
| Frankreich | 91 | 33 | 62 | 49 | 39 | 53 | 56 | 83 |
| Norwegen | 61 | 69 | 34 | 31 | 39 | 29 | 35 | 42 |
| Ueberhaupt | 4305 | 3722 | 3232 | 2847 | 3362 | 3440 | 3168 | 3641 |

## Kolonien.

| Kolonien | Erste amtliche Erwerbung | Ausdehnung qkm | Bewohner | Ansässige Europäer (Deutsche) | Etatsmäßige Schutztruppe | Darunter Farbige |
|---|---|---|---|---|---|---|
| D.-Ostafrika | 27. Febr. 1885 | 995,000 | 3,000,900 | 922 (678) | 54 Offiziere 1 Zahlmeister 22 Aerzte 250 Unteroffiz. 1440 Mann | 12 Offizier. 120 U.=Off. 1440 Gem. |
| D.-Südwestafrika | 24. April 1884 | 835,100 | | 2872 (1879) | 30 Offiziere 154 Unteroffiz. 9 Aerzte 568 Mann | |
| Kamerun | 14. Juli 1884 | 495,000 | 5,950,000 | 324 (256) | 10 Offiziere 20 Unteroffiz. 2 Aerzte 454 Mann | 454 Mann |
| Togo | 5. Juli 1884 | 82,300 | | 113 (101) | 3 Offiziere 8 Unteroffiz. 250 Mann | 250 Mann |
| D.-Neu-Guinea | 17. Mai 1885 | 252,000 | 387,000 | 251 (71) | 2 Führer } Polizei- 90 Mann } truppen | 90 Mann |
| Kiautschou | 6. März 1898 | 540 | 70,000 | | 31 Offiziere und Beamte 176 Unteroffiz. 6 Aerzte 1286 Mann | |
| Marschallinseln | 15. Oktober 1885 | 400 | 16,000 | 79 (50) | | |
| Carolineninseln Palauinseln | 1899 | 1,450 | 40,000 | | | |
| Marianeninf. | 1899 | 626 | 2,000 | | | |
| Samoa | 1899 | 2580 | 35,000 | 300 | | |
| Summe: | | 2,664,996 | 9,500,900 | 4561 (3035) | 130 Offiziere 1 Zahlmeister 39 Aerzte 588 Unteroffiz. 4088 Mann | 12 Offizier. 120 U.=Off. 2234 Mann |

# Aus der Verordnung zur Verhütung des Zusammenstoßens der Schiffe.

Einleitung. Ein Dampffahrzeug unter Segel und nicht unter Dampf gilt als Segelfahrzeug.

Ein Fahrzeug ist in Fahrt, wenn es weder vor Anker liegt, noch am Lande befestigt ist, noch am Grunde festsitzt.

Lichterführung. Der Ausdruck „sichtbar" bedeutet in Bezug auf Lichter „sichtbar in dunkler Nacht bei klarer Luft".

Artikel 1. Die Vorschriften über Lichter müssen bei jedem Wetter von Sonnenuntergang bis Sonnenaufgang befolgt werden; während dieser Zeit dürfen keine Lichter gezeigt werden, welche mit den hier vorgeschriebenen Lichtern verwechselt werden können.

Artikel 2. Ein Dampfer muß in Fahrt führen: a) an oder vor dem Fockmast oder beim Fehlen eines solchen im vorderen Teile des Fahrzeuges ein helles weißes Licht mindestens sechs Meter über dem Rumpf angebracht, welches wenigstens fünf Seemeilen und ununterbrochen sichtbar ist von rechts voraus bis zehn Strich nach jeder Seite. Ist das Fahrzeug breiter als sechs Meter, so ist das Licht in einer der Breite des Fahrzeuges mindestens gleichkommenden Höhe zu führen, braucht aber nie höher als 12 Meter zu sein. b) An Steuerbordseite ein grünes Licht. Dasselbe muß einen ununterbrochenen Schein von mindestens zwei Seemeilen Sichtweite werfen von rechts voraus bis zehn Strich nach Steuerbord zwei Strich achterlicher als Dwars. c) An Backbordseite ein rotes Licht, sichtbar von links voraus, analog dem vorigen. d) Die Laternen dieser grünen und roten Lichter müssen an der Binnenbordseite mit Schirmen versehen sein, die wenigstens einen Meter vor dem Licht vorausragen, so daß die Lichter nicht über den Bug hinweg von der andern Seite gesehen werden können. e) Ein Dampfer in Fahrt darf ein zweites weißes Licht führen, gleich dem unter a. Beide Lichter müssen in der Kiellinie so angebracht sein, daß das hintere wenigstens viereinhalb Meter höher als das vordere ist. Die senkrechte Entfernung zwischen diesen Lichtern muß geringer sein als die horizontale.

Artikel 3. Ein Dampffahrzeug, welches ein anderes Fahrzeug schleppt, muß außer den Seitenlichtern zwei weiße Lichter senkrecht übereinander und mindestens zwei Meter von einander entfernt führen. Wenn es mehr als ein Fahrzeug schleppt und die Länge des Schleppzugs vom Heck des schleppenden Fahrzeugs bis zum Heck des letzten geschleppten Fahrzeugs 180 Meter übersteigt, muß es als Zusatzlicht noch ein drittes weißes Licht zwei Meter über oder unter den anderen führen. Jedes dieser Lichter muß ebenso eingerichtet und angebracht sein, wie das im Artikel 2 unter a erwähnte weiße Licht, jedoch genügt für das Zusatzlicht eine Höhe von mindestens vier Meter über dem Rumpfe des Fahrzeugs.

Ein Dampffahrzeug, welches ein anderes Fahrzeug schleppt, darf hinter dem Schornstein oder dem hintersten Mast ein kleines weißes Licht führen. Dieses Licht, nach welchem sich das geschleppte Fahrzeug beim Steuern richten soll, darf nicht weiter nach vorne als quer ab sichtbar sein.

Artikel 4. a) Ein Fahrzeug, welches infolge eines Unfalls nicht manövrierfähig ist, muß in der Höhe des im Artikel 2 unter a erwähnten weißen Lichtes und, wenn es ein Dampffahrzeug ist, statt des weißen Lichtes zwei rote Lichter senkrecht übereinander und mindestens zwei Meter von einander entfernt führen. Diese Lichter müssen an der Stelle, an welcher sie am besten gesehen werden können, angebracht und von solcher Beschaffenheit sein, daß sie über den ganzen Horizont auf mindestens zwei Seemeilen sichtbar sind. Bei Tage muß ein solches Fahrzeug an gleicher Stelle zwei schwarze Bälle oder Körper, jeden von 65 Centimeter Durchmesser, senkrecht übereinander und mindestens zwei Meter von einander entfernt führen.

b) Ein Fahrzeug, welches ein Telegraphenkabel legt, aufnimmt oder aufsicht, muß an derselben Stelle, die für das im Artikel 2 unter a erwähnte weiße Licht vorgeschrieben ist, und wenn es ein Dampffahrzeug ist, statt dieses weißen Lichtes drei Lichter senkrecht übereinander und mindestens zwei Meter von einander entfernt führen. Das oberste und das unterste dieser Lichter müssen rot, das mittlere muß weiß sein, und alle von solcher Beschaffenheit, daß sie über den ganzen Horizont mindestens zwei Seemeilen sichtbar sind. Bei Tage sind drei Körper von mindestens 65 Centimeter Durchmesser übereinander, mindestens zwei Meter von einander entfernt zu führen, deren oberster und unterster kugelförmig und von roter Farbe, deren mittlerer wie ein schräges Viereck geformt und von weißer Farbe ist. Die Körper müssen da, wo sie am besten gesehen werden können, angebracht sein.

c) Die vorbezeichneten Fahrzeuge dürfen, wenn sie keine Fahrt durch das Wasser machen, die Seitenlichter nicht führen, müssen dieselben aber führen, wenn sie Fahrt machen.

d) Diese Lichter und Körper sollen anderen Fahrzeugen als Signale dafür gelten, daß das Fahrzeug, welches sie zeigt, nicht manövrierfähig ist und daher nicht aus dem Wege gehen kann. Sie sind keine Notsignale im Sinne des Artikels 31 dieser Vorschriften.

Artikel 5. Ein Segelfahrzeug, welches in Fahrt ist, und jedes Fahrzeug, welches geschleppt wird, muß dieselben Lichter führen, welche durch Artikel 2 für ein Dampffahrzeug in Fahrt vorgeschrieben sind, mit Ausnahme der dort erwähnten weißen Lichter.

Artikel 6. Wenn, wie es bei kleinen Fahrzeugen in Fahrt bei schlechtem Wetter vorkommt, die grünen und roten Seitenlichter nicht fest angebracht werden können, so müssen diese Lichter angezündet und gebrauchsfertig zur Hand gehalten und, wenn das Fahrzeug sich einem anderen oder ein anderes Fahrzeug sich ihm nähert, an den betreffen= den Seiten, zeitig genug, um einen Zusammenstoß zu verhüten, gezeigt werden. Dies muß so geschehen, daß die Lichter möglichst gut sichtbar sind, das grüne aber nicht von der Backbordseite her, das rote nicht von der Steuerbordseite her, und beide womöglich nicht weiter als bis zu zwei Strich hinter die Richtung quer ab (zwei Strich achterlicher als Dwars) gesehen werden können.

Um den richtigen Gebrauch der tragbaren Lichter zu sichern, muß jede Laterne außen mit der Farbe des Lichtes, welches sie zeigt, angestrichen und mit einem gehörigen Schirme versehen sein.

Artikel 7. Dampffahrzeuge unter 113 und Ruder= oder Segel= fahrzeuge unter 57 Kubikmeter Bruttoraumgehalt und Ruderboote brauchen, wenn sie in Fahrt sind, die im Artikel 2 unter a, b und c erwähnten Lichter nicht zu haben:

1. Dampffahrzeuge unter 113 Kubikmeter Bruttoraumgehalt müssen führen:

a) im vordersten Teile des Fahrzeuges oder an oder vor dem Schornstein in einer Höhe von mindestens drei Meter über dem Schandeckel ein weißes Licht. Das Licht muß an der Stelle, wo es am besten gesehen werden kann, sich befinden und so eingerichtet sein, wie im Artikel 2 vorgeschrieben; es muß von solcher Stärke sein, daß es auf eine Entfernung von mindestens zwei Seemeilen sichtbar ist;

b) grüne und rote Seitenlichter, von mindestens einer Seemeile Sichtweite so eingerichtet und angebracht, wie im Artikel 2 vor= geschrieben, oder an deren Stelle eine doppelfarbige Laterne, welche an den betreffenden Seiten ein grünes und ein rotes

Licht von rechts voraus bis zu zwei Strich hinter die Richtung quer ab zeigt. Diese Laterne muß mindestens einen Meter unter dem weißen Lichte geführt werden.

2. Kleine Dampfboote, z. B. Schiffsbeiboote, dürfen das weiße Licht niedriger als drei Meter über dem Schandeckel, jedoch über der unter 1 b erwähnten doppelfarbigen Laterne führen.

3. Ruder= und Segelfahrzeuge von weniger als 57 Kubikmeter Bruttoraumgehalt müssen eine Laterne mit einem grünen Glase auf der einen Seite und einem roten Glase auf der andern gebrauchsfertig zur Hand haben. Diese Laterne muß, wenn das Fahrzeug sich einem andern oder ein anderes Fahrzeug sich ihm nähert, zeitig genug, um einen Zusammenstoß zu vermeiden, und derart gezeigt werden, daß das grüne Licht nicht von der Backbordseite her und das rote Licht nicht von der Steuerbord= seite her gesehen werden kann.

Ruderboote, gleichviel ob sie rudern oder segeln, müssen eine Laterne mit einem weißen Lichte gebrauchsfertig zur Hand haben, welches zeitig genug gezeigt werden muß, um einen Zusammen= stoß zu verhüten.

Die in diesem Artikel bezeichneten Fahrzeuge brauchen die im Artikel 4 unter a und Artikel 11 Schlußsatz vorgeschriebenen Lichter nicht zu führen.

Artikel 8. Lotsenfahrzeuge, welche Lotsendienste auf ihrer Station thun, haben nicht die für andere Fahrzeuge vorgeschriebenen Lichter, sondern ein weißes, über den ganzen Horizont sichtbares Licht am Masttop zu führen und außerdem mindestens alle 15 Minuten ein oder mehrere Flackerfeuer zu zeigen.

Wenn sie sich andern oder andere Fahrzeuge sich ihnen auf geringe Entfernung nähern, müssen sie die Seitenlichter angezündet und gebrauchsfertig haben und in kurzen Zwischenräumen an der rich= tigen Seite aufleuchten lassen oder zeigen, um die Richtung, in welcher sie anliegen, erkennbar zu machen.

Ein Lotsenfahrzeug solcher Bauart, daß es längseits der Schiffe anlegen muß, um einen Lotsen an Bord zu setzen, braucht das weiße Licht nur zu zeigen, statt dasselbe am Masttop zu führen; auch ge= nügt es, wenn solche Fahrzeuge an Stelle der obenerwähnten farbigen Lichter eine Laterne mit einem grünen Glase auf der einen Seite und einem roten Glase auf der anderen zur Hand hat, um dieselbe so, wie im Artikel 7 unter 3 vorgeschrieben, zu gebrauchen.

Lotsenfahrzeuge, welche keinen Lotsendienst auf ihrer Station thun, müssen Lichter wie andere Fahrzeuge ihres Raumgehaltes führen.

Artikel 9 betrifft Regeln für die Fischerfahrzeuge, deren Erlaß vorbehalten bleibt.

Artikel 10. Ein Fahrzeug, welches von einem andern überholt wird, muß diesem vom Heck aus ein weißes Licht, mindestens eine Seemeile sichtbar, oder ein Flackerfeuer zeigen.

Das weiße Licht darf fest angebracht und in einer Laterne geführt werden; die Laterne muß aber mit Schirmen versehen und so eingerichtet und so angebracht sein, daß sie ein ununterbrochenes Licht über einen Bogen des Horizonts von 12 Kompaßstrichen — je sechs Strich von rechts achteraus auf jeder Seite des Fahrzeugs — wirft.

Artikel 11. Ein Fahrzeug vor Anker muß, wenn es 45 Meter oder mehr lang ist, zwei solche Lichter führen; das eine Licht im vorderen Teile des Fahrzeugs nicht niedriger als sechs Meter und nicht höher als 12 Meter über dem Rumpfe und das andere Licht am Heck oder in der Nähe des Hecks des Fahrzeugs, mindestens vier und einen halben Meter niedriger als das vordere Licht.

Artikel 12. Ein jedes Fahrzeug darf, wenn es nötig ist, um die Aufmerksamkeit auf sich zu ziehen, außer den Lichtern, welche es führen muß, ein Flackerfeuer zeigen oder irgend ein Knallsignal, welches nicht mit Notsignalen verwechselt werden kann, geben.

Artikel 13. Vorschriften, welche bezüglich der Führung von zusätzlichen Stations- und Signallichtern für zwei oder mehrere Kriegs= schiffe oder für Fahrzeuge, die unter Bedeckung fahren, erlassen sind, werden durch diese Verordnung nicht berührt. Auch wird durch sie das Zeigen von Erkennungssignalen, welche von Schiffsreedern mit amtlicher Genehmigung angenommen und vorschriftsmäßig eingetragen und bekannt gemacht sind, nicht beschränkt.

Artikel 14. Ein Dampffahrzeug, welches nur unter Segel ist, aber mit aufgerichtetem Schornsteine fährt, muß bei Tage einen schwarzen Ball oder runden Signalkörper von 65 Centimeter Durch= messer führen, und zwar vorne im Fahrzeug an der Stelle, an welcher das Zeichen am besten gesehen werden kann.

## Schallsignale und Verhalten bei Nebel u. s. w.

Artikel 15. Schallsignale für in Fahrt befindliche Fahrzeuge müssen gegeben werden:

1. Von Dampffahrzeugen mit der Pfeife oder Sirene.
2. Von Segelfahrzeugen und geschleppten Fahrzeugen mit dem Nebelhorn.

Ein langgezogener Ton im Sinne dieser Vorschriften ist ein Ton von 4 bis 6 Sekunden Dauer.

Ein Dampffahrzeug muß mit einer kräftig tönenden Pfeife oder Sirene versehen sein, welche durch Dampf oder einen Ersatz für Dampf geblasen wird und so angebracht ist, daß der Schall durch keinerlei Hindernis gehemmt wird, ferner mit einem wirksamen Nebel= horn, welches durch eine mechanische Vorrichtung geblasen wird, sowie mit einer kräftig tönenden Glocke. Ein Segelfahrzeug von 57 Kubik= meter Bruttoraumgehalt oder darüber muß mit einem gleichartigen Nebelhorn und mit einer gleichartigen Glocke versehen sein.

Bei Nebel, dickem Wetter, Schneefall oder heftigen Regengüssen, es mag Tag oder Nacht sein, sind folgende Schallsignale zu geben:

a) Ein Dampffahrzeug, welches Fahrt durch das Wasser macht, muß mindestens alle zwei Minuten einen langgezogenen Ton geben.

b) Ein Dampffahrzeug, welches in Fahrt ist, aber seine Maschine gestoppt hat und keine Fahrt durch das Wasser macht, muß mindestens alle zwei Minuten lang zwei langgezogene Töne mit einem Zwischenraum von ungefähr einer Sekunde geben.

c) Ein Segelfahrzeug in Fahrt muß mindestens jede Minute, wenn es im Steuerbordhalsen segelt, einen Ton, wenn es mit Backbordhalsen segelt, zwei aufeinanderfolgende Töne, und wenn es mit dem Winde achterlicher als Dwars segelt, drei aufeinander= folgende Töne geben.

d) Ein Fahrzeug vor Anker muß mindestens jede Minute ungefähr fünf Sekunden lang die Glocke rasch läuten.

e) Ein Fahrzeug, welches ein anderes Fahrzeug schleppt, ein Fahr= zeug, welches ein Telegraphenkabel legt, aufnimmt oder auf= fischt, und ein in Fahrt befindliches Fahrzeug, welches einem sich nähernden Fahrzeug nicht aus dem Wege gehen kann, weil es überhaupt nicht oder doch nicht so manövrieren kann, wie diese Vorschriften verlangen, muß statt der unter a und c vor= geschriebenen Signale mindestens alle zwei Minuten drei auf= einanderfolgende Töne geben, zuerst einen langgezogenen Ton, dann zwei kurze Töne. Ein geschlepptes Fahrzeug darf dieses Signal, aber kein anderes geben.

Segelfahrzeuge und Boote weniger als 57 Kubikmeter Brutto=
raumgehalt brauchen die vorerwähnten Signale nicht zu geben, müssen
dann aber mindestens jede Minute irgend ein anderes, kräftiges
Schallsignal geben.

Artikel 16. Jedes Fahrzeug muß bei Nebel, dickem Wetter,
Schneefall oder heftigen Regengüssen unter sorgfältiger Berücksichtigung
der obwaltenden Umstände und Bedingungen mit mäßiger Geschwindig=
keit fahren.

Ein Dampffahrzeug, welches anscheinend vor der Richtung quer
ab (vorderlicher als Dwars) das Nebelsignal eines Fahrzeuges hört,
dessen Lage nicht auszumachen ist, muß, sofern die Umstände dies
gestatten, seine Maschine stoppen und dann vorsichtig manövrieren,
bis die Gefahr des Zusammenstoßens vorüber ist.

## Ausweichen der Schiffe.

Artikel 17. Sobald zwei Segelfahrzeuge sich so nähern, daß
die Annäherung Gefahr des Zusammenstoßens mit sich bringt, muß
das eine dem andern, wie nachstehend angegeben, aus dem Wege gehen.

a) Ein Fahrzeug mit raumem Winde muß einem beim Winde
segelnden Fahrzeuge aus dem Wege gehen.

b) Ein Fahrzeug, welches mit Backbordhalsen beim Winde segelt,
muß einem Fahrzeuge, welches mit Steuerbordhalsen beim Winde
segelt, aus dem Wege gehen.

c) Haben beide Fahrzeuge raumen Wind von verschiedenen Seiten,
so muß dasjenige, welches den Wind von Backbord hat, dem
andern aus dem Wege gehen.

d) Haben beide Fahrzeuge raumen Wind von derselben Seite, so
muß das luvwärts befindliche Fahrzeug dem leewärts befind=
lichen aus dem Wege gehen.

e) Ein Fahrzeug, welches vor dem Winde segelt, muß dem anderen
Fahrzeug aus dem Wege gehen.

Artikel 18. Sobald zwei Dampffahrzeuge sich in gerade ent=
gegengesetzter Richtung so nähern, daß die Annäherung Gefahr des
Zusammenstoßens mit sich bringt, muß dasjenige Dampffahrzeug aus
dem Wege gehen, welches das andere an seiner Steuerbordseite hat.

Artikel 19. Sobald die Kurse zweier Dampffahrzeuge sich so
kreuzen, daß die Beibehaltung derselben Gefahr des Zusammenstoßens

mit sich bringt, muß dasjenige Dampffahrzeug aus dem Wege gehen, welches das andere an seiner Steuerbordseite hat.

Artikel 20. Sobald ein Dampffahrzeug und ein Segelfahrzeug in solchen Richtungen fahren, daß die Beibehaltung derselben Gefahr des Zusammenstoßens mit sich bringt, muß das Dampffahrzeug dem Segelfahrzeug aus dem Wege gehen.

Artikel 21. In allen Fällen, wo nach diesen Vorschriften eins von zwei Fahrzeugen dem andern aus dem Wege zu gehen hat, muß das letztere seinen Kurs und seine Geschwindigkeit beibehalten.

Anmerkung. Wenn jedoch infolge von dickem Wetter oder aus andern Ursachen zwei Fahrzeuge einander so nahe gekommen sind, daß ein Zusammenstoß durch Manöver des zum Ausweichen verpflichteten Fahrzeugs allein nicht vermieden werden kann, so soll auch das andere Fahrzeug so manövrieren, wie es zur Ab= wendung eines Zusammenstoßes am dienlichsten ist, vergleiche (Artikel 27 und 29).

Artikel 22. Jedes Fahrzeug, welches nach diesen Vorschriften einem anderen aus dem Wege zu gehen hat, muß, wenn die Umstände es gestatten, vermeiden, den Bug des anderen zu kreuzen.

Artikel 23. Jedes Dampffahrzeug, welches nach diesen Vor= schriften einem anderen Fahrzeug aus dem Wege zu gehen hat, muß bei der Annäherung, wenn nötig, seine Fahrt mindern oder stoppen oder rückwärts gehen.

Artikel 24. Ohne Rücksicht auf irgend eine dieser Vorschriften muß jedes Fahrzeug beim Ueberholen eines anderen dem letzteren aus dem Wege gehen.

Artikel 25. In engen Fahrwassern muß jedes Dampffahrzeug, wenn dies ohne Gefahr ausführbar ist, sich an derjenigen Seite der Fahrrinne oder der Fahrwassermitte halten, welche an seiner Steuer= bordseite liegt.

Artikel 26. In Fahrt befindliche Segelfahrzeuge müssen Segel= fahrzeugen oder Booten, welche mit Treibnetzen, Angelleinen oder Grundschleppnetzen fischen, aus dem Wege gehen. Durch diese Vorschrift wird jedoch keinem fischenden Fahrzeug oder Boote die Befugnis ein= geräumt, ein Fahrwasser, welches andere Fahrzeuge benutzen, zu sperren.

Artikel 27. Bei Befolgung dieser Vorschriften muß stets gehörige Rücksicht auf alle Gefahren der Schiffahrt und des Zusammen=

— 287 —

stoßens, sowie auf solche besondere Umstände genommen werden, welche zur Abwendung unmittelbarer Gefahr ein Abweichen von den Vorschriften notwendig machen.

## Schallsignale für Fahrzeuge, welche einander ansichtig sind.

Artikel 28. Als kurzer Ton im Sinne dieses Artikels gilt ein Ton von ungefähr einer Sekunde Dauer.

Sind Fahrzeuge einander ansichtig, so muß ein in Fahrt befindliches Dampffahrzeug, wenn es einen diesen Vorschriften entsprechenden Kurs einschlägt, diesen Kurs durch folgende Signale mit seiner Pfeife oder Sirene anzeigen, nämlich:

Ein kurzer Ton bedeutet:

    „Ich richte meinen Kurs nach Steuerbord."

Zwei kurze Töne bedeuten:

    „Ich richte meinen Kurs nach Backbord."

Drei kurze Töne bedeuten:

    „Meine Maschine geht mit voller Kraft rückwärts."

## Notwendigkeit anderweitiger Vorsichtsmaßregeln.

Artikel 29. Keine dieser Vorschriften soll ein Fahrzeug oder den Reeder, den Führer und die Mannschaft desselben von den Folgen einer Versäumnis im Gebrauche von Lichtern oder Signalen und im Halten eines gehörigen Ausgucks oder von den Folgen der Versäumnis anderer Vorsichtsmaßregeln befreien, welche durch die seemännische Praxis oder durch die besonderen Umstände des Falles geboten werden.

# Erklärung einiger technischen Ausdrücke.

Deplacement oder Wasserverdrängung: das Gewicht derjenigen Wassermenge, welche das schwimmende Schiff aus seiner bisherigen Lage verdrängt, also mit andern Worten: Das Gewicht des Schiffes im Wasser. Infolgedessen hat ein Schiff, welches ohne Panzer, Geschütze, Maschinen u. s. w. im Wasser schwimmt, ein weit geringeres Deplacement als nach seiner vollständigen Ausrüstung.

Die Länge des Schiffes: die Länge des Schiffes wird gemessen entweder zwischen der hintersten Spitze des Heckes und dem Sporn, oder aber zwischen den Perpendikeln, d. h. ohne Anrechnung der vorderen und hinteren Vorsprünge über den eigentlichen Schiffs= körper hinaus.

Die Breite: die Breite wird gemessen an der breitesten Stelle des Schiffes über Deck.

Der Tiefgang: der Tiefgang eines Schiffes ist meist hinten größer als vorne und entspricht die für das Schiff angegebene Zahlen= größe immer dem hinteren Tiefgang. Da der Tiefgang infolge des Kohlen=, Munitions= und Proviantverbrauchs stetig wechselt, so hat man, um ein einheitliches Maß zu bekommen, einen mittleren Tief= gang eingeführt, welcher bei voller Ausrüstung, jedoch nur der Hälfte des Gesamtkohlenvorrats, gemessen wird. In der Praxis ist es von großer Wichtigkeit, beständig den wirklichen Tiefgang festzustellen, damit das Schiff nicht auf Grund kommt, und sind zu diesem Zweck am Vor= und Achtersteven vom Kiel bis nach oben rechnend, Zahlen angebracht, welche in Decimetern die Entfernung vom Kiel angeben. Man braucht also nur in oder eben über der Wasserlinie die sichtbare Zahl abzulesen, um damit direkt den vorderen und hinteren Tiefgang zu erhalten. Dieses Ablesen und Feststellen des Tiefganges geschieht jeden Tag.

Die Maschinenleistung: die Maschinenleistung wird nach Pferdekräften bemessen. Man unterscheidet indizierte und effektive Pferdekräfte. Unter ersterer versteht man die, die durch hierzu an den Dampfzylindern angebrachte Meßapparate (Indikatoren) angezeigt wird, während die Anzahl der effektiven Pferdekräfte den Teil der Maschinenleistung bedeutet, welcher nach Abzug der durch Reibung u. s. w. im Gestänge verloren gegangenen Kraft für die Treibung der Schraubenwelle übrig bleibt. Eine Pferdekraft bedeutet eine Arbeitsleistung, welche 75 kg 1 m hoch oder 1 kg 75 m hoch hebt.

Kohlenvorrat: dieser bezeichnet diejenige Kohlenmenge, welche das Schiff in den eigens hierzu bestimmten Räumen, den Kohlenbunkern, aufnehmen kann. Man bezeichnet als Normalkohlenvorrat im Gegensatz zu dem Höchstkohlenvorrat, mit dem sich ein Schiff z. B. im Kriege eventuell versieht, wozu auch noch alle andern irgendwie hierzu benutzbaren Räume beansprucht werden.

Kohlenverbrauch: der Kohlenverbrauch ist je nach der Leistung der Maschine verschieden. Bei langsamer Fahrt verbraucht die Maschine wenig Kohlen, während der Kohlenverbrauch bei Vermehrung der Maschinenleistung, also bei höherer Schiffsgeschwindigkeit, rasch steigt. Man berechnet den Kohlenverbrauch, um ein einheitliches Maß zu haben, pro Pferdekraft und Stunde. Der höchste Kohlenverbrauch wird unter Anwendung des künstlichen Zuges eintreten.

Künstlicher Zug ist der durch Ventilationsmaschinen ꝛc. erzeugte, auf die Feuer wirkende Luftzug, während „natürlicher Zug" derjenige ist, welcher durch Wind und die Fahrtbewegung des Schiffes mittels des Schornsteins hinuntergelangt.

Kohlenausdauer: unter Kohlenausdauer versteht man diejenige Zeit, welche das Schiff im Maximum bei mäßiger Fahrt zurücklegen kann, ohne zur Kohlenergänzung genötigt zu sein.

Oekonomische Fahrt: hierunter versteht man diejenige Fahrt, welche im Verhältnis zu ihrer Schnelligkeit den geringsten Kohlenverbrauch der Maschinen bedeutet, d. h. diejenige Geschwindigkeit, mit welcher ein Schiff bei geringstem Kohlenverbrauch in kürzester Zeit eine bestimmte Strecke zurücklegen kann. Diese ökonomische Fahrtgeschwindigkeit muß für jedes Schiff durch Versuche bestimmt werden. Sie hält sich im allgemeinen zwischen 10—12 Seemeilen in der Stunde.

Schiffsgeschwindigkeit: die Schiffsgeschwindigkeit wird berechnet nach der Anzahl Seemeilen, die ein Schiff in einer Stunde zurücklegt und zwar bedeutet die Angabe „Geschwindigkeit" bei einem Schiff immer die höchste Leistung der Maschine und die dadurch erreichte Geschwindigkeit bei normalen See= und Windverhältnissen.

Eine Seemeile besitzt eine Länge von 1852 Meter, also annähernd 2 Kilometer.

Ein Knoten: die Geschwindigkeit des Schiffes wird anstatt nach Seemeilen des öfteren nach Knoten bezeichnet. Das bedeutet dasselbe und ist der Ausdruck „Knoten" von der Meßleine für die Schiffsgeschwindigkeit genommen, welche in bestimmten Abständen mit einer der Geschwindigkeit entsprechenden Anzahl Knoten versehen, deren Einrichtung so bemessen ist, daß ein Knoten einer Seemeile entspricht.

Loggen: die Schiffsgeschwindigkeit mittels des Loggapparates messen.

## Moderner Schiffsbau.

Helling: der zum Bau des Schiffes auf der Werft bestimmte Platz. Derselbe bildet eine nach dem Wasser schräg abfallende Fläche, um das nachträgliche Ablaufen des Schiffes zu ermöglichen.

Stapelklötze: dies sind massive Aufklotzungen, welche auf der Helling liegen und die unmittelbar den Kiel des neu zu bauenden Schiffes, mittelbar das ganze Schiff zu tragen bestimmt sind.

Auf Stapel legen: den Bau des Schiffs beginnen; dasselbe geschieht, indem die untersten Teile des Schiffes auf die Stapelklötze aufgelegt und untereinander verbunden werden.

Kiellegung drückt das obige mit anderen Worten aus, da der Kiel derjenige Teil des Schiffes ist, welcher zuerst fertiggestellt wird.

Der Kiel bildet gewissermaßen das Rückgrat des Schiffes. Er besteht aus stählernen Platten, deren eine horizontal den untern Abschluß des Schiffes bildet, während die andere, mit ihr vernietet, vertikal emporragt. Wegen der Länge der modernen Schiffe ist sowohl der vertikale als auch der horizontale Teil des Kieles aus einer größeren Anzahl einzelner Platten aneinander genietet. Die vertikale bezeichnet man auch mit „Mittelkielplatte".

Die Querspanten bilden das Gerippe des Schiffes und bestimmen seine äußeren Linien; dieselben werden auf beiden Seiten des Kiels befestigt durch Nieten und ragen in der Regel bis zum

Oberdeck des Schiffes empor. Ihre Form ist geschweift und infolge der an jedem Punkte verschiedenen Breite des Schiffes ebenfalls verschieden. Ein vollendetes Spant ergiebt also den Querschnitt des Schiffes an der betreffenden Stelle. Die Spanten werden numeriert und rechnen von achtern nach vorne. Sind die Spanten des Schiffes vollendet, so sagt man: das Schiff steht in den Spanten.

Die Längsspanten: diese sind ebenfalls schmale, stählerne, durch Nietung mit einander verbundene Platten, welche Achtersteven und Vordersteven mit einander verbinden und mit den Querspanten vernietet sind. Sie geben dem Schiff die nötige Festigkeit in der Längsrichtung und befinden sich in bestimmten Zwischenräumen auf jeder Seite des Kieles, welcher mit seinem horizontalen Teil das mittelste Längsspant selbst bildet. Ihre Anzahl beträgt in der Regel 6—10 außer dem Kiel.

Die Außenhaut: hierunter versteht man die äußere Beplattung des Schiffsrumpfes. Dieselbe besteht aus langen, schmalen Stahlplatten, welche von außen auf die Spanten aufgenietet werden.

Die Innenhaut wird durch die innere Beplattung gebildet, welche auf die inneren Ränder der Längs= und Querspanten, sowie auf die vertikale Kielplatte von innen aufgelegt wird.

Der Doppelboden: der durch die Außenhaut und Innenhaut gebildete Raum.

Zellen des Doppelbodens: der Doppelboden wird durch die bis an die Innenhaut reichenden Spanten in eine große Anzahl kleiner Räume geteilt, welche als Zellen bezeichnet werden.

Vorsteven: derselbe begrenzt das Schiff nach vorne und besteht aus massiven Stahlgußstücken. Bei Kriegsschiffen ist die Form desselben nach vorne geschweift und endet in den

Ramme: dieselbe springt bei Schlachtschiffen mehrere Meter vor, ist besonders stark gehalten und entweder spitz oder abgerundet. Bei kleineren Kreuzern besteht sie teilweise aus Bronze. Unter dem Sporn zieht sich der Vorsteven wieder nach hinten zurück und geht in den Kiel über.

Achtersteven: der Achtersteven bildet die hintere Begrenzung des Schiffes, besteht aus massivem Stahl oder Bronzeguß und hat eine verschiedenartige Form. Auf neuesten Schiffen springt er über Wasser schräge nach hinten aus und ist dann in und unter der Wasserlinie rechtwinklig nach vorne eingezogen, um dem Ruder, welches hier angebracht ist, eine geschützte Lage zu gewähren. Bei

manchen Schiffen ist er unter dem Ruder wieder nach hinten um=
gebogen und bildet so die sogenannte Hacke.

Die Schotten: dies sind wasserdichte Längs= oder Querwände,
welche das Schiff in eine Anzahl von Abteilungen zerlegen. Die
Querschotten gehen von einer Schiffswand zur andern und bilden mit
anderen Worten ein wasserdichtes Querspant. Die Wände der Längs=
schotten erstrecken sich über die ganze Länge des Schiffes.

Kollisionsschott: dies ist das vorderste Schott im Schiffe,
welches mit der Bordwand und dem Vorsteven zusammen die vor=
derste wasserdichte Abteilung bildet. Kollisionsschott heißt dasselbe,
weil es bei einer Kollision durch Rammen eines anderen Schiffes am
ersten in Mitleidenschaft gezogen wird. Es ist infolge dessen bedeu=
tend stärker gehalten als die übrigen Schotten.

Wallgang: hierunter versteht man die Räume, welche durch
die Längsschotten mit der Bordwand gebildet werden und meistens lang
und schmal sind und eine gewisse Aehnlichkeit mit dem Wallgang
einer Festung besitzen.

Die Decks: teilen den inneren Schiffsraum in mehrere Etagen
und zwar sind auf einem modernen Linienschiff in der Regel die
Folgenden vorhanden: Zu unterst das Panzerdeck, danach folgen das
Zwischendeck, dann das Oberdeck. Besitzt das Schiff Aufbauten, so
können noch verschiedene Aufbaudecks hinzukommen. Das Panzerdeck
besitzt eine gewölbte oder an den Seiten dachförmig abfallende Gestalt
und ruht mit seinen äußeren Kanten auf dem Panzer oder einem
besonders stark gehaltenen Längsspant, dem Panzerträger. Die Pan=
zerdecks sind verschieden und im Kapitel „Schiffsbeschreibung" aus=
führlich beschrieben worden. Die Panzerung desselben besteht meistens
aus 3 Platten=Lagen, welche in der Weise übereinandergelegt sind, daß
jede obere die Fugen zwischen zwei darunter liegenden zudeckt. Sämt=
liche Decks werden durch die Decksbalken, welche von einer Bordwand
zur andern horizontal angebracht sind, getragen und letztere wiederum
durch vertikale Decksstützen unterstützt. Die Decks selbst sind meistens
aus Stahlblech und mit Holz, Linoleum, oder einem unverbrennbaren
Holzpräparat belegt.

Die Lasten: unter Lasten versteht man die Räume, welche zur
ständigen Unterbringung größerer Gewichte dienen, wie z. B. die
Kettenlast, welche die Ankerketten aufnimmt, ferner Sandlast, Wasser=
last u. s. w. Der Ausdruck, welcher an Bord unserer modernen

Schiffe seinen ursprünglichen Sinn verloren hat, stammt von den alten Segelschiffen.

Hellegat: ist ein Raum, welcher Material enthält, so spricht man vom Bootsmanns=Hellegat, Feuerwerks=Hellegat u. s. w.

Kockpit: Dies ist ein aus dem Englischen übernommener Ausdruck für den hintersten Raum im Schiffe, welcher gewöhnlich die Rudereinrichtung aufnimmt.

Luk: ist eine viereckige Oeffnung im Deck, welche in Verbindung mit einer daran angebrachten Treppe die Kommunikation zwischen zwei Decks herstellt.

Luckfüll: ist eine schwellenartige Erhebung aus Stahlblech, welche um das eigentliche Luk herumläuft und verhindern soll, daß wenn z. B. Wasser auf dem Oberdeck steht, dieses sofort durch das Luk in die unteren Räume strömt.

Gräting: ist entweder eine vielfach durchlochte Blechplatte, oder aber ein hölzernes Gitterwerk. Eiserne Grätings werden z. B. in der Maschine als Bodenbelag, hölzerne auf den Treppen und als Bedeckung der Luks gebraucht, wenn man den letzteren trotzdem Luft zuführen will.

Der Bug: ist der vorderste Teil des Schiffes.

Das Heck: der hinterste Teil des Schiffes.

Steuerbord: die rechte Seite des Schiffes, wenn man auf dem Schiff steht und mit dem Gesicht nach vorne sieht.

Backbord: die linke Seite.

Luv: bedeutet auf das Schiff bezogen, diejenige Seite von der der Wind herkommt.

Lee: diejenige Seite wo der Wind hingeht.

Die Mittschiffslinie: ist eine Linie, welche man sich in der Längsrichtung mitten durch das Schiff gelegt denkt.

Stabilität eines Schiffes ist das Bestreben desselben, sich wieder aufzurichten, nachdem es durch äußere Einflüsse aus seiner schwimmenden Gleichgewichtslage herausgebracht ist.

Krängen: bedeutet, daß das Schiff nach einer Seite überliegt. Ist dieser Zustand ein dauernder, so sagt man in Bezug auf die niedriger liegende Seite, „das Schiff hat Schlagseite".

Schlingern: ist die Bewegung des Schiffs um seine horizontale Längsachse.

Stampfen: die Bewegung um die horizontale Querachse.

Lenzen: bedeutet vom Schiff gesagt, daß es auf der Fahrt schwere See von hinten hat.

Beiliegen: das Schiff liegt mit dem Bug schräge gegen die Richtung des Windes und der See und läßt sich mit ganz geringer Vorwärtsgeschwindigkeit nach der Seite abtreiben.

Treiben vor Anker: Der Anker liegt nicht fest im Grunde, sondern wird vom Schiff mitgeschleppt.

Hochbordschiffe: sind Schiffe, welche eine verhältnismäßig große Höhe über der Wasserlinie haben, z. B. die Brandenburgklasse.

Niederbordschiffe: sind Schiffe, welche eine verhältnismäßig geringe Höhe über der Wasserlinie haben, z. B. die Sachsenklasse.

Reeling: ist die äußere Wand, welche brustwehrartig um das ganze Schiff über dem Oberdeck herumläuft, wir finden dieselbe nur auf älteren Schiffen, während sie auf modernen Schiffen meist durch ein niederklappbares Geländer besetzt ist.

Fallreep: ist eine Treppe, welche an der Außenseite des Schiffes angebracht wird, um von draußen in dasselbe hineingelangen zu können. Dieselbe ist abnehmbar und wird in See an Bord genommen.

Bullaugen: sind die kleinen runden Seitenfenster im Schiffe, welche durch aufklappbare Deckel geschlossen werden.

Schweinsrücken: ist eine flache etwas nach außen geneigte Aufklotzung, welche vorne am Bug nahe der Bordwand auf der Back angebracht wird, um den Anker dort zu lagern.

Die Back: ist ein über das Oberdeck erhöhter Aufbau, welcher auf dem Vorschiffe beginnt und bis zum Vorsteven reicht.

Der Wellenbrecher: befindet sich meistens auf der Back und hat eine vorne spitz zulaufende brustwehrartige Form. Er soll vorne überkommende Seen auffangen, nach den Seiten ablaufen und nicht auf das Deck selbst gelangen lassen.

Kampagne oder Hütte: wird im allgemeinen der hinterste Aufbau genannt, welcher sich bis zum Achtersteven erstreckt, derselbe enthält meistens Wohnräume des Kommandanten.

Walfischdeck: wird auf Torpedobooten und kleinen Avisos das walrückenartig gewölbte Vorschiff genannt.

Aufbaudecks: sind die Decks, welche die auf dem Oberdeck befindlichen Aufbauten nach oben abschließen.

Der Schrauben= oder Wellentunnel: ist der Raum, meistens ein niedriger schmaler Gang, in welchem die Schraubenwelle

von der Maschine durch den hinteren Teil des Schiffes hindurch=
geführt ist.

Die Schiffsschraube: ist dreiflügelig aus Bronze oder
aus Stahl und auf dem Ende der Schraubenwelle befestigt.

Der Schraubenwellenhalter: stützt die aus dem Schiff
hinausgetretenen Schraubenwellen gegen Verbiegungen und Vibrationen.

Sturmdeck: ist ein meist auf eisernen Stützen und auf der
Reeling ruhendes über dem Oberdeck befindliches Deck, welches nach vorne
und hinten offen ist und einerseits einen gegen Regen und überkommende
Seen geschützten Aufenthaltsort bieten soll, andererseits auch als:

Bootsdeck dient, indem es die schweren Decksboote trägt.

Bootsklampen: Bootsklampen sind starke stählerne Bügel,
deren Form der des unteren Teils des Bootskörpers entspricht und
in welchen die an Bord eingesetzten Boote stehen.

Barkasse: ist die größte und schwerste Bootsklasse der Marine.
Es sind Dampf= und Ruderbarkassen vorhanden und zeichnet sich
dieses Boot durch eine außerordentliche Festigkeit des Materials
(doppelte Planken) aus.

Pinassen: sind etwas kleiner und leichter gehalten als obige
Bootsklasse und sind ebenfalls Dampf= und Ruderpinassen vorhanden.
Die mit Rudern bewegten Fahrzeuge dieser beiden Klassen dienen im
allgemeinen als Last= und Arbeitsboote, sowie zum Transport einer
größeren Anzahl von Leuten.

Kutter: Kutter sind verhältnismäßig leichte Boote, welche
von 10—14 Mann gerudert werden. Sie dienen hauptsächlich zur
täglichen und regelmäßigen Verwendung für die Offiziere, Brief=
Ordonnanzen, sowie kleinere Anzahlen von Leuten. Kleine Kreuzer
besitzen einen Dampfkutter außer den zwei Ruderkuttern, welche bei=
nahe alle Schiffe der Marine zur Verfügung haben.

Jolle: ist ein kleines Ruderboot, welches von 6—8 Mann
gerudert wird und als Arbeitsboot, sowie zum Holen geringerer Pro=
viantmengen u. s. w. benutzt wird.

Die Gig: ist im allgemeinen zur ausschließlichen Verfügung
des Admirals, Kommandanten oder 1. Offiziers je nach der Anzahl
der an Bord vorhandenen Boote; die Klasse der Linienschiffe, welche
zugleich Flaggschiffe sind, haben demnach 3—4 Gigs, da bei diesen
Schiffen noch eine Dampfgig hinzukommt.

Dingi: ist das kleinste der Schiffsboote, wird von einem
Manne gerudert und dient beinahe ausschließlich als Offiziersboot,

— 296 —

sowie für kleinere Touren, wenn außer der Fahrzeit der regelmäßigen Boote schnell ein oder zwei Matrosen an Land oder auf ein anderes Schiff fahren sollen.

Bootsroutine: diese setzt die Abfahrtszeiten von Bord oder von Land fest.

Schornsteinmantel: ist ein weites Gehäuse, welches den eigentlichen Schornstein von unten bis zum Oberdeck umgiebt.

Kommando-Elemente: Hierunter versteht man die Vorrichtungen, welche den Kommandanten in Stand setzen, von einem Punkte (der Kommandobrücke) aus das Schiff zu leiten. Also Maschinen-Telegraphen, Geschütz-Telegraphen, Sprachrohre u. s. w.

Kartenhaus: das Kartenhaus, welches auf der Kommandobrücke oder nahe derselben steht, dient zur Aufnahme der Seekarten, sowie der zum täglichen Gebrauch bestimmten nautischen Instrumente.

Gefechtsmast: Hierunter versteht man einen Mast, welcher bestimmt ist, Geschütze zu tragen.

Gefechtsmars: Dieser ist eine kreisrunde Verbreiterung des Mastes in einer gewissen Höhe, welche durch eine hohe Brustwehr, welche gepanzert ist und einen Deckel trägt, in einen abgeschlossenen Raum verwandelt ist; derselbe nimmt Maschinen-Gewehre und Maschinen-Kanonen auf.

Signalmast: Dies ist ein Mast, welcher nur zur Anbringung von Signalleinen oder anderen Signal-Apparaten dient. Ebenso wie die Signal-Raa.

Der Top: ist die oberste Spitze des Mastes.

Verklikker: ist eine auf dem Top angebrachte kupferne Windfahne mit einem kleinen Wimpel.

Semafor-Signal-Apparate: sind Signal-Apparate, welche durch ein System von verschieden gestellten Armen verschiedene Buchstaben und Worte zusammensetzen.

Fern-Signale: bestehen aus besonders weit sichtbaren und großen Körpern, wie Bällen oder Dreiecken, welche auf sehr großen Entfernungen, wo die gewöhnliche Signalflagge nicht ausreicht, zur Verwendung gelangen.

Messen: sind die gemeinsamen Aufenthaltsorte und Speiseräume für Offiziere, Deckoffiziere und Unteroffiziere.

Davits: dies sind gebogene Krähne, welche zum Aufheissen der Boote dienen. Dieselben wurden früher durch Handkraft bedient, jetzt aber meist durch kleine Maschinen.

Schlingerkiele oder Seitenkiele: werden auf den meisten der neueren Schiffe angebracht und ragen ungefähr in der Mitte zwischen dem eigentlichen Kiel und der Wasserlinie an jeder Seite aus den Schiffen hervor. Sie sind im allgemeinen aus Stahl und teilweise mit Holz bekleidet. Ihre Wirkungsweise besteht darin, daß sie der Schlinger=Bewegung im Wasser einen Widerstand entgegen= setzen und dadurch dieselbe bedeutend abschwächen.

Dreischraubensystem: es sind drei Maschinen in einem Schiff vorhanden, deren jede eine Schiffsschraube dreht.

Maschinensystem: dreifache Expansionsmaschinen. Diese haben ihren Namen daher, daß dieselbe Dampfmenge nach einander im Hochdruck, Mitteldruck und Niederdruckzylinder sich ausdehnt, ex= pandiert. Die neuesten dreifachen Expansionsmaschinen haben vier Zylinder, indem dann zwei als Niederdruckzylinder dienen. Eine stehende Maschine ist eine solche, in welcher die Zylinder aufrecht= stehen, während sie bei der liegenden Maschine horizontal liegen.

Der Oberflächenkondensator: dient dazu, den ver= brauchten Dampf wieder durch Abkühlung zu Wasser zu machen, derselbe enthält eine große Menge von dünnen Röhren, in welchen fortwährend kaltes Seewasser hineingepumpt wird. Um die Rohre herum befindet sich der in Wasser zu verwandelnde Dampf.

Einspritzkondensation: diese kann im Notfalle in Thätig= keit treten. Es wird hier die Abkühlung dadurch hergestellt, daß direkt kaltes Wasser in den Dampfraum hineingelassen wird. Es ist dies jedoch weniger günstig, weil die festen Rückstände des Salz= wassers den Kesseln schädlich sind.

Manometer: ist ein an verschiedenen Stellen der Kessel und Zylinder angebrachte Vorrichtung, um den Dampfdruck beständig ab= lesen zu können.

Wasserstandsglas: ist eine Vorrichtung, vermöge welcher man den Wasserstand im Kessel kontrollieren kann. Dies ist des= wegen wichtig, weil immer ein Wasserstand von einer bestimmten Höhe im Kessel vorhanden sein muß, um keine Explosionen befürchten zu lassen.

Kofferkessel: älteste Kesselart, welche eine annähernd recht= eckige kofferähnliche Form besaß und nur für niederen Dampfdruck gebaut war.

Zylinderkessel: haben eine zylindrische Form, sind meist Hochdruckkessel und sehr widerstandsfähig. In diesen beiden Kessel=

arten befindet sich das Wasser in einem großen zusammenhängenden Raume und wird so durch die Hitze des Feuers in Dampf verwandelt.

Bei Wasserrohrkesseln: befindet sich das Wasser in einer großen Menge dünner, elastischer Rohre, welche alle von der Hitze umspült werden. Hierdurch tritt eine bedeutend schnellere Verwandlung des Wassers in Dampf ein.

Hauptabsperrventil: unter diesem Namen wird gewöhnlich das Ventil verstanden, welches den Eintritt des von den Kesseln erzeugten Dampfes in die Cylinder verhindert bezw. ermöglicht.

Drainage- oder Entwässerungsrohre: sind dicke Rohre, welche im untersten Teile des Schiffes in der Längsrichtung desselben angebracht sind, sie dienen zur Entwässerung derjenigen Zellen, welche durch Pumpen nicht direkt zu erreichen sind.

Lenzpumpen: diese sind Pumpen, welche zum Entleeren (Lenzen) von Zellen und Abteilungen dienen, in welchen sich Wasser befindet.

Die Feuerlöschpumpen: dienen dazu, bei Ausbruch von Feuer im Schiffe, Wasser aus der See zu pumpen.

Dampfejektoren: sind ebenfalls Pumpen, welche entweder zum Feuerlöschen oder zum Lenzen benutzt werden, deren Wirkungsweise jedoch derart ist, daß durch schnelles Ausströmen von Dampf die zum Saugen erforderliche Luftleere erzeugt wird.

Zirkulations- oder Kreiselpumpen: dieselben dienen für gewöhnlich zur Versorgung der Kondensatoren mit Kühlwasser und haben ihren Namen daher, daß die Saugewirkung durch ein großes Kreiselrad hervorgebracht wird.

Luftpumpen: es sind an Bord verschiedene Luftpumpen vorhanden. In der Maschine erzeugen Luftpumpen im Kondensator eine Luftleere um den zu Wasser kondensierten Dampf dem Kessel zuzuführen, während die Torpedoluftpumpen Preßluft herstellen, welche für den Betrieb der Torpedos und Ausstoßrohre erforderlich sind.

Kingstonventil: dies sind Ventile eines bestimmten Systems, welche sich im Schiffsboden befinden.

Backspier oder Backsbaum: dies sind lange, zylindrisch geformte Balken, welche, wenn das Schiff im Hafen liegt, ausgeklappt werden, so daß sie horizontal und senkrecht vom Schiffe abstehen. Sie sind am vorderen Teil des Schiffes an jeder Seite angebracht und dienen dazu, die Boote, welche zu Wasser sind, jedoch augenblicklich nicht fahren, zu befestigen.

Backspierstander: sind starke Tauenden, welche mit gemaltem Segeltuch umkleidet sind und die von der Backspier bis zur Wasser=linie herunterhängen; an ihnen werden dann die einzelnen Boote ver=mittels einer starken Leine befestigt.

Schraubenschutz: da bei den modernen Zweischraubenschiffen, deren Form nach hinten zu spitz zuläuft, und infolgedessen die Schrauben weiter auseinander stehen als die Schiffsbreite beträgt, die Gefahr vorliegt, daß man mit dem Schiff zu nahe an ein Boll=werk oder eine Boje u. s. w. herangeht, sodaß die Schrauben be=schädigt werden, ist der sogenannte Schraubenschutz angebracht; der=selbe besteht aus zwei starken, stählernen Balken, welche eben über der Wasserlinie und der Schraube jeder Seite senkrecht vom Schiff abstehen und so lang sind, daß wenn ihr Ende an einem Bollwerk anstößt, die darunter liegende Schraube noch nicht dasselbe berührt.

Schwalbennest: hierunter versteht man halbkreisförmige Ausbauten, welche seitlich über den eigentlichen Schiffsrumpf hinaus=ragen und dazu dienen, den in ihnen aufgestellten Geschützen einen möglichst großen Bestreichungswinkel zu verleihen.

Ladebäume: sind auf den meisten der nicht ganz neuen Schiffe vorhanden und dienen zum Aufheißen der schweren Decksboote. Dieselben sind an einem Mast befestigt und gestützt und werden meist durch Dampfmaschinen betrieben und arbeiten wie ein Krahn.

Gürtelpanzer: ist derjenige Teil des Schiffspanzers, welcher das Schiff in der Wasserlinie in einer Breite von ca. 2 Metern umläuft.

Kasemattpanzer: Dieser liegt höher als der Gürtelpanzer und schützt die Kasematte, welche in der Regel Geschütze mittleren Kalibers enthält.

Turmpanzer: ist um den Geschützturm und den Kommando=turm angebracht.

Panzerdeck: (siehe oben).

Verbundpanzer: ist ein aus einer Lage Stahl und einer Lage Schmiedeeisen durch Schweißung verbundener Panzer.

Nickel=Stahlpanzer: ist ein besonders präparierter Stahl, welchem bei der Fabrikation ein geringer Zusatz an Nickel hinzuge=fügt wird.

Panzerbolzen: dienen zur Befestigung des Panzers an der Außenhaut oder anderen entsprechenden Teilen des Schiffskörpers.

Kofferdamm: wird in dem Winkel zwischen Bordwand und Panzerdeck angebracht. Er besitzt einen ungefähr dreieckigen Querschnitt und ist mit kleinen Korkstücken gefüllt, welche durch Leim zu einem kompakten Ganzen verbunden sind; er soll den Gürtelpanzer ersetzen und dadurch wirken, daß ein durch ein Geschoß in der Außenhaut entstandenes Loch durch Aufquellen des Korkes nach dem Zutritt von Wasser geschlossen wird.

Schwere Artillerie: Kaliber von 30,5 cm bis 21 cm.

Mittlere Artillerie: von 21 cm bis 10,5 cm.

Leichte Artillerie: darunter (siehe Abschnitt „Geschütze unserer Marine").

Buggeschütze und Bugarmierung: ist der Teil der Geschütze, welche hauptsächlich dazu bestimmt sind, nach vorn zu schießen.

Heckgeschütze oder Heckarmierung: ist für das Feuer nach Achtern bestimmt.

Die Breitseitarmierung: ist für das Feuer nach den Seiten bestimmt.

Bestreichungswinkel: ist in Bogengraden ausgedrückt, derjenige Winkel des Horizontes, welcher dem Feuer des Geschützes zugänglich ist.

Toter Winkel: bezeichnet die Richtungen, welche ein Geschütz oder die Geschütze nicht bestreichen können.

Schnelladegeschütz: ist ein Geschütz, bei welchem besondere Mechanismen die Ladeschnelligkeit bedeutend gegen andere gleichkalibrige Kanonen ohne diese Mechanismen, erhöhen.

Lauffeuer: die Geschütze einer Seite feuern in einer bestimmten Reihenfolge hintereinander.

Konzentration: eine bestimmte Anzahl Geschütze feuert zugleich auf denselben Punkt.

Schnellfeuer: jedes Geschütz feuert so schnell es kann.

Turmgeschütze: sind diejenigen Kanonen, welche in Türmen stehen.

Kasemattgeschütze: sind diejenigen, welche in den Kasematten aufgestellt sind.

# *Weitere technische Sachbücher aus dem Bechtermünz Verlag:*

**Arnold Kludas:**

**Die Seeschiffe der Norddeutschen Lloyd**

336 Seiten, Format 21,0 x 27,0 cm,
gebunden
Best.-Nr. 373 316
ISBN 3-86047-262-3
Sonderausgabe nur DM 29,80

**Eberhard Rössler:**

**Geschichte des deutschen U-Bootbaus**

2 Bände, insg. 550 Seiten, Format 21,0 x 25,0 cm,
gebunden mit Schutzumschlag
durchgehend s/w-Abbildungen, incl. 11 Faltkarten
Best.-Nr. 265 603
ISBN 3-86047-153-8
Sonderausgabe nur DM 19,80

**Faszination der Technik**

144 Seiten, Format 23,0 x 29,5 cm,
gebunden, durchgehend farbige Abbildungen
Best.-Nr. 265 934
ISBN 3-86047-246-1
Sonderausgabe nur DM 7,95

**Stefan Terzibaschitsch:**

**Seemacht U.S.A.**

2 Bände, insgesamt 924 Seiten,
Format 15,2 x 22,7 cm,
gebunden, durchgehend s/w-Abbildungen
Best.-Nr. 295 535
ISBN 3-86047-576-2
Sonderausgabe nur DM 39,80

**Terence Robertson:**

## Der Wolf im Atlantik

370 Seiten, Format 13,8 x 20,0 cm,
gebunden, durchgehend s/w-Bebilderung
Best.-Nr. 145 409
ISBN 3-89350-695-0
Sonderausgabe nur DM 19,80

**C. H. Günter:**

## Das letzte U-Boot nach Avalon I + II
## Einsatz im Atlantik/U 136 in geheimer Mission

Sammelband 576 Seiten,
Format 12,5 x 20,5 cm, gebunden
Best.-Nr. 371 302
ISBN 3-86047-886-9
Sonderausgabe nur DM 19,80

**Peter Padfield:**

## Der U-Boot-Krieg 1939–1945

512 Seiten, Format 16,0 x 23,0 cm,
gebunden
Best.-Nr. 779 363
ISBN 3-8289-0313-4
Sonderausgabe nur DM 24,80

**Tony Le Tissier:**

## Der Kampf um Berlin 1945

304 Seiten, Format 14,5 x 21,5 cm,
gebunden, 24 Seiten Bildteil
Best.-Nr. 336 859
ISBN 3-86047-906-7
Sonderausgabe nur DM 19,80